新装版
内村鑑三と清沢満之

いかにして〈信〉を得るか

加藤智見

法藏館

本書は、平成三（一九九一）年刊行の『法藏選書　いかにして〈信〉を得るか――内村鑑三と清沢満之――』第二刷を改題し、オンデマンド印刷で再刊したものである。

目次

序説

一 宗教の近代化について

宗教の近代化は可能であるか、可能であるとすればいかにして可能になるか。この問題は歴史上絶えず追究されてきたことであり、現代においても問い続けられている問題である。本書は内村鑑三と清沢満之を取りあげ、この問題について考えながら、信の問題を問うてみるものである。そこでまず「近代化」という言葉に触れておきたいが、近代化という言葉には大別して二つの意味がこめられている。

第一に、時間と場所を限定した、歴史的な個体としての近代を形成する過程を示す。たとえば日本史上においては封建的な江戸幕府の支配を脱し、西洋近代諸国をモデルとしてその政治・経済・軍事体制などを受け入れ発展させようとした過程を指す。

第二に、具体的な時間と場所を超え、さらに価値的・普遍的な意味がこめられ、古い殻を打ち破って新たなる価値観を見いだし、これを実現しようとする過程を示す場合である。たとえば既存の権力などに抑圧された個人の自由を取り戻し、自らの主体的な意志決定によって絶えず自発的に、より高い価値を求める過程を指す場合である。

本書はまず「宗教」の近代化の根拠を問うわけであるが、主として二つの角度から問いただしていきたい。その一つは、江戸封建体制において御用宗教化していた近世宗教が、日本近代すなわち明治においてどのように近代化されようとしたのか、またそこにはどのような限界があったのかという角度からであり、もう一つは、このような歴史的側面とともに、一人の人間がいかにして自己の中において常に新たに宗教を生きたものとし得たかという普遍的、価値的な側面からである。

ちなみに、よく満之は仏教を近代化した人物であるとされるが、この問題に鑑三を取りあげることは、あるいは奇異に思われるかも知れない。しかし鑑三は、まったく精神的伝統が異なる日本にプロテスタント精神を定着させようとしたのであり、このことは旧来の精神を新たに変革しようとすることであって、宗教近代化の問題に関わることであると考えられる。さらに彼は神道や仏教に深い理解をもち、キリスト教徒になってからも、単にそれらを否定するのではなく、新しい時代に同じ宗教として生きる方向を模索した。たとえば「余輩は仏教信者にあらず、しかれども切に仏教の復興を望むものなり、……仏教復興はまず政治的たらずして道徳的たるべし、社会的たらずして修養的たるべきなり」(1)というようにである。すなわちいかにしてキリスト教を近代の日本に定着させ得るかという問題と同時に、仏教等の宗教がどのようにして近代化され得るかを模索したのであって、本書のテーマに十分適うことと考えられるからである。

さて次にいかなる問題点を中心にすえるかであるが、私は宗教における「選択」の問題を取りあげてみたい。宗教はさまざまな要素で構成されるが、自己を生かすに最も真実であると信じ得るものを選択することは、その本人の精神を呼び覚まし意識を変革し、しかもその個人の生きる時代を常に「近代化」させる原動力の一つになると考えられるからである。すなわち個人の良心を賭けた選択への意識と決断が、宗教近代化への重要な要因になると考えられるからである。

「選択」ということでまず想起されるのは法然であろう。彼は智慧第一の法然房といわれたが、「ワガ心ニ相応スル法門アリヤ。ワガ身ニタヘタル修行ヤアル」[2]と自己の身の実存的な救いを求め続けた。学問と救いの道は彼においては別の問題であった。長い間の求道のすえ、四十三歳に至って善導の『観経疏』に出会い、他の道を捨て念仏を選択した。三十年の求道の苦しみがなぜ念仏のみによって救われ得たのか。その理由は、阿弥陀仏自身がすでに自ら念仏を救いの本願の行として選択していたということに気づいたからである。仏が選択した念仏に気づき、それを自分が選択し得たと気づいたことは法然にとってはこの上ない歓びとなり、彼の信仰の原点となった。『選択本願念仏集』には「それ速やかに生死を離れむと欲《おも》はば、二種の勝法の中に、しばらく聖道門《しょうどうもん》を閣《さしお》いて、浄土門に選入すべし。浄土門に入らむと欲はば、正雑二行の中に、しばらくもろもろの雑行を抛《なげす》てて、選じて正行に帰すべし。正行を脩せむと欲はば、正助二業の中に、なほし助業を傍らにして、選じてまさに正定を専らにすべし。正定の業とは即ちこれ仏名を称するなり。み名を称すれば、必ず生ずることを得。仏の本願によるが故なり」[3]（傍点筆者）とある。

まさしく選択は法然の生きる力のすべてになった。しかし当然のことながら、念仏のみを正定の業とすることは、革新的なことであると同時に既成の宗派に迫害されることになる。彼がその書の末尾に「庶幾《こいねが》はくは一たび高覧を経て後に、壁の底に埋めて窓の前に遺すことなかれ」(4)と書いたのもゆえあることである。しかしあえてそうしたのは、自己の心奥から出た主体的な意志による選択であり、あえて伝統教団を恐れず、その時代に生きるべき仏教を提示したことであって、その歴史的時点における宗教の「近代化」を果たしたことに他ならなかったのではないか。個人としての法然の全存在を賭けた救いへの選択であり、末法といわれたその時代への最適な生き方すなわち「時機相応」の教えの提示であって、ここに「選択」と「近代化」の一つの典型があると思える。

次にたとえばキリスト教における選択の態度を考えてみよう。歴史的にもいわゆる西洋近代化に関係の深いM・ルターは、著名な『キリスト者の自由』の冒頭に次のような二文を提示している。

キリスト者はすべてのものの上に立つ自由な君主(eyn freyer herr)であって、何人にも従属しない。
キリスト者はすべてのものに奉仕するしもべ(eyn dienstpar knecht)であって、何人にも従属する。(5)

同一のキリスト者が君主であると同時にしもべであるという論理は、いわゆる形式論理学的な論理の中では成り立たないものであって、信仰の中において初めて成立するものである。なぜなら信仰を得た人間は神とともに生きるのであり、あらゆる地上的な束縛から自由となる。と同時に信仰を得たキリスト者は、その喜びに満たされてあらゆる人々に奉仕するしもべになることができるからである。この二文は「コリント書」と「ロマ書」からの引用によるのであるが、問題はルターが『新約聖書』からこの二文を選択して自己の信仰の究極を提示したということである。そこに主体的な選択の意味がある。さらに信仰に立ち信仰に生きる者が君主だと言い切ったことは、俗権に従って世俗の社会に生きることを捨て、宗教の世界に生きることを主体的に選択する態度である。ルターにとってはいかなる地上的権力にもよらない、内的な信仰の自覚と主体的な選択がすべてになっている。個人の良心による主体的な意志決定の態度は、やがて西洋近代化の精神的基盤になっていく。

このように本人自身が伝統的権威や時の権力に従属することなく、仏や神の前に単独者として立ち、最も真実であると信ずるものを選び取るところに、宗教的「選択」の意味がある。そしてそれがなされるその時こそ、まさに宗教の精神的「近代化」がなされる時であると考えられるのである。

本書は鑑三と満之を取りあげ、選択と近代化について考えてみるものであるが、たとえばルターに深く共感した鑑三にとって、明治の表面的な近代化は許し難いものであった。「日本国の大困難、その最大困難とは何でありますか、私は明白に申します、それは日本人が基督教を採用せずして基督教的文明を採用したことであります、これが我国今日のすべての困難の根本でありま す、……基督教的文明とは読んで字の如く基督教によって起った文明であります、すなわち基督教なくしては起らなかった文明であります、故に基督教を学ぶにあらざれば解することの出来ない文明であります、しかるに日本人は基督教的文明を採用してその根本たり、その起因たり、その精神たり、生命たる基督教その者を採用しないのであります」[6]。西洋文明を採用するならば、その原点となったキリスト教を選択し、採用すべきだというのである。深い良心による主体的な選択をせず、表面的な西洋化に向かう日本人の態度を痛烈に批判する。ここにも選択への強い志向が見られる。また満之は、たとえば親鸞が信のおこった時即座に救いが定まるといったいわゆる現生不退の信が、近世に死後往生と誤解された点を新たな時代の新たな視点から見直すことによって、「来世の幸福のことは、私はまだ実験しないことであるから、ここに陳ぶることは出来ぬ」[7]と言い切った。ここにも自己の信仰と良心による選択がある。このような選択の意識が彼らの信仰を深め、新たなる時代の価値観を形成していったと思える。

そこでまず鑑三と満之の生きた明治に至るまでの、宗教的な選択の系譜を概観してみる。もちろん「選択」という限られた角度から見るにすぎないのであり、しかも一断面であることを断っておきたい。

二　選択の系譜

法然の専修念仏の教えが多くの信者を獲得すると弾圧が加わることになった。その理論的根拠を与えたのは「興福寺奏状」を起草した笠置寺の貞慶であった。彼は戒律に厳しく、すぐれた法相学者であったが、どのような立場に立っていたのだろうか。彼は法然の過失を九箇条にまとめ、第一に「新宗を立つる失」と題して、「たとひ功あり徳ありと雖も、すべからく公家に奏して以て勅許を待つべし。私に一宗と号すること、甚だ以て不当なり(8)」とした。勅許もないのに新宗を立てたことを非難する。しかしここで留意すべきは、学僧貞慶といえども権威的、国家主義的な基盤に立っている点である。それは仏教伝来以来、王法即仏法の理念に基づいて宗教的な権威と世俗権力が結びついてきた結果でもある。世俗の権力や価値観と対決し、突き破り、それを超越する教えを選択し、生きる決断をするという態度ではない。貞慶にあっては「仏法・王法猶し身心のごとし(9)」であった。貞慶が教えと教え、信仰と信仰の真の対決という場に立っていない点は、おそらく法然を悲しませ、その弟子親鸞をして反逆させることになったのではないか。

親鸞は激しく非難している。「ここをもて興福寺の学徒、……奏達す。主上臣下、法にそむき義に違し、いかりをなしうらみをむすぶ。これによりて、真宗興隆の太祖源空法師、ならびに門徒数輩、罪科をかんがへず、みだりがはしく死罪につみす。あるひは僧儀をあらため、姓名をたまふて、遠流に処す。予はそのひとつなり。しかればすでに僧にあらず俗にあらず、このゆへに禿の字をもて姓とす(10)」。彼においてはすでに世俗の権力と一体になった仏教に究極の関心はない。非僧非俗という語にはさまざまな思いがこめられているが、少なくとも権力に媚びる僧でもなく、さりとてその権力に屈従する俗人でもないという、世俗を超越した場に自己を置く思いに基づいていると言える。師とともに、ただ仏の前にのみ存在する自己を見つめていたのであろう。王法と対決し、「王法即仏法」から仏法のみを選択しているのである。ここにまず日本の歴史上希に見る強い選択の意識が生まれている一例がある。「ただ仏恩のふかきことをおもふて、人倫のあざけりをはぢず[11]」と言い切った思いには、その選択への強靭な決断が感ぜられる。いずれにしても古代とは違った選択の意識が生まれていることを指摘しておきたい。

しかし王法を捨て、仏法にのみ生きぬくのは容易なことではない。特に観念の世界に遊ぶことなく現実の世界で無知の庶民とともに一日一日を生きる場合はそうである。その典型は蓮如に見られる。

ただ仏法にのみ生きぬくのであれば、人間に上下の関係はない。すべての人間が阿弥陀仏の前に同行であり同朋であった。「親鸞は弟子一人ももたずさふらふ[12]」という思いもそうであった。蓮如は親鸞の遺志を継ぎ、仏の本願を信じ選択した一人一人を講の中に組み入れていった。講は地縁によるものでもなく血縁によるものでもなかった。個人の選択と決断によって成るものである。世俗の権力のもとに構成されるものではなかった。講は村を超え、郷を超えて広がっていった。仏法に身を委ねた選択による集団となっていった。しかしこの集団が大きくなればなるほど世俗の権力と衝突することは避けられない。苦慮した蓮如は「信心正因、王法為本」を説いた。この一見矛盾するような態度は護法のための苦しい選択であった。王法を笠に着て弾圧する者、「王法即仏法」を叫び諸神の威光を背に糾弾する人々に屈することのないように、文明六年(一四七四)、蓮如は次のように書いた。

抑、当流ノ他力信心ノヲモムキヲヨク聴聞シテ決定セシムルヒトコレアラバ、ソノ信心ノトホリヲモテ、心底ニオサメヲキテ、他宗他人ニ対シテ沙汰スベカラズ。マタ、路次大道、ワレ〳〵ノ在所ナンドニテモ、アラハニヒトヲモハヾカラズ、コレヲ讃嘆スベカラズ。ツギニハ守護・地頭方ニムキテモ、ワレハ信心ヲエタリトイヒテ、疎略ノ儀ナク、イヨ〳〵公事ヲマタクスベシ。マタ諸神・諸仏菩薩ヲモ、ヲロソカニスベカラズ。コレミナ南無阿弥陀仏ノ六字ノウチニコモレルガユヘナリ。コトニ、ホカニハ王法ヲモテオモテトシ、内心ニハ他力ノ信心ヲフカクタクハヘテ、世間ノ仁義ヲモテ本トスベシ。コレスナハチ当流ニサダムルトコロノオキテノヲモムキナリト、コ、ロウベキモノナリ。(13)

信心の選択と決断を心の奥底にしまい、軽率に表面に出して争うことをいさめているのである。表面的には世俗の権力に同調するようではあるが、心奥においては仏法に生きる姿勢である。よく蓮如は死後往生を強調したといわれるが、次の文に注意したい。

サレバ後生ヲ一大事トオモヒテ信心決定シテ、極楽ヲネガフモノハ、後生ノタスカル事ハ中〳〵申ニヲヨバズ、今生モアナガチノゾミコノマネドモ、ヲノヅカラ祈禱トモナルナリ。ソノイハレヲ他経ニカクノゴトクトケリ。ソノ文ニイハク、ソレ現世ヲイノル人ハワラヲエタルガゴトシ、後生ヲネガフ人ハイネヲエタルガゴトシト、タトヘタリ。イネトイフモノイデキヌレバ、ヲノヅカラワラヲウルガゴトシ。コレハ後生ヲネガフ人ノコトナリ。今生ヲイノル人ハワラヲバカリエタルガゴトシ、トイヘルコ、ロナリ。(14)

現世利益のみを求め諸仏諸神の間を狂奔することなく、また時の権力者にいたずらに反抗することなく、ただ心中深くに弥陀一仏を選択し、深く後生を頼めというのである。後生を願う人は稲を得、今生を祈る人は藁を得るのだという。一見後生を強調しているようではあるが、実は後生を願うことによって、現世での強靭な生きる力をその奥に見いださせているのではないだろうか。現世のみに関心をおく藁のような軽い生き方ではなく、この世を否定し死後の往生を約束されて生まれる、新たなる強靭で重い稲の生を選択させているのではないか。世俗権力を超越し、死を超えることによって、究極の生の価値を見いだしていく生き方ではないかと考えられる。ここに仏法を選択する中世後期の一例が見られると思う。

世俗権力に対して宗教的権威を選択し、それに生き、また死んでいった例としてキリシタンの存在も忘れてはならないであろう。たとえば『どちりいな―きりしたん』を見てみよう。「どちりいな―きりしたん」とはキリスト教教義書の意味であるが、その序に「どちりいな」は「一切のきりしたんの為に、安心決定の一道なれば、誰しも是を知り、弁《わきま》へん事専要也(15)」とある。「安心決定」とは仏教、特に真宗の重要な言葉であり、仏法を選択し帰依することであるが、しかも「どちりいな」がただ一つの道であるとする。つまり強い選択と決断が迫られているのである。

彼らキリシタンは戦国の世の日本で、どのように伝道しようとしたのか。すでにこの書の序の冒頭に「御主《オンアルジ》ぜずーきりしと御在世の間、御弟子達に教へをき玉《タマ》ふ事の内に、とり分教へ玉ふ事は、汝等に教へけるごとく、一切人間に後生を扶《タス》かる道の真の掟を弘めよとの御事也(16)」と書き始めている。蓮如と共通して後生の問題に重点がおかれている。この点は戦乱の時代であることとともに、王法、世俗的権力と対決し、神の教えを選択し、それを生きぬく決断の意識があることを予測させる。次の文を見ておこう。「一には、なき所より天地をあらせ玉ふ御作者でうすは、御一体のみにて在《マシ》ます也。是即我等が現世後世共に、計らひ玉ふ御主也。此御一体を拝み、貴び奉らずしては、後生の御扶けにあづかる事、さらになし。又此後生の道はきりしたんの御掟のみに極まる也。それによて《ヨッテ》きりしたんにならずんば、後生を扶《タスカル》事有べからずと分別しぬ(17)」。

創造神たる神はただ一体のみであり、現世後世ともに計らう方であるから、尊び奉らねば後生をたすけられることはない、後生の道はキリシタンの掟に極まるのでキリシタンにならねばならないというのである。周知のようにキリスト教の歴史は、神のものを選ぶか、カイサルのものを選ぶかの選択の歴史でもあった。戦乱の世に伝道されるということを契機として、死の問題は深刻になった。蓮如においてもそうであったが、後生の問題が大きくクローズアップされたのである。キリシタンの場合も、死の問題をこのように解決することによっておのれの信仰を強く選択し、俗権に抗して生きていくことを決断させた。

やがて豊臣秀吉は天正十五年（一五八七）、キリスト教を禁止し宣教師を国外に追放することになる。しかし「キリシタン信徒の数は秀吉の禁教令や慶長二年の二十六聖人殉教以後、むしろ急速に増加している。禁教令以前は約二、三十万だったと推定されているが、最盛期の慶長五年前後は、少なくとも七十万くらいになったらしい(18)」といわれる。後生を扶けられると信じ得た人は、歓んで俗権と対決し、命を捧げ、現世を超えようとした。「刑死者の死体や血に染まった刑場の土を持ち去る信徒が後をたたなかった……金地院崇伝の草した慶長十七年の禁令にも『刑人有るを見ては載《すなは》ち欣び載ち奔《はし》り、自ら拝し自ら礼し、是を以て宗の本懐と為す』とのべている(19)」。

江戸幕府の時代に入っても弾圧は続いた。やがて彼らが潜伏し隠れキリシタンになっていったことはよく知られているが、このような一人一人の主体的な自覚による選択の態度は、しかし江戸幕府の宗教政策のもとにねじ伏せられることになった。仏法と王法の関係は逆転されることになる。

すでに織田信長は覇権のために延暦寺や本願寺などの力のある寺を制圧していた。秀吉は寺領を没収し、これを新たに朱印地として与えることにより自己の支配権の中に吸収しようとした。続いて江戸時代に入ると著しい中央集権制度が仏教の世界にも持ちこまれることになった。近世江戸時代については鑑三や満之とも関係することになるのでやや詳しく見ていきたい。

幕府は次々と寺院法度を下付し、幕府権力の下に仏教教団を封じこめていった。その中でも重要なものは本末制度である。寛永九年（一六三二）と元禄五年（一六九二）、幕府は本末帳の作成を行ない、この制度を確立していった。中世までは必ずしもはっきりしていなかった宗派というものが、ここに明瞭に形成されてくることになった。それぞれの教団の寺を本寺・本山を最高に、以下本寺・中本寺・直末寺・孫末寺などの上下の関係に統制していった。さらに幕府は各宗派の本山に、教学を伝授してこれに反する異端を取り締まり布教伝道を監督する権利を、さらには末寺の争いを裁判する権利、末寺住職を任命する権利等をも付与するようになった。

寛永十二年（一六三五）には寺社奉行の制度が確立され、寺や僧を監督することになった。俗権から超越した権威をもつべき宗教的権威が、まったくの俗権のもとに組みこまれ統制されたことになる。そして幕府は各宗派の学問である宗学を研鑽させること、修行に励むことを奨励した。確かに奨励という点には一理があるように見えるが、その裏には一向一揆に見られたような信仰に基づく反権力へのエネルギーを、懐柔し骨抜きにしようとする意図があった。そこには宗教的良心によって自己の信仰を選択し、それに生きる決断をすることに関心が集約されるのではなく、本山に盲従しひたすら幕府公認の教えをありがたがるという意識が強くなっていった。実は満之が命がけで東本願寺に反抗しても結局は一般の信徒がついてこなかったのも、この期に形成された意識と深い関係があると考えられる。蓮如の頃に比べると、門徒の意識は大きく変えられていたのである。

次に幕府は寛永十七年(一六四〇)宗門改役をおいた。しばらく後には各藩にもこれがおかれ、家ごとの宗旨の調査がなされた。この宗門改は次の二つの方法で行なわれた。第一に寺請制度であり、第二に宗門人別帳の作成である。前者は婚姻とか旅行をする場合、檀那寺から本人がキリシタンではないことを証明する寺請証文を受けなければならないというものであり、後者は各家ごとに家族の年齢とか異動を書きこみ、檀那寺の証明をもらって宗門改役に提出するものであった。次第にこの宗門人別帳は戸籍の役割をもつこととなり、寺に保存されるようになった。このような過程を経て、日本の国民はすべて寺に結びつけられることになった。これがいわゆる檀家制度といわれるものである。このようにして寺はそれぞれに檀家をもつことになり、寺を経営しながら檀家の法要等を行ない、逆に檀家は寺を経済的に支え、寺の儀礼にさまざまな関係をもつことになった。

留意すべきは、一方で宗教的な社会機構が堅固に確立されると同時に、他方では個人の宗教的な選択の自由が失われていった点である。当然選択のための対決と決断の意志もそれとともに萎えていった。表面上は宗教間、宗派間の争いが少なくなったにしても、さらには各自が属する寺への忠実な奉仕が篤くなったにしても、自ら選択し、戦い取った信仰が基盤となるのではない。個人の選択による信仰ではなく、地縁血縁と権力が宗教形態を規定するという独特の在り方を生むことになったのである。この点は近代に入っても容易に変わることなく、しかも現代に至ってもなお根強く残っている特徴でもある。明治のキリスト教の再渡来に対しても、精神の次元で正面から対決するというよりも、国家主義に同調して感情的な排撃の態度をとったのも、これらの点に深い関係がある。いずれにしても仏法が王法を凌駕し、しかも王法を変革するということはほとんどなくなった。教団としては安定した反面、燃えるような宗教的情熱を失った時代であり、家の宗教が発生し、同時に個人の宗教を失った時代でもあった。

さて明治に入ると、仏教は近代に向けて古い殻を破らねばならなかった。近世の仏教優位策の反動として、激しい廃仏毀釈の状況下で近代仏教史は幕を開ける。明治の新政権は王政復古を理想とし、神道の国教化を進めた。天皇の神聖化、神祇官の再興、神社制度の確立、氏子制度を実施するなどして国家と神道の結合を強めていった。また神道から仏教的要素を取り除いていった。圧迫を受けた仏教はどのようにして活路を見いだしていったのか。明治初期の仏教運動は、まず真宗の僧たちがリーダーシップをとることになる。その代表者は島地黙雷《もくらい》であった。

明治五年（一八七二）、西洋宗教情勢の視察途中にあった島地は同年教部省から発布された三条教則に対してパリから反対を表明してきた。三条教則とは次のようなものであった。「第一条 敬神愛国ノ旨ヲ体スヘキ事　第二条 天理人道ヲ明ニスヘキ事　第三条 皇上ヲ奉戴シ朝旨ヲ遵守セシムヘキ事　右ノ三条兼テ之ヲ奉体シ説教等ノ節ハ尚能注意致シ御趣意ニ不悖様厚相心得可申候事」。これに対して島地は「三条教則批判建白書」を政府に提出して反対した。その論拠は「省令の出ずるところ、臣すこぶる解せざるものあり。……政教の異なる固《もと》より混淆すべからず。政は人事なり、形を制するのみ。しかして邦域を局《かぎ》れるなり。教は神為なり。心を制す。しかして万国に通ずるなり。これもって政はあえて他に管せず、もっぱら己を利せんことを力《つと》む。教はしからず。毫も己を顧みず、一に他を益せんことを望む。……和漢の従来政教を誤る、往々この二を混同するによれり」[20]というものであった。さらに具体的に「教条三章第一にいわく、敬神愛国云々。いわゆる敬神とは教なり、愛国とは政なり。あに政教を混淆するにあらずや。それ教は万国万人に被るべきものをいう」[21]、「第二章天理人道云々。……いわゆる天理人道なるもの、時世に従い開閉あり、学識に従って浅深あり。教の一定するごときにあらず」[22]と訴える。特に注目すべきは次の指摘である。「第三章尊《ママ》　皇遵朝云々。臣謹みて案ずるに、尊王は国体なり、教にあらざるなり。いわんやまた遵《ママ》　朝は専政の体なり、立憲の凡にあらざるなり。……教部省出仕の僧侶、その本山を旧主と称し、その宗門を旧宗と称すべき云々。臣いまだこれを解せず。それ僧侶の本山における、君臣にあらずして師弟なり。もし還俗仕官せば師弟の縁なきのみ、あに新たに主を得るものならんや。もし還俗するもの旧主といわば、その依然僧侶たる者はなお朝廷の臣にあらざるか、はた両君に並事すといわんか。……さきに欧州新聞を得、いわく、近来日本の開化刮目驚歎するに堪えたり。なんぞ思わん、このころ政府新たに彼此《ひし》を採合し、さらに一宗を造製し、もってこれを人民に強ゆ、顚倒の甚しきというべしと」[23]。神仏混淆、政教不分離の弊害を衝くと同時に、注意すべきは「君臣」と「師弟」という言葉から察せられるように、俗権と宗教的権威を分離している点である。江戸幕府の権力下に統制され御用宗教化していた教団の自立性を指摘している。政治権力が宗教を造製することの非を指摘しているのである。

しかしここで留意しておくべきことは、このような思いは欧州の宗教的発想に刺激されて発言されたものである点である。彼の発言の奥には次のような限界があった。「仏を用いんと欲せば洋教の侵入を防がざるを得ず。……これ臣の大いに本朝のために恐るるところなり」[24]。すなわち世俗の権力と宗教的権威の分離を指摘したことは画期的なことであったが、それは結局はキリスト教を防ぎ、仏教を護るためでもあった。仏教的良心をかけてのキリスト教との精神的対決と選択ではなく、国体護持宣揚のためであった。「これ実に国体の管するところ、臣の千慮万考微を欧州各国に得るところにして、確定固持するの鄙見なり」[25]というように、政治的な選択でもあった。

帰国した島地は、石川舜台《しゅんだい》や大内青巒《せいらん》らとともに大教院からの真宗の分離運動を展開し、明治八年（一八七五）には分離に成功し、信教の自由のために努力した。

明治二十二年（一八八九）には帝国憲法が発布された。第二十八条に「日本臣民ハ安寧秩序ヲ妨ケス及臣民タルノ義務ニ背カサル限リニ於テ信教ノ自由ヲ有ス」と記されているように、信教の自由が一応は保証されることになった。しかしこの信教の自由は、実際には西洋的な自由とは大きく異なり、信教によって国家への奉仕が強く要求されたのである。ここには古来よりなされてきた日本の宗教的伝統が根強く残っている。また信教の自由が保証されることによって、同じ土俵でキリスト教と対抗せざるを得なくなった。この頃になると国家主義が力をもち始めるが、仏教はこの動きと同調することによって力を示そうとするようになる。しかし単に保守反動化したわけではない。この時期に仏教界の中心的な地位を占めた井上円了は西洋に目を向け、西洋哲学の深い研鑽を積んだ。そして仏教を近代に適合させるため哲学的、合理的に体系づけようとした。

『仏教活論序論』には、「余夙《つと》に仏教の世間に振わざるを慨し、みずからその再興を任じて独力実究することすでに十数年、近頃、はじめてその教の泰西講ずるところの理哲諸学の原理に符合するを発見し、これを世上に開示せんと欲して、ここに一大論を起草するに至る[26]」とし、西洋哲学の合理性を基準にして次のように仏教を弁護する。「ゆえに余がここに両教の優劣を較するは、公平無私の真理を標準として、無偏無党の哲学上の裁判を二者の上に下すものなり。人もし哲眼を開きて宗教世界を一瞰すれば、容易《たやす》く、公平無私の真理の仏教の範囲内に存するを知ることを得べし[27]」。彼はイエスその人には敬意を表しつつも、西洋の哲学的合理性を基準にキリスト教の非合理性を指摘する。「余はあくまで耶蘇その人を愛敬せんと欲す。……別して耶蘇教者の言うがごとく、耶蘇は天帝の子にして耶蘇その人は神なりと断定し、耶蘇教は世界不二・万世不変の宗教にしてそのほかに真理なしと公言するに至りては余が百方信ぜんと欲するも信ずること能わざるところなり。その他、創世・洪水・昇天等の説に至りては、妄説中の妄説にして[28]……」等と非難する。仏教が西洋哲学的な合理性にも十分耐え得ると論証することによって近代化の時代に適応できると説き、これをもって仏教再興の証としようとした。このような態度が明治中期の仏教者がとった態度の一つでもあった。しかしこれは宗教の信仰自体に発する選択というよりも、むしろ学問的な場においてなされた選択であった。キリスト教が哲学的に非合理であったにしても、ではなぜあえてその非合理なものが信じられているのか、論理的に正しくなくとも、いかなる真実がその中に隠されているか、哲学と宗教の根源的相違はどこにあるのかなどの問いかけに、彼の発想の原点はないように思われる。

さらに次のような発想に注意したい。「人誰れか生れて国家を思わざるものあらんや。人誰れか学んで真理を愛せざるものあらんや」[29]、「護国愛理は一にして二ならず。真理を愛するの情を離れて別に護国の念あるにあらず。国家を護するの念を離れて別に愛理の情あるにあらず」[30]。哲学的な道理に一致するがゆえに国体の維持のため貢献できるという。個人の確立、個人の信仰の選択というところに発想の中心点がおかれていない。ちなみに井上は哲学館を創設したが、その理想の一つに「護国愛理」を説いた。この言葉は当時大層もてはやされた。当時の仏教がどのような立場に立っていたかがわかるであろう。

こうした背景から、明治二十年代には国家主義と歩調を合わせ破邪顕正運動が盛んになった。その中心的な主張は、たとえばキリスト教の神観と天皇制は両立し得ない、仏教の理論は哲学的であるがキリスト教は哲学的ではなく非合理なことを説くから正しくない、東洋的な倫理観に生きる日本人にはキリスト教倫理は合わない、などというものであった。このような時に、鑑三のいわゆる不敬事件がおこったのである。仏教界は攻撃の側にまわった。さらに井上哲次郎の「教育と宗教の衝突」の問題では、仏教は井上の味方となってキリスト教を相手にすることになった。こうして皮肉なことに、仏教は再び国家に従属する形でキリスト教を攻撃することになった。それぞれの宗派の開祖が身を削りながら得た血の信仰の中に宗教的な原点を見据えての闘いではなかった。極端に言えば政治や学問上の一種の解釈、取引きの次元の問題であって、個人を賭けた自己変革への選択と決断が先行してはいないかのようである。キリスト教を信ずる、信じないは別にしても、それを良心に対決させて出てきたものではなかった。信仰そのもの、宗教生活そのものから宗教の近代化を模索するのは、徹底的に近代的自我と対決し自己の限界状況において信仰を選択した満之を待たねばならなかった。

次にキリスト教側はどうであったか。幕末から明治初期にかけて流入したキリスト教、とりわけプロテスタント諸派が日本の近代化に与えた影響は大きかったとされる。しかしそれ以前に江戸幕府によって徹底的に弾圧されたキリシタンについて、再確認しておく必要があろう。江戸幕府はバテレン追放令、元和の殉教、島原の乱などによってキリシタンを弾圧した。宗門改役、宗門人別帳を通して俗権は彼らの信仰を抑圧し、信仰の選択を禁止した。精神の場における強烈な選択の機会が比較的少なかった日本の歴史において、このような弾圧は大きな損失であったと思える。権力に抗し、あるいは一部妥協しながらも信仰の選択を守った一向宗の寺々も、やがて幕府の権力によって宗門人別の役目を押しつけられることになった。宗教的選択の系譜をたどるとき、たとえ鎖国とキリシタン禁教によって国家の安定を得たとしても、なおその精神的損失は大きかったと言えるのではないだろうか。もちろん長い間には、その教義に夾雑物も混じっただろうが、迫害されたキリシタンたちの一部は潜伏することによって信仰を守り続けた。

では近代に入って、このようなキリスト教信仰の選択の意識はどのようになったか。

嘉永六年（一八五三）、アメリカ東インド艦隊司令官ペリーが日本に来航し、翌年日米和親条約を結んだ。ペリーの意志を汲んだハリスはアメリカ総領事として安政三年（一八五六）来日し、同五年日米修好通商条約を締結した。彼は敬虔なキリスト教徒であった。この条約の第八条には「日本に在る亜米利加人自ら其国の宗法を念じ、礼拝堂を居留場の内に置くも障りなし」とある。

　安政六年にはウィリアムス、ヘボン、ブラウン、フルベッキら多くの宣教師が渡って来た。五年後の元治元年（一八六四）には、日本で最初のプロテスタント入信者矢野元隆が出た。こうしてプロテスタント・キリスト教の伝道が始まったが、キリシタン禁制の高札はまだそのままの状態であった。しかし明治四年（一八七一）、岩倉具視を全権大使として派遣された日本使節団が米国ワシントンで日本のキリスト教禁止について詰問されたとき、岩倉はこの高札が死文であることを表明し、帰国後の同六年、高札はすべて撤去された。外国人宣教師たちは情熱を傾けて伝道した。そこには長い歴史を政治権力と闘いぬいて信仰を選択し、守りぬいた筋金入りの伝道の姿があった。おおむね幕府の権力に迎合したり服従したりしながら命脈を保ってきた仏教や神道とは違った厳しさと激しさがあった。

　明治五年には日本最初のプロテスタント教会となった横浜基督公会が、続いて六年には東京基督公会が創設された。その後プロテスタント系のさまざまな派が宣教師を送りこみ、次々と教会を誕生させ、学校を開いていった。この頃入信した信者は、鎖国以前のキリシタンに比べると武士出身の知識人が多かった。彼らは信念をもった宣教師のすぐれた人格にひかれた。プロテスタント的な強い倫理感に彼らの武士道的な精神が共鳴し、魂が揺さぶられたのである。幕府の統制下に安住し、ほとばしるような宗教心が枯渇していた仏教や、復古主義に乗じて国教化していく神道にはないものを知り、彼らは良心によって信仰を選択していった。もちろん彼らの中には、純粋な信仰というより先進国の宗教であるという理由から関心をもち、近づく者もいた。カトリックの再入国、ギリシャ正教の入国も、これに続いた。

明治十年代までは主として外国人宣教師が活躍するが、その後小崎弘道《こざきひろみち》、内村鑑三、植村正久、海老名《えびな》弾正《だんじょう》らが受け継ぐ。日本の儒教・仏教・神道などの中に成長した人々がキリスト教信仰と対決し、選択し、それに生きようと決断し、伝道を始める。欧米人の血となったキリスト教を日本人の血となそうとする使命をもったのである。明治二十年頃には欧化主義が盛んになり、一時はキリスト教の国教化が考えられたこともあるといわれる。明治十年には三百人ほどであった信者は、二十二年には三万人近くの数になった。

しかし彼らはここに至って強力な力となってきた保守的、国家主義的な力と対決しなければならなくなった。たとえばキリスト教普及に伴っていわゆるミッションスクールが多く設立され、キリスト教的良心に基づく倫理的な教育が実践されていたが、明治二十三年十月「教育勅語」が発布された。当然のことながら、これらの学校においては『聖書』が教育の根本理念であったから、次第に非難の的になっていく。折しも翌年の一月には鑑三のいわゆる「不敬事件」がおこる。彼は強い愛国主義者であり天皇に逆らう意志は毛頭なかったが、天皇を神として拝することはできなかった。鑑三は後に回顧している。「余は高等学校の倫理講堂に於てその頃発布せられし教育勅語に向て礼拝的低頭を為せよと、時の校長代理理学博士某に命ぜられた、しかるにカーライルとクロムウエルとに心魂を奪われしその当時の余は如何にしても余の良心の許可を得てこの命令に服従することが出来なかった、……国賊、不忠……脅嚇と怒喝……その結果として余の忠実なる妻は病んで死し、余は数年間余の愛するこの日本国に於て枕するに所なきに至った」[31]。そして本心を訴える。「吾等は国に反《そむ》いてこの事を為したのではない、良心の声を重んじ、良心に反くのは国を欺くのであると信じたからこの事を為したのである」[32]。国を愛しながら、しかもその奥で自己の良心によって信仰を選択したのである。彼にとって神は、キリスト教の神ヤハヴェ以外にはあり得なかった。

しかし国家主義者たちは、天皇を拝さなければ神聖な天皇の権威を軽視することになると主張した。キリスト教を排撃しようとしていた人々にとってこの事件は格好の非難材料になった。ミッション系の学校も「教育勅語」を倫理教育の基本とするか、学校の方針を転換するか、あるいは学校を閉鎖するかの瀬戸際に追いこまれることになった。近代に入り、ようやく個人の自覚、その自覚を通した対決・選択・決断の意識が再び芽生えかけたにもかかわらず、またその芽が国家権力によって摘み取られ始めた。幕府権力が形を変えて国家権力となってあらわれ、個人の意識の中には再び権力に屈従する姿が復活し始めた。

さてここに至って、鑑三と満之を取りあげて考えてみたい。満之は西欧近代思想を身につけ、古い仏教的伝統にとらわれることなく、しかも何よりも自己を「実験」し、自己の良心の声によって信仰を選択しようとした。鑑三は儒教と神道により若き自我を形成しながら、キリスト教の信仰を選択し、日本人による日本人のキリスト教を求め、やはり自己の「実験」を通して社会に発言しようとした。そこには自己の良心によって信仰を選択し、しかも時代に目をそむけることのない態度がある。

以上の観点から、両者における宗教の近代化と「信」の意味を考察したいが、宗教の問題は当人の生そのものと分けては考えられない。やや詳しく両者の生涯をたどってみたい。

第一章　内村鑑三

一　近代的自我の形成

誕　生

文久元年（一八六一）三月二十三日、鑑三は上州高崎藩士内村宜之《よしゆき》の長男として、江戸小石川鳶坂上の武家長屋に生まれた。母の名はヤソといった。

鑑三によれば、「私の一家は武士階級に属していた。ゆえに、私は戦うために生れたのであって、ゆりかごのうちから—*vivere est militare* 〝生くることは戦うことなり〟—であった。父方の祖父は満身これ武士であった[1]」。そして「父は、祖父よりも教養があり、立派な詩歌をつくることができ、また人を統率する術を身につけていた[2]」。父宜之は指導力もあり藩の近代化にも努力した人物であり、同時に有能な儒学者でもあった。

また母は、「働いてさえおれば、人生のあらゆる苦痛と悲哀とを彼女は忘れる。……彼女の小さな家庭は彼女の王国である。彼女は、どんな女王もおよばぬほどに、この王国を治め、洗いきよめ、養う」[3]女性であった。佐幕派に属していたために急速に貧窮していく高崎藩士の妻として、ひたすら働き、家庭のやりくりに生きた女性であった。

　このような家庭に生まれた鑑三の幼い「自我」は、どのように形成されていったのだろうか。まず見逃せない点は、儒学者の父の影響である。「私の父は立派な儒教学者で、聖賢の書物や言葉は、ほとんどすべてそらんじていた。それゆえ私の初期の教育は、自然その方針に沿っておこなわれた」[4]。父が鑑三にほどこした儒教的な教育は、主として藩主への忠義、親と師への忠誠と尊敬であった。それを鑑三は比較的素直に受け入れている。と同時に注意したい点は「これら儒教の教訓は、多くの自称クリスチャンらに授けられ、また抱かれている教訓にくらべて、すこしも劣るものではないと私は確信している」[5]と後にのべている点である。むしろ儒教的な影響に誇りをさえ感じている。近代的な自我形成の過程において、儒教的なものを単に古いものとして否定していない点に、まず注意しておきたい。むしろ日本的なもの東洋的なものとして、彼の自我形成の核心的なものとなっているとも言える。それは、たとえば次のような記述を見れば明らかだろう。

> 儒教では、孝は諸徳のもとなりと教えるが、これは「神をおそるるは知識のはじめなり」というソロモンの箴言と似ている。冬の最中に、やわらかい竹の子（東洋のアスパラガス）を食べたいという老父の無理な要求にこたえて、雪の下から奇跡的に竹の子をさがし出した孝子のものがたりは、クリスチャンの子供なら誰でも心得ているヨセフの話と同じく、わが国の子供たちの知りつくしているもの

である(6)。

日本人の儒教的な倫理観とキリスト教のそれとの類似性を指摘している。この点は単に儒教を否定してキリスト教に入るというのではなく、あるいはこれを武士の在り方の規範とした武士道的な生き方を否定するのではなく、むしろそれを精神的土台にしてキリスト教を理解するという態度を思わせる。

さらには忠義や忠誠だけでなく、女性問題にもこのような見方から言及する。「婦人に対する異教徒の残忍性がしきりに取りさたされるけれども、東洋の経典は、そんなことを奨励してもいないし、またこの問題に対して全く沈黙を守ってもいない。われわれの理想とする母と妻と姉妹とは、最高のキリスト教女性にくらべても、さして劣るものではない。それのみか、キリスト教の高く引き上げる感化力を受けたこともないのに、その行為や性格において、実にすぐれた女性たちがいた(7)」。もちろんこれは儒教的な寛仁の態度のことであって、キリスト教の女性観自体とは異なる。しかしこのように見てくると、儒教的な倫理観、武士道的な忠誠心などをキリスト教に勝るとも劣らないものと考え、むしろそのような要素を、後にキリスト教信仰の土台にしていったことが考えられる。このような儒教の影響が彼に独自な自我を形成させた点にまず注意しておきたい。

それと同時に、別の意味で彼の自我形成に影響を与えた神道に触れておこう。

私がもっとも崇め尊んでいたのは、読み書きと手習いの神であった。私は毎月の二十五日に、正式に潔斎し、供物をささげて、その神を祀った。……そのほかに、米作をつかさどる神がいた。……この神には、われわれの家を火事と盗難とから守り給えと祈ることができた。……このほかに、歯痛に苦しむ者をなおす神がいた。たえずこのつらい病気に悩まされていた私は、この神にも祈り求めた。……神々が多種多様なため、それぞれの神の要求が矛盾衝突して、一つ以上の神を満足させねばならぬ場合、良心的な人間の立場は悲惨なものとなってしまう。こんなにも多くの神々を満足させ、またなだめねばならなかったから、自然私は、いらいらした、臆病な子供であった。(8)

この記述はキリスト教に回心した後になされたもので、複雑な心境がこめられている。しかし幼少の鑑三の立場に立って考える場合、彼は誠実に几帳面に神々を崇拝していたと言うべきであろう。むしろあまりに真面目に神々のことを考えすぎて苦しんだとも思える。「遠まわりをして、社祠の数のすくない方の道を取り、良心の苛責をのがれようとしたこともあった(9)」というが、これは単に神々を忌避しているのではない。幼少の頃から宗教的なものに目覚め、まともに誠実に神を考えすぎていたからだと考えるべきであろう。したがって鑑三は、ただ単に神道を否定してキリスト教に転向したと見るべきではない。むしろこのような真面目すぎるともいうべき態度こそが素地になって、後にキリスト教に入っていったと言えよう。深く忠実なキリスト教への対決と選択の底には、先にあげた儒教的な忠誠心と神道的な神々との接触からくる体験が存在していると考えられる。

その証拠の一つにもなると思うが、後に札幌農学校で半強制的にキリスト教に入信を強要されたとき、鑑三は札幌神社（現在の北海道神宮）に行った。「私は郊外のある異教の神社に詣でた。……目に見えぬ神霊の象徴である神鏡にほど近く、枯れ草の上に身を投げ出して、堰を切ったように私は祈りはじめた。真心こめたその祈りは、後年私がキリスト教の神にささげたどんな祈りにも劣らぬほど純真なものであった」(10)。キリスト教入信以前に、敬虔で強い宗教的心情が養われていたことを忘れてはならない。ただ古い伝統を否定して近代的自我を形成したというのではなく、伝統的な神々を崇拝することによって宗教的な心情がすでに形成され深められていたことに留意しておかねばならない。つまり鑑三の「近代的自我」は単に古いものを拒否して形成されたのではなく、伝統への深い関わりを通して形成されていったのである。

このように二つの精神的なものへの関わりが、まず鑑三の幼い頃の自我形成の核になっていたと思える。すなわち長上への「忠義」「忠誠」、同輩や目下への「誠実」「融和」「寛仁」という、いわば「誠」をその根本とする儒教的な倫理性、そして常に神々を思い、崇拝し、神々の気持ちを正直に汲もうとする神道的な宗教性の二つである。この両面は単に並行するものではなく、彼の内に重層している。やがてこの両面はキリスト教信仰の基盤にもなっていく。

さて、もう一点、彼の幼少の自我形成につけ加えるべき要素がある。科学的なものの見方の萌芽である。

慶応二年(一八六六)六歳のとき、家族とともに江戸から故郷の高崎に移った。その後明治二年から四年にかけて二年ほど、石巻県の少参事に任ぜられた父に従って家族で石巻に移り住んだが、それ以外は明治六年、十三歳で上京するまでずっと高崎に住んだ。この高崎で彼は魚取りに熱中する。釣針などの釣り道具も自分で作り修繕した。父の叱責もかえりみず碓氷川や烏川で魚を追いかけ、これを細かく観察した。このことが後に彼を科学好きにし、水産学を専攻させる原因にもなったのであろうが、注意すべきはこの「観察」の態度が、やがて「私は自分自身を綿密な観察の対象として来た」[11]というように、自己自身をも観察の対象にするという独自な態度を生んだと思える点である。すなわち彼が常に「実験的」な態度を重んじ、後に自己の「罪」を誠実に正直に偽りなく見つめ続けるようになる要因となっているように考えられる点である。自己の内面的な宗教体験を実験的にとらえる点は近代的自我形成、そして宗教の近代的な把握の問題にまで関係をもつのである。

以上の三点が、少なくとも鑑三の自我形成の原点になっていると言える。

ではこれ以後、この三点の核がどのように彼の内面で深められ、変化させられるか。さらにその外にどのような要素が付加され、自我が形成拡大されていくか、この点について次に考えてみよう。

少年時代

現実の社会は確実にしかも激しく動いていた。明治四年（一八七一）には廃藩置県の実施により、特に佐幕派であった高崎藩の武士は落ちぶれていかざるを得なかった。同年彼の父も県少参事を免ぜられ、六年にはわずかの公債を得て早くも隠居生活に入った。鑑三はこれ以後父を養う重荷を背負うことになる。

しかし彼の父は、幕末に藩の軍制を洋式にすることを主張したように、進歩的な面をももっていた。そこで父は時代の流れを見、鑑三に新しい学問をさせ、新たな世界で役人にしようと考えた。この考えは佐幕派であるために落ちぶれた親が、子に望んだ共通の願いであった。鑑三としても没落していく父と家を見るとき、そうせざるを得なかったであろう。このような重荷を負った旧幕藩の子弟たちは、禄を奪われた父に代わって新たな価値観を求めて「青雲の志」を抱き、「立志」を胸に刻み、新天地を求めることになる。鑑三も後に書いている。

余は武士の家に生れた者であるから、余の父は余の幼少の時より余を役人に為さんと欲した、彼がその貧しき家財を投じて余に僅か計りの学問をさせて呉れたのもいわゆる余の青雲の志を達せしめんためであった、それ故に余が明治の初年に大学予備門（今の第一高等学校）に通学し居る頃は余は専ら政府の役人に取り立てられんことを欲した者である、余の父は余が大学に入《いっ》て政治または法律の学を修めんことを望んだ者であって、余もまた出来得るだけ父の志に従わんと欲した。(12)

明治六年、彼はまず東京赤坂の通称有馬学校（正式の名称は報国学舎）に入学した。この学校は佐幕派であった有馬氏が、今後優秀な人材を育成し国に報ずるという趣旨のもとに発足させたものであった。男女共学で進歩的であり、英語も外国人教師を雇い厳しい教育をした。また寄宿制度だったので、鑑三も初めて親元を離れた。この学校で約一年学ぶのだが、この時期では次の点に注意しておきたい。

ある日曜日の朝、一人の学友が「外人居留地の某所へいっしょに行かないか。きれいな婦人たちが歌をうたうし、それから、長いあごひげをつけた、背の高い男が、高い壇の上で、両手を振りまわし、体をくねらせ、実に風変りな様子をして、叫んだり、わめいたりしているのも見られるよ。しかも入場は一切無料なんだ」と言って、私を誘った。これが、友人の目にうつったキリスト教会堂の礼拝の様子で、当時の私にはまだ耳新しい外国語で行われていたものである。私は友人とともに初めてそこへ行ったが、べつに不愉快な所とも思わなかったので、その後は日曜日ごとにそこへ通った。……私に英語の手ほどきをしてくれていたあるイギリスの老婦人は、私のこの教会通いを非常に喜んだ。[13]

この外人居留地は築地にあった。そしてこのイギリスの老婦人とは、有馬学校で英語を教えたピアソンという女性教師である。鑑三はこの女性から、当時『新約聖書物語』を一冊もらっていた。問題は後に、四十八歳の鑑三が次のように書いている点である。「余は終にはキリストに捕虜にせらるべき者であった、余は幼児よりの神信心であった、そうして東京青山に於て始めて英国女教師某（宣教師に非ず）より新約聖書物語一冊を貰い受けし時に余は既にジーサスクライスト（余は当時まだ主の名を日本音に於て知らざりし也）を拝せんとの念を起した[14]」。つまり幼時より日本の神々に対する信仰をもち、またピアソンから『新約聖書物語』をもらったときにイエス・キリストを拝しようとの念を起したという点である。札幌ではじめてキリスト教に接したのではなく、すでにこの時期にキリスト教に触れ、しかもキリストへの崇敬の念をもったことに注意したい。さらにまたこの崇敬の念が、幼児期よりの真面目で律儀な神々の信仰と結びつけられてとらえられている。このことは幼児の頃から神的なものへの感受性が深かったこと、決して心底から日本の神々を否定し去ることがなかったことなどを示している。仏教に対しても、その教団的な堕落した面に対しては非難をしても、真面目な求道的な人々には深い尊敬の念をもつことになった。またこのような点は、やがて親が望んだ法律を学び役人となるという、いわゆる立身出世からはずれた道を歩み始める原因ともなっていくと考えられる。

このようにこの頃から宗教的・内面的な問題の最初の芽生えがあったことに留意したい。またそれが、いわゆる「青雲の志」「立志」といっても一口に常人のそれとは少し違ったものにさせる原因になったと思われる点を提起しておきたい。

明治七年、十四歳のとき、東京外国語学校の試験に合格し、下等第四級に編入された。この学校は後に東京英語学校、東京大学予備門、第一高等学校となり、いわば官製のエリートコースになる。加藤高明、石川千代松、田中館愛橘《たなかだてあいきつ》、天野為之《ためゆき》、佐藤昌介、高田早苗、宮部金吾、太田(後の新渡戸《にとべ》)稲造《いなぞう》といった、後にさまざまな分野で活躍する人々と同窓になった。この学校では特に英語の新しい教育の仕方に感動したといわれる。途中病気による一年の休学をはさんで三年ほどこの学校で学ぶ。明治十年にはこの学校は東京大学予備門となり、これを修了すれば東京大学に進むことができるようになった。

だが、ここに彼にとっての大きな転機が訪れることになる。東京大学に進まず、よく知られているように新しく設立された札幌農学校に進んだのである。東京大学に進めばいわゆる立志、青雲の志も達成しやすく、政治家、役人にしようとした父の希望を実現するためにも有利になる。なぜ当時未開の地であった北海道にあえて渡ろうとしたのであろうか。

予備門の最後の級に在学していた明治十年六月十四日、北海道開拓使堀誠太郎が学校を訪れ、札幌農学校の官費生募集の演説をした。彼は北海道の開拓について熱弁をふるい、さらに北国の自然風物を紹介した。そして最後に官費制度について詳しく語ったという。貧しい士族の子弟にとって官費であることは大層魅力があった。鑑三もそれに魅力をおぼえたことは想像にかたくない。しかしあえて札幌行きを決断させた理由はそれだけではない。たとえ貧しくとも父は子に政治家、高級役人になることを望んだ以上、大学卒業までの学費についての考えはあったはずである。また鑑三自身も立身出世を中心に考えていたならば、やはりどんなことをしても東京大学にかじりついていただろう。

私は、先にあげた病気による一年間の休学の間に、何らかの内面の変化があったのではないかと考える。青雲の志をもちながら激動の時代に一年間休学し、無為な時間を送るのは辛いことである。その間に立身出世の、何か空しさのようなものを感じたのではないかと思えるのである。後に信仰を求めて激しい求道生活を送った鑑三にとって、病気を転機に出世のみを求めて勉強することが空しいことであると気づくことは、意外に容易であったと思われる。この頃のことについて後にこう述べている。

しかしながら余はその頃より何にやら政治に対して興味をもたなんだ、政治など有って無きが如きものに心を寄するのを何となく無益のように感じた、故に余は父の志に叛いて政治を学ぶの念を放棄した、余の同級の諸士にして、その後政治法律を修められた人々は今はそれぞれ大政府の弁護者の地位に居らるるなれども、余は断然その時政治に暇を告げて、今日に至るまで未だかつて日本国の政治家となり、またはその憲法学者となり、またはその裁判官とならんと欲するの慾望を懐いたことはない。(15)

官費の特典があるとか、青年らしい未知なる北海道への憧れももちろんあったであろうが、この内面的な変化を看過するわけにはいかない。宗教的良心を生涯にわたってもちつづける彼が、まったく突然札幌農学校で宗教的になると考えるのは、むしろ不自然であると思われるからである。日本の神々を思い、あの神もこの神もと崇拝しすぎてとうとう苦しくなってしまったほどに宗教的な感受性をもち、築地の教会に通いながらキリストを崇拝しようと思ったことを考えるとき、一年間の無念の休学の間に内面的な変化がおこり、政治や法律を学び出世のみを求める自分の姿に、何か空しさをおぼえたのではないだろうか。もちろん青雲の志、立志そのものを失ったのではない。志の目標が変化したのではないか。その目標が堀誠太郎の演説などを通してはっきりしてきたのではないかと考えられる。

余は政治を棄て農業を以て国家民衆を益せんとした、余は思うた、政治の目的は名誉を得るにあって、農業の目的は飢を癒すにあると、そうして実物は空虚よりも估値《ねうち》があるゆえに農業は政治よりも大切であると思うた。(16)

本来求道的、宗教的な自我が形成されつつあった鑑三にとって、このような心の変化を生むことは自然なことであろう。後にピューリタンに共感をおぼえるようになったこととも関係すると思える。

札幌行きが決まった学生たちは芝の開拓使御用宿で一カ月間の合宿に入る。この際鑑三は、岩崎行親、太田稲造、宮部金吾とともに立行社というグループを作り、身を立て道を行なうために、酒色や煙草をたしなむことを禁じることを誓いあった。この点からも分かるように鑑三の札幌行きは、時代の名誉と出世を求めるのではなく、おのれの良心と信念にしたがって新たな選択をしようとする、倫理的な決意によるものだったと言えよう。この倫理的、宗教的な態度はやがて北海道で決定的な変化を遂げるが、以上のような側面に、激動の時代に形成されていく鑑三の主体的な近代的自我形成の一面を見ておきたい。

札幌農学校

明治十年（一八七七）七月二十七日、鑑三は札幌農学校の第二期生として入学を許可された。八月二十八日、品川を出港し小樽に向かい、九月三日に札幌に到着する。九月十五日に授業が開始される。

この農学校は北海道開拓のために設立された官立の学校であり、主として米国人によって開拓者的な精神と実用的な科学を教えることが主目的であった。

しかしここで看過できないことは、創立時の教頭クラークのことである。彼は米国マサチューセッツ農科大学の学長であったが、当時の開拓長官黒田清隆に、教育のために聖書を用いることを承諾させた。官立の学校で聖書を用いること、まだ当時ほとんど日本には浸透していなかった聖書を教育の基礎とするのは、いわば破天荒なことであった。しかしその強引なまでの方法にもかかわらず、それを宗教的な情熱と信念と感じ、圧倒され、やがてはその感化と影響を強く受けるようになった人々がいたということに注意したい。

クラークは植物学など自分の専門を教える際、聖書も教えた。そして自ら「イエスを信ずる者の誓約」（Covenant of Believers in Jesus）という誓約書をつくり、とうとう第一期生全員に署名させてしまった。その激しさの中に、伝統的に諾否を明確にしない日本人的態度を打ち破った南北戦争従軍軍人の一徹さ、ピューリタン的な一途さが感じられるが、十七、八歳の純粋な若者には、それがまた魅力ある情熱に思えたのであろう。鑑三が札幌に到着したときには、クラークはすでに任期を終えて帰国していたが、彼の感化を受けた一期生たちが誓約書に署名させようと待ちかまえていた。

　鑑三は迷い、苦しんだ。学業の方は優秀であった。最高点がいくつもあった。生真面目な性格で、平生からよく勉強をしていたといわれる。当時この学校は成績優秀な者に賞金を授与していたが、もちろん鑑三はこれをもらい、学生生活は充実していた。しかしこの誓約書には苦しんだ。元来宗教的な感受性に乏しく、自国の宗教にあまり忠誠心がない者にとっては、かえって決断がつきやすかったかも知れない。しかしもともと宗教心があり、しかもあれほど日本の神々に関わってきた鑑三にしてみれば、それは納得できない。築地の教会に通いイエスを崇拝しようとしていた彼であっても、ただ情熱と強引さで押しまくる先輩の強制にはとまどいを隠せなかったであろう。

　入信前の鑑三は、「余は神を信ぜず、また悪魔をも信ぜず、ただ人間の心中に存在する一片の精神を信ず、よくその指導に従えば、人の人たる道を践《ふ》むに足る」[17]と言ったというが、素直な心情の吐露であろう。強烈な人格神をもたず、原罪の思想を知らない日本人、人間の中に清明な神性、あるいは悉有仏性を思う日本人の素直な気持ちは、強力な人格神を後ろ盾にして入信を迫る態度には従えなかったのであろう。迫られれば迫られるほど、逆にそれが日本の神々への裏切り行為になると思うようになった。

　私は幼いころから、祖国を他のすべての国にまさって尊び、祖国の神々を拝して、他国の神を拝してはならぬと教えられてきた。たとえ死をもって強いられたとしても、祖国の神々以外の神に忠誠を誓うことはできないと私は考えた。異国に興った宗教を信ずるものは、祖国に対する反逆者、国教に対する背教者となる。(18)

彼は思い余って札幌神社に行った。

私は鎮守の神に向って、学校内の新しい宗教熱を速かに消しとめ、邪神を捨てることを頑としてこばむ輩を罰し、今、自分のささえている愛国の大義に関する小さき努力を助け給えと祈ったのである。(19)

すでに指摘したように、幼少期の彼の自我形成の重要な要素となった儒教的な倫理性、神道的な宗教性が、圧倒的な入信の強制に対して激しく反抗する。実はここに近代的自我形成の新たな問題があるが、特に後者の多神教的、調和的要素は一神教的、排他的なキリスト教的宗教観と激しくぶつかる。鑑三はどのような態度をとったか。「私は今でも、あんな威圧に屈すべきではなかったのじゃないかと、時折り自分に問うことがある。しかし当時の私はわずか十六歳の少年であったに反し、『加入せよ』と強制する上級生たちは、みなはるかに年上だったのだ。こういうわけで、キリスト教への私の第一歩は、自分の意志に反して強制されたもので、実を言えば、多少自分の良心にも反したものだったのである」。(20)この時点では、とにかく強引に入信させられたと言える。

しかしいったん入信を決断すると、彼の宗教的心情は一気に燃え上がる。もともと日本の神々に深い心情を寄せていた。ただそれがあまりに律儀だったがゆえに神々の間に挟まって苦しんでいたのである。これが対象がただ一神になると、その宗教的な心情は一気に一神に注ぎこまれる。

まだぬきさしならない深刻な原罪的な罪の意識による回心ではなかった。ある意味で多神に向けられていた敬虔な思いが一神に向けられ、明確な祈りの対象を得た安堵感と喜びに結びついたようにも考えられる。

> 神々にかつてささげたすべての誓い、神々の怒りをなだめる種々の形式の拝礼は、この唯一の神を信ずることによって、今や無用のものとなった。しかも私の理性と良心とは、「そうだ」とそれにこたえるのである！　神は一人だ、多数ではないとは、私の小さな魂にとり、何とうれしい知らせであったことか[21]！。

半強制的で強引な勧誘に屈して、「自分の意志に反して」署名した鑑三は、その後しばらくは一人苦しんだものと思われるが、彼の理性と良心をして「そうだ」と言わせたのは何であったのか。彼の魂に安らぎとなったものは何であったのだろうか。

私はここに近代的自我の対決・選択・決断の姿勢の萌芽を感じる。血縁と地縁を大切にし、祖先神としての神々を崇拝し守ってきた日本人が、まったく由来と性格を異にする一神と対決し、選択を迫られる状況においてである。たとえば仏教が日本に伝来したときは、まだ個人的な選択と決断を要求される時代ではなかったし、仏教の「仏」は二者択一を迫るというものではなかった。しかし近代的な欧米思想から生まれた「自我」の前には、信じる対象は最も正しいと思われる唯一のものでなければならなかった。キリスト教の一神と日本の神々を同時に信仰し崇拝することは矛盾することとなる。後の生き方からも分かるように、鑑三は特に妥協することができない人間でもあった。二つの信仰の形態の間で悩んだことであろう。

しかし彼は、多である神より一である神と対決し選択した。否、選択させられてから一神の真実性を究明し納得したというべきかも知れない。「原罪」を自覚し、十字架のキリストの贖罪を通した回心はまだ米国での回心を待たねばならないが、生真面目で妥協を許せぬ気質、真面目であったがために多神の中で苦しんだその苦しみが、圧倒的に選択と決断を迫ってくる人格神を受け入れた。もちろん、ただひたすら主君一人に忠義心をもち命をささげるべしという儒教的、武士道的な理由もあったであろう。事実この頃の鑑三の信仰は倫理的な色彩が非常に強いと言える。

しかしこれは単に神道の神々を捨てたというようなものではない。むしろ神々への信仰を包み込んで、なお高い信仰をキリスト教信仰の中に見いだしたと考えた方が、彼の心情に近いと思える。ここに日本的な地縁血縁を守り、封建性の中に自我を隷属させ、俗権に統制された宗教を受け入れる態度ではなく、この態度を突き破り、自己の「理性と良心」によって対決し選択し決断するという、近代的な合理的自我が形成されていることを指摘しておきたい。

明治十一年（一八七八）六月二日、M・C・ハリスより洗礼を受けた。

永久に＝忘れ＝得ぬ日。H氏はアメリカから来ているメソジスト派の宣教師で、一年に一回、信仰上のことでわれわれを助けるためにおとずれるのである。彼の前にわれわれがどんな具合にしてひざまずいたか、またわれらの罪のために十字架につけられしキリストの名を告白せよと言われたとき、かたい決心のうちにも、どんなにふるえながら、アーメンと答えたかを、私は今でもよく覚えている。[22]

さらに同年十二月一日、メソジスト監督教会に入会した。先にあげた「イエスを信ずる者の誓約」の中に、「いつにても適当な機会があらば、みずから試験と洗礼とを受けて、いずれかの新教の教会に入会することを、ここに約束する」[23]と書かれていたことを守ったものである。

しかしまた、この日の日記に次のように書かれている点に注意しておきたい。「敬愛する宣教師の牧師H氏の再度の来訪に際し、氏の教派や他の教派について、ふかく吟味するいとまもなく、われわれは氏の教会に入会したのである。われわれはただH氏が善い人であることだけを知っていた。だから氏の属する教会もまた善い教会のはずだと思ったのである」[24]。さらに翌年十月十七日の日記には「われらの聖き仲間が増しつつあることは感謝にたえない。ただ一つだけ悲しいことは、この小さな町に、二つの教会ができる様子がはっきりしてきたことである。その一つは聖公会で、他はメソジスト教会だ。『主は一つ、信仰は一つ、バプテスマは一つ』なのにと、われわれは心の中で考えはじめた。その一つさえ、自分の手では建てられぬほど微力なわれわれが、なぜ二つのクリスチャン団体に分れなければならぬのか。信仰に入ってよりこのかた、われわれはここで初めて教派主義の害毒を自覚したのであった」[25]と記されている。

煩悶のすえやっと決断して入った途端、宗教教団の宿命的な教派主義の問題に直面した。正直で潔癖な武士気質の彼には我慢のできないことであった。そう感じたのは鑑三だけではなかった。そこで有志たちは、教派主義のために働く外国人宣教師からの独立をめざすことになる。明治十四年（一八八一）には佐藤昌介たちとともに教会建設委員となる。翌十五年にはとうとう「札幌独立教会」を誕生させる。これは日本で初めて教派から独立した、いわば日本的な教会であった。これはきわめて重要な点である。というのは当時の日本の政治、経済、文化などのさまざまな分野で、日本はほぼ西洋一辺倒であった。これに対し、自己の理性と良心による対決と選択を通して、種々の困難にも負けずに理想を貫き通した点である。ここに彼の近代的な自我が次第に本物になっていくのが見られる。

十四年七月九日、彼を鍛え、大きく成長させた農学校を卒業する。在校中の生活は『余はいかにしてキリスト信徒となりしか』に詳しく描かれている。成績はいつも優秀で首席であった。卒業演説を「漁業モ亦学術ノ一ナリ」と題して行ない、また卒業生を代表して別れの辞をのべた。

挫折と結婚の失敗

七月二十七日、「開拓使御用係准判任」の辞令を受け、就職する。水産を担当することになり、月給三〇円であった。

翌十五年二月には開拓使が廃止となり札幌県御用係になる。三月、『大日本水産会報告』の第一号に「千歳川鮭魚減少の原因」を発表し、以後この雑誌に多くの論文を掲載する。また九月には祝津《しゅくつし》村でアワビの蕃殖実験を始め、十月下旬には卵子を発見した。これには鑑三自身大きな自負をもった。さらに翌十六年二月二十四日、東京の大日本水産会で「漁業ト気象学ノ関係」と題して発表した。

ところが鑑三は用が終わっても札幌に帰らず、四月二十二日突然病気療養を理由に札幌県に辞表を提出してしまった。六月三日辞表は受理された。

なぜ彼は突然やめてしまったのか。研究者としても役人としてもこれからという時であった。しかし彼の心の中には大きな空しさが生まれていた。四月十二日の日記には、「意気銷沈、元気なし[26]」と書かれている。確かに健康上の問題もあったろう。また鑑三も人間である、自分が首席で卒業した札幌農学校で当時すでに新渡戸は教えていた。宮部は同学校の教員となるべく東京大学に派遣されていた。これら友人と自分を比較し、みじめな思いをしたこともあろう。しかし最大の理由は何であったのだろうか。

私は自分のうちに、一つの空虚な箇所のあることに気づいた。それは、宗教事業に活躍することによっても、科学実験に成功することによっても、満たされないものである。この空虚の正確な性質が何であるかを私は見きわめることができなかった。……いずれにしろ、現に真空は存在しており、それは何とかして、何かによって、埋ずめられねばならぬ。漠々たるこの宇宙の間に、自分に幸福と満足とを与える何かがあると私は考えた[27]。

ではこの空虚・真空という言葉にこめられたものは何であったか。以後それを埋めるものを求めて彼は彷徨することになるのだが、これは要するに役人の道でも生物学者の道でも、さらにこの当時の彼自身のキリスト者としての生き方でも満たされぬものであった。

後になって彼は回想している。

余は第一に農商務省の役人達に失望した、彼等が事を為さんと欲するよりも官等を進められんことに汲々たるを見て余は役人たるのが実にイヤになった、余は思うた、役所に来ては坐睡《いねむり》を為し、家に帰っては酒を飲み、その他は長官に阿諛を呈するのが人生最大の目的ならば人生とは何と詰らないものではないかと、それより余はますます辞職の念を発した、……余は第二に日本国の漁夫に失望した、彼等の捕獲術については唯嘆賞するの外はない、しかしながら彼等の道徳の低いには実に驚いた[28]。

希望に燃えて入った現実の世界に早くも挫折が訪れる。潔癖で妥協できず、きわめて倫理的な彼の性格であってみれば、当然一度は訪れる挫折でもあった。かといってこのような現実的挫折から逃れ、研究に没頭することによって現実の醜さを忘れることもできなかった。人生の真の意義を見いだそうとする彼の倫理的、宗教的な志向がそれを許さなかったからである。

ではなぜ役人生活や研究生活を捨てて、キリスト者として立とうとしなかったのか。ここに重要な問題がある。東京に戻って目撃したキリスト教徒の姿に彼は失望する。「日ごとに、また週ごとに、信者の友人や知人が増すにつれて、私の信仰は急速に感傷主義にかたむいていった。信仰談をかわす集会はしばしば節度をこえ、われわれは、周囲の暗黒世界を征服すべき厳粛な責任について思うよりは、クリスチャン仲間の茶話会や晩餐会について多く思うようになった(29)」。役人生活にも研究生活にもキリスト者としての生活にも、人生の真の意義を見いだせなくなってしまった。「かつて氏神に月まいりをしていたころの私は、道ばたの乞食にいつも何か実質的なものを与えるのをつねとしていた。しかるに、キリスト教に改宗したこのごろでは、空疎な言葉だけしか与えない。ああわが魂よ、これではならぬのだ！(30)」。素朴に神々を信じていた頃を懐かしむほどに、当時の生を空虚で空しい真空の生活としていたのである。ここに辞職の理由の一つがあったのではないだろうか。

それでも生活のために、六月には津田仙の学農社農学校の講師となり、十二月には農商務省農務局水産課に嘱託として再びつとめることになる。

しかしここにもう一つ重要な問題がある。八月十五日、海老名弾正が牧していた日本組合基督教会安中教会で彼は講演をしたが、この頃同教会の女性会員、浅田タケを知ることになった。彼は心の真空の原因の一つとして「または、急に大人になってきたために、伴侶を求める自然の欲求に抗しがたくて、こんな焦燥と空虚とを覚えたのかも知れない(31)」という思いをあげている。信仰も生きる情熱も分かち得た学校から、醜い現実社会に入り身も心も疲れ、空しさのみが残っていた二十三歳の彼の心には、信仰を同じくする女性の存在を求めるものがあったのであろう。空しさと淋しさを埋めるためにも、生活の中に生きた信仰をしっかりと根づかせたいと願う気持ちがあったと思える。鑑三とタケは急速に親密になり、秋になると両親に結婚の意志を伝える。タケは同志社にも学んだ教養ある女性であった。

しかし両親は反対した。特に鑑三の母は、タケが「賢すぎる」という理由で反対した。この母の堅実な目は、すぐにやってくる破局を見抜いていたようである。それでも二人は、翌十七年三月二十八日結婚式をあげた。タケは当時の女性としては常軌を逸したところがあった。鑑三自身すでに結婚前に、友達に不安をもらしたことがあるほどだった。

その不安はすぐに現実のものとなった。十月、タケは安中の実家に別居することになり、事実上離婚となる（正式離婚は明治二十二年）。

十月二十七日、親友宮部金吾宛てに英文の手紙を書く。苦汁に満ちた文であるが、この中にたとえば次のような記述がある。

私を助けてくれる者、私を慰めてくれる者、私とともに働いてくれる者であると信頼していた彼女が悪党であり、羊の皮を着た狼だということが判明した……私の良心と聖書とに問題の真の解決を求めてよく考えたすえ、私は彼女を思い切ることを決心した（*I determined to give her up.*）[32]。その原因はタケの異性関係とか、当時としてはあまりに非常識な言動であったとか言われているが、鑑三自身、直接語っていないのでわからない。ただ問題は、この不幸を鑑三が次のようにとらえていることである。

私がこれまでに犯してきた罪はこれほどまでに多くの悲しみの原因になったのであろうか。すべての私の友人のうちの誰が一体これほど苦い杯をこんなに多く味わったであろうか。父よ、もしあなたが私を引き上げたまわねば、私は沈む、沈んでいってしまうのです。この恐ろしい時にいる私にあなたを信じ身をゆだねる術を教えてください。あなたが私を殺したもうてもなおあなたを信ずるような信仰を私にお与えください（Give me such a faith as to trust Thee even Thou killest me.）[33]。

たとえ心の空しさ、空虚、真空状態を埋めるためという、ある意味で不純な動機であったにせよ、鑑三なりに努力し、信仰をもつ女性を伴侶にし、教えを実践しようとしたのである。しかし結果は惨めなものになった。だが鑑三は、神によって殺されているようなこの修羅場において、なお神を信じるその信仰を求めようとしているのである。それまでは、神、義、愛、信仰といっても閉鎖社会で教えこまれた観念的なものでもあった。しかし醜い現実社会に突き当たり、挫折し、たった一人の女性との愛の生活も裏切られることによって、自分の信仰がいかに観念的なものであったかに気づいたであろうし、それは完全に叩きのめされた。しかし実はここに、観念的な「悪」から実存的な「悪」、観念的な「神」から人格的に迫り来て応答する「神」に出会い、端的に自身が神を信仰するその信仰から、神によって「与えられる信仰」に大きく飛躍していく重要な契機が考えられるのである。すなわち以上のような苦しみが、一年半後の米国での回心と新たなる信仰の選択の、重く深い契機になっていったのではないかと考えられるのである。

このような心の傷の癒しを「国内で発見できなかった」鑑三は、「数百年にわたり、キリスト教が、疑う余地のないほどはっきりと権威をふるい、感化をおよぼしているキリスト教国には、われら異教出身者の想像も及ばぬ平安と歓喜とがあり、真理の誠実な探求者ならば、誰にせよ、それらをたやすく手に入れることができると考え[34]」た米国に向けて、十一月六日、横浜港を出航する。傷ついた近代的自我をもった青年鑑三は、来たるべき飛躍を求めてさらに試練に立ちむかう。

米国での回心

「一八八四年十一月二十四日の朝まだき、狂喜した私の眼は、はじめてキリスト教国のかすかな影をとらえた。私はもう一度自分の三等船室に下り、そこにひざまずいて祈った[35]」。

この日サンフランシスコに着いたのである。

さらに汽車で大陸を横断し、ペンシルヴァニア州イリーに到着した。札幌で鑑三に洗礼を授けたハリスの夫人のもとに十日間滞在した。この夫人の紹介で、十二月十八日、フィラデルフィア近くのエルウィンにあるペンシルヴァニア精神薄弱児養護院院長、I・N・カーリンに出会うことになった。ただ旅費だけをもって渡航した貧しい鑑三をカーリンはよく理解し、そこに年内の滞在を許し、一月から看護人として働くことを勧めてくれた。

この仕事は想像を絶するものであった。「二十余の自己を顧みざる人間を取扱うは決して安易の業にあらず、彼等は朝夕口をすすぐの要と快とを知らず（彼等大概十五歳以上なり）、故に傍に付き纏いて一々口中を検査せざるを得ず、彼等は糞尿を床中に遺すもし他人の注意を加うるにあらざれば何日たりともこれに安ずるものなり[36]」という薄弱児を相手にするのである。朝から晩まで闘いの生活がはじまる。しかしこれは鑑三自身との闘いでもあった。この悪戦苦闘は『流竄録』にくわしく記されている。こうした闘いは約半年間続くが、彼はこの体験を通して次のことに気づく。「慈善、すなわち『人を愛する』事業は、『自分を愛する』傾向が徹底的に根絶されぬかぎり、わがものとはならぬことを、私は発見したのである[37]」。

この「自分を愛する」こと、すなわち自己愛が罪の根源であることを、この時期に至ってはっきりと彼は自覚するようになる。これはちょうどM・ルターがエルフルトの修道院で罪に苦しみぬいて、彼の罪の根源が自己愛（eygen lieb）にあることに気づいたことに共通するところがある。鑑三も事実そのように言っている。

私の病院づとめは、マルチン・ルーテルのエルフルト僧院行きと、ほぼ同じ目的によるものだということだ。この手段をえらんだのは、世間がこの方面における私の奉仕を必要とすると思ったからではない。ましてや職業として（そのとき貧しくはあったが）それを求めたのではない。ただ『来らんとする怒り』から逃れる唯一の避難所として、そこをえらび、そこで自分の肉を屈服させ、霊的の清浄に達し得るように訓練して、天国を嗣ぎたいと考えたのである。それゆえに、実のところ、私の動機は自己本位だった[38]。

この自己愛、自己本位な自己自身による自己の浄化の欺瞞と偽善の中に、彼はおのれの悪と罪を見すえていくようになる。

そしてその後のにがい経験のかずかずにより、利己主義は、どんな形をとってあらわれようとも、悪魔のものであり、罪であることを学ばねばならなかったのである。完全な自己犠牲と全面的な自己忘却にほかならぬ慈善の要求に応じようと努力するにつれ、生来の利己心は、あらゆるおそろしい罪悪となって立ちあらわれる。わがうちなる暗黒に圧倒され、打ちひしがれて、私は言いようもない苦悩に身もだえした。(39)

いよいよ彼の罪の根源が具体的な姿をとって彼を苦しめるようになる。ルターが「すべてのこのようなわざの中に、われわれは自分のもののみを求める自己愛以外の何ものも見いだすことができない(40)」と告白したように。

そんな鑑三の苦悩にさらに追い打ちがかかる。別れたタケから復縁を訴える手紙が何通も届く。彼女は四月に女児を生んだ。しかし鑑三は復縁を拒絶する。同年六月十六日、タケの兄宛てに書いた書簡に次のような文がある。「嗚呼浅田於竹愛姉ヨ、愛姉ニシテ弟ニ一滴ノ御恵心ヲ垂ラルルナラ、今日断然弟ヲ夫トスルノ念ヲ断タレ小児ヲ直ニ拙宅ニ御渡被下(41)」。「浅田於竹愛姉」とはタケを指し「弟」とは鑑三自身を指す。「拙宅」とは鑑三の両親宅のことである。鑑三は親や友人の反対や忠告を受け入れず、強引に自己愛のためにのみ結婚したことを悔い、しかもその過ちをあたかも宗教的実践であるかのように振る舞ったことに、深い罪と人間の悲しみを感じた。さらには不幸になるであろうわが子がこの世に誕生した。もはやおのれの力によって霊的な清浄に達し得ることは不可能であることを思い知るようになる。ここに幼少の頃から築いてきた自信に満ちた自我が崩壊していく点を見ておきたい。

七月二十七日、エルウィンを去り、マサチューセッツ州グロースターに滞在する。ここではっきりと鑑三は伝道者になる決心をする。米国に到着した時は、貧しいながらいろいろの夢をもっていた。しかし以上のような内的彷徨を経た今では、もはや残された真の道は伝道者以外にはないと思われたのであろう。真にあるべきおのれの自我を求めて、彼はハーヴァード大学のような名ある学校に進まず、徳高きシーリー総長のいるアマスト大学に進むことを決意する。

九月七日、アマストに到着、翌日には札幌農学校に大きな足跡を残したクラークに会うことができた。そして同月十日にはアマスト大学に選科生として入学することになる。

ボストンから西方一〇〇キロの地にあるアマスト大学は、自然に抱かれこぢんまりとした静かな学校であった。ハーヴァードに比べ、智よりも徳を、事業よりも主義を、識量よりも鍛練を重んじた。そして何よりも日本にいるときからその「著書に接し、これを誦読しこれを愛吟するを以て無上の快を感ぜし」(42)シーリー総長がいた。

シーリーは鑑三を暖かく迎え入れた。「瞬間にして予は一種異様の安逸を感じ、予をして彼を師と仰がんよりは友として交わらんとするの念を起さしめたり」(43)というほど人間的にひかれるものを感じた。シュプランガーは「宗教的な情熱（die religiöse Glut）は、書物よりも人間によってはるかに強く燃え上がる」(44)といったが、鑑三はよい師にめぐりあった。この師によって、「七片の銀貨」と「ギボンの羅馬史五冊」のみをもった貧しい学生は、「二年間の授業料を免じ」られ「無賃にて寄宿舎の一室を」[45]与えられた。この心からの好意に感謝し、勉学に打ち込むと同時に誠実に自己の内面を凝視し、罪の問題について考えぬいた。シーリーの暖かい眼差しに見守られながら。

翌年三月八日、彼はとうとう回心に至る。当日の日記に次のように記されている。

わが生涯におけるきわめて重大な日。キリストの罪のゆるしの力が、今日ほどはっきりと啓示されたことはなかった。今日までわが心を悩ませていたあらゆる疑問の解決は、神の子の十字架の上にある。キリストはわが負債をことごとく支払い給うて、われを、始祖の堕落以前の清浄と純潔とにつれもどし給う。[46]

頑強な彼の自我は、自分の力で「神に認められようとして」清浄になろうとしていた。しかしそれは端的に利己主義に他ならなかった。このような態度においては、十字架上のキリストの贖罪の意味はわからない。自己愛を捨て、おのれを捨て、十字架上のキリストを仰がねばならない。この回心はシーリーの影響が強かった。後に鑑三は「シイリー先生は一日私を呼んで教えてくれた。内村、君は君の衷をのみ見るからいけない。君は君の外を見なければいけない。何故おのれに省みる事を止めて十字架の上に君の罪を贖い給いしイエスを仰ぎみないのか」[47]といわれたと回想している。ここに、自己に固執する鑑三の眼が十字架の上に転換させられるのである。その固執は謙虚さに転質され、信仰も神に賜わる信仰とされるようになった。

さらに四月十五日の日記には「ああ、主よ、私は自分の全き無能力と堕落とを認め、あなたのあなたによって満たされんがために、あなたのもとに参ります。私は汚れています。あなたによって私をきよめたまえ。私には信仰がありません。あなたから信仰を賜わらんことを[48]」と記しているが、ここに信仰すらも神から与えられるものと徹した信仰の在り方に至っている。

このような宗教体験の経緯は、ちょうどルターが師のシュタウピッツに苦悩を打ち明けると、シュタウピッツがルターに、救われているかどうかが分からないときは、キリストが十字架上で君のために受けられたあの傷を見上げなさいと語ったこと[49]、後にルターが「シュタウピッツ博士のおかげがなければ、私は生き地獄におちていただろう[50]」と言っている点、さらにはルターが「われわれの罪はわれわれの良心においてよりも、キリストの傷において（in vulnerato Christo）考えられねばならない[51]」とするに至る点に、深い類似性が考えられる。さらにまたルターにおいても、究極においては「信仰はわれわれの内で働きたもう神の御わざ（werck）[52]」であり、「信仰は人間の行為ではなくて、神の賜物（Gabe Gottes）[53]」として与えられるものであった。こうした回心によって新たな信仰が選択され、鑑三の自我は新たなる自我に転換されていく。

明治二十年（一八八七）七月、同大学を卒業する。選科生として入ったのであるが、学校の好意によって理学士（B・S）の学位を与えられた。シーリーの勧めによって、さらに鑑三は九月、ハートフォード神学校に入学する。しかしこの頃極度の不眠症に悩まされることになる。

過ぐる三年間のはげしい精神的緊張によって、神経は不安定となり、もっとも悪性の慢性不眠症にとりつかれたからである。……私は神学に別れを告げ、異郷にさすらった間に得たものを手にして、帰国せねばならなかった[54]。

しかしながらこの異郷をさすらって得たものは大きかった。米国に来る以前の彼の空しさ、心の真空に襲われた自我は、回心の体験によって埋められた。自己の力によって神の前に清浄となるというような傲慢な自我が、深刻な罪との闘いと回心によって叩きのめされ、まったく異なった自我をもつにいたった。

鑑三はしかし、米国のキリスト教界の実状には失望した。退廃的だとさえおもわれた。渡米以前の鑑三はこれを理想視しすぎていた。このことは、やがて鑑三の書く『余はいかにしてキリスト信徒となりしか』が、予想に反して米国では読まれず、かえってドイツや北欧で高く評価されたことによってもわかる。しかしこの鑑三の失望は、逆に日本に対する伝道の希望と期待に変わる。愛する日本での伝道の情熱になっていった。

明治二十一年四月二十一日、サンフランシスコを出港し、帰国の途につく。

以上、二十八歳までの鑑三の近代的自我形成の過程をたどり、主要と思える諸点を提起してみた。

儒教的、神道的な精神的伝統は鑑三の自我形成の基盤になっていたが、そこにキリスト教精神が対決を迫ることになった。彼は自己の内面において誠実にこれと対決した。注意すべきは、これを倫理的、宗教的な良心のすべてをかけて行なったことである。地縁、血縁、慣習、政治権力のような外的なものではなく、純粋な自己の誠意から対決し、選択し、決断したのである。ここに幕藩権力に盲従したり、反動的に欧米文化に追従した、主体性のない近世、近代の日本的対応を超えた自我形成の態度がある。しかも自己との死力を尽くした闘いを通して、その自我を否定し、超えようとする新たな自己を生むことになった。実はここに宗教的な選択の態度と宗教近代化の内的萌芽が考えられるが、ひとまず以上の諸点を指摘しておきたい。

二　近代日本人としての苦悩

北越学館

三年半のアメリカ滞在による収穫は大きかった。その第一はキリスト者としての回心の体験であり、第二はキリスト教文明および米国への憧れが無残に打ち砕かれた結果、かえって日本を再発見し愛国の情を自覚したことであった。

鑑三は明治二十一年六月二十日付の友人ベルへの英文書簡で、「わたしの友人たちはわたしが精神的にほとんどアメリカナイズ（Americanized）していないことを知ってまったく驚いている」こと、「わたしの主義はキリスト愛国（*Christo-national*）である」ことを書いている。[1] ここにキリスト教徒になった鑑三が真に日本人として生きる決意が見られる。

渡米以前の心の空白、真空は埋められ、目的は定まった。キリスト教と日本のために生きるという目的である。しかしこのことは、同時に今後、近代日本人として苦悩の生活を送ることを予測させる。形だけ近代的になったとはいえ、キリスト教的精神の伝統がない日本で、キリスト者として生きるというのである。しかも愛国者としてである。一体どのような生き方があるのであろうか。

帰国した明治二十一年の九月十日、鑑三は新潟の北越学館という学校に教頭として赴任した。

この北越学館は、阿部欽次郎、成瀬仁蔵（後の日本女子大学の創立者）たちによって前年に創設された学校である。この学校への招聘はすでに米国滞在中にあったが、そのときには断っている。帰国して二週間後、新島襄の仲介によって赴任を受諾する。「愛国の真情胸奥に燃え日本の発展、進歩のためあまたの計画を脳裡に収めて帰国した」鑑三は、「天が我の理想を実現せしむべく北越の天地を与えたるものならんと断信し二週間の後来任するに至りたり(2)」と言っている。

しかしこのような鑑三の理想の高さは、さっそくこの学館に対する規則の一部変更を要求する。その要求は、キリスト教教育をその基本理念にすることに異存はないが、「外国ノ輔助ヲ仰グハ全ク愛国々民主義ニ反セリ(3)」というように、外国伝道会社の援助を拒否するものであった。日本人キリスト教徒の自主性を重んじたのである。さらに「ソノ目的ハ高尚ナル徳義ト愛国々民主義ヲ以テ有為ノ生徒ヲ養成スルニアリ(4)」というように、キリスト教だけでなく東洋・日本の聖賢の教えも学ばせようとする点である。ここに、幼き日より自己の精神に深く刻まれた儒教をはじめとした諸精神が生きていたことが推察されるのであるが、いずれにしてもこのような要求と理想をもつことは学校当局との近々の衝突が予想される。新島自身もこの危惧を感じていたといわれる。

さて着任した鑑三は、授業の他に毎週数回『旧約聖書』の「エレミヤ書」を教え、土曜日には一般者向けにルターの話などをした。しかし彼は、ただ単にキリスト教のみをすべてとしたのではない。九月十二日の『新潟新聞』には鑑三の演説の要旨が掲載されているが、その中に「基督教旨義を信奉するといえども未だ必らずしもこれを以て学館教育の基本とし天下の少年を駆てことごとく一宗教の範囲内に拘束せんことの切要なるを知らざるなり」(5)と言っている。そして実際日蓮宗の僧を招いての講演を企図したりしたが、宣教師の反対を受けている。鑑三の心の中には、キリスト教が欧米先進国の宗教であるから信ずる、といった当時の欧化主義とはまったく異なった、心血を注いだ求道がその基盤にあったのである。

たとえば明治三十五年（一九〇二）、鑑三は東京の芝にあった高輪仏教大学から依頼されて講演をした。その中で、彼がまだ札幌にいたころ、日蓮宗の僧がキリスト教攻撃の演説を企て同宗の高僧新井日薩に相談したところ、日薩が次のように言ったことに感動したことをのべている。その日薩の言葉とは、「どのような宗教であるにしろ、一つの宗教を信ずることは非常なことである、一生涯の熱血をそそいだものでなければこれを信ずることはできない、たとえわが宗教でないにしろ、その人がその宗教を信ずるという事は容易のことではない、たとえいくら欠点があろうが、声を極めて異教の人を罵り合うことはお前達決してしてはならない」(6)というものであった。

さらに鑑三はもう一例をあげている。それは東洋英和学校のカナダ人ホイッチングトンが「私は何時でも芝の山内を運動するが、寺の前を通る時には必ず帽子を取って行きます」と言ったことに対して鑑三がその理由をたずねると、彼は「私は基督教の教師でありますからもちろん仏教をことごとく賛成することはできませぬ。けれどもあの寺にわが同胞が心をこめて精神をこめて礼拝して居るのを見ます時に、私はその人達に対して帽子をかぶりながらその前を通ることはできません」(7)と語ったという。このような例をあげて鑑三は、「われわれが真の宗教家ならばわれわれは相互に対して非常に深い尊敬を払わなければなりません」(8)と語ったという。あくまで鑑三は権力やセクトではなく、求道的な宗教体験に関心を集約させていたことがわかる。個人本人の宗教体験からにじみ出る宗教的良心を重んじている。対決、選択、決断という態度の奥に、他宗教への深い理解と包容があることに注意しておかねばならない。

ところでこのような態度は北越学館の外国人宣教師の喜ぶところではなかった。それでなくとも鑑三は、このころ外国人宣教師が無給で教えていたことを批判している。「本館ニ於テ無報酬ノ労力ヲ受クルハ本館設立ノ主義ニ反スト云ワザルヲ得ズ、況ンヤカクノゴトキ労力ヲ外国人ニ仰グニ於テヲヤ」(9)。つまり無給で教えられるということはそのまま外国の伝道会社に依存していることになり、学館の精神に反し、さらには日本人としての独立したキリスト教こそ大切であるとする鑑三の精神に合わないというのである。米国で堕落したキリスト教文明の現状を見た鑑三には、日本人を一段低い存在とみなし、豊富な経済力を背景に日本をキリスト教化しようとする一部の伝道会社の動きは我慢がならなかったのである。すでに八月には館主の加藤勝弥に対して「シカシ宣教師ノ手ニ任シテハトテモ人物ノ養成ハ出来不申、コレハ小生ノ独見ニ無之、今日迄ノ宣教師的ノ教育ヲ実検セシ志士ノ公論ニ御座候」(10)と書き送っている。このような態度は、当然のことながら、宣教師をはじめとして学校経営者、教師とも衝突することになった。わずか四カ月で、鑑三はこの学校を辞任せざるを得なくなった。

「希望は破壊されたり、事業は失敗に終りたり、哀れ北越学館に於けるの生涯は四ケ月にして断絶し、同年十二月十八日みぞれ乱るる寒風に送られて東京へ逃行くのやむを得ざるに至らしめられ」(11)と後に述べている。

米国から抱いてきた理想はここにもろくもくずれ去る。二つのJ、つまりイエス（Jesus）と日本（Japan）のために献身しようとした決意は、皮肉にも宣教師と日本の教育者によって阻まれた。しかしこの失敗は、「日本人の気質を学ばざりしによることを発見したり……日本人もまた日本人を研究するの大必要あり」[12]という自覚になった。これ以後日本人を知り、日本人のためのキリスト教探究に情熱が向けられていく。教育、社会問題、伝道、他宗教への態度などのさまざまな面で、彼は日本的精神を知り、その深みにキリスト教精神との接点を見いだそうとするのである。困難な道ではあるが、日本近代化のために正面から体を張って生きることになる。

新潟から帰京した鑑三は、生活のためもあって翌二十二年三月、東洋英和学校、水産伝習所の教師になる。五月にはタケと正式離婚する。七月には横浜かずと結婚した。しかしかずとの結婚生活は二年にも満たなかった。後述するが悲しい死を迎えることになる。九月には明治女学校で女子の教育について講演したりする。

そしてさらに翌二十三年九月、よく知られているように第一高等中学校の嘱託教員となり、彼の人生を大きく変える事件に遭うことになった。

不敬事件

一高の前身は鑑三が学んだ東京英語学校であった。日本を愛し日本のために生きようとしていた鑑三にとって、日本の将来を背負う優秀な人材を育てる仕事はやりがいのある仕事であった。

二十三年十一月、米国の友人ストラザースに英文の手紙を書き送っている。

私と私の妻が今住んでいる小さな家はこの学校と大学の学生たちのために開放されています。……私のナショナリスティックなキリスト教観（nationalistic conception of Christianity）はこれまで彼らから何の反対も受けていません。もちろん私は彼らの中の異教的な感情の何ものにもおもねることはしません。しかし彼らに属する善い高尚で有徳な特性はすべて彼らに容認しております。[13]

ここにはキリスト教徒、非キリスト教徒の枠を超えた魂の交わりがあった。自己との絶えざる闘いを経て、キリスト教と対決し、選択し、キリスト教徒となることを決断しつつも、さらに高次な場に立って非キリスト教徒の善い特性を容認しようとする。西洋的近代性と日本的包容の精神が共に生かされていると考えられる。ただ一方的に信者数を増やそうとする宣教師を嫌い、セクト的根性を超えた魂の触れ合いを求める姿があると言えるだろう。しかしほどなく悲しい誤解が生じることになる。

十月三十日、前年の「大日本帝国憲法」に続いて「教育勅語」が発布されることになった。「教育勅語」は神格化された天皇の名によって国民道徳の根本と教育の基本理念を示したものである。キリスト教が教育の基本理念になっている先進欧米諸国に対抗して作られたものである。古来より自然な心情で人間を神格化することに慣れていた日本人には、それほど違和感はなかったのであろう。当時日本に七校あった高等中学校には天皇の署名入りの勅語が授与された。

翌二十四年一月九日、「教育勅語」の奉読式が行なわれることになった。当日キリスト教徒の教員二人は欠席した。その前日鑑三は自分の所属する札幌教会に退会を通告していた。もしものことを予測していたのであろう。

奉読式は午前八時に始まった。教頭が勅語を奉読し、その後教師と学生が勅語の前で天皇の署名に対し奉拝することを要求された。それに対して鑑三はどのように対応したのだろうか。

三月に友人ベルに宛てた手紙の中には、「迷い躊躇しながら、私はキリスト教の良心(Christian conscience)に背かぬ道を選び、六十名の教授(すべて非キリスト教徒、私の他にいた二名のキリスト教徒は欠席していた)と千名以上の学生が威儀を正して見守る中で、私の立場を通し、奉拝をしませんでした(did *not* bow!)。それは私にとって恐ろしい瞬間(an awful moment)でした[14]」と記している。

キリスト教徒である鑑三にとって「奉拝」の対象はヤハヴェの神以外にはなかった、否、あってはならなかった。もちろん愛国者鑑三にとって天皇は日本の誇りとすべき人であった。明治二十二年、東洋英和学校で演説したとき、鑑三は「天壌とともに窮《きわま》りなきわが皇室は、実に日本人民が唯一の誇りとなすべきものなり[15]」と述べたという。しかし誇りとし心から尊敬すべき天皇であっても、ヤハヴェの神のように宗教的に崇拝することはできなかった。苦しい選択を迫られたのである。鑑三のように生真面目な人間は、他の二教授のように欠席して態度を保留するようなことはできなかった。十分敬意は感じつつも礼拝にあたる奉拝はできず、迷い苦しみ、ついにお辞儀のみですませてしまった。キリスト者の「良心」に徹したのである。この選択と決断によって良心をつらぬいたのだから後悔すべきものではなかったが、敬愛する天皇にお辞儀ですませてしまったという気持ちは残ったであろう。いずれにしても苦しい選択を迫られたことは、正に「恐ろしい瞬間」であったのである。このことは終生深い心の傷となる。しかしイエスを愛し同時に日本を愛することがいかに困難なことであるかを、鑑三に身をもって自覚させたであろう。と同時にこのことは、キリスト教的な二者択一の思想をはっきりと自覚し、天皇の神格化を思想的基盤をもって否定するという、新しい近代的自我を形成させる強い契機になったと言える。

鑑三のこのような態度に対して大きな非難の火が燃え上がった。まず学校内の学生、教員、つづいて報道関係、仏教各派が「不敬事件」として騒ぎ始めた。悪性の風邪にかかり意識不明の状態に陥っていた鑑三の自宅に乱暴を働く人々まであらわれた。そうこうしている間に誰かによって鑑三の辞職願までが学校に出され、それが受理され、二月三日付で解職されてしまった。病気が回復したときにはすでに彼の職はなくなってしまっていたのである。

さらに彼を不幸のどん底に突き落としたのは妻かずの死であった。病の床につく鑑三を看病しながら押しかける人々に応対し疲れ切っていたかずを、同じ病が襲ったのである。二カ月ほど床につき、四月には世を去ってしまった。

明治四十二年、鑑三はこの事件について書いている。事件当時鑑三はカーライルの『クロムウエル伝』を読んでいたが、「読んで半ばに至りし頃、余は高等学校の倫理講堂に於てその頃発布せられし教育勅語に向て礼拝的低頭を為せよと、時の校長代理理学博士某に命ぜられた、しかるにカーライルとコロムウエルとに心魂を奪われしその当時の余は如何にしても余の良心の許可を得てこの命令に服従することが出来なかった、……国賊、不忠……脅嚇と怒喝……その結果として余の忠実なる妻は病んで死し、余は数年間余の愛するこの日本国に於て枕するに所なきに至った」(16)とのべている。

彼によれば、奉拝をしなかったのは決して国にそむく行為ではなかった。自己の良心に従ったのである。良心に従うのが、国に従うことであったのだ。留意すべきは、自己の良心を土台にし、さまざまな価値判断と対決し、選択し、決断していく態度が見られる点である。

吾等は国に反いてこの事を為したのではない、良心の声を重んじ、良心に反くのは国を欺くのであると信じたからこの事を為したのである。[17]

しかし概して個の良心における対決と選択よりも、国家権力による価値統制に弱く、個としての、単独者としての決断に乏しい日本人に敗れたのである。幕藩体制下に押さえつけられていた個が、再び国家主義の下に押さえつけられようとしていた時であった。この敗北は鑑三を心情的な愛国的キリスト者から、火のように闘うキリスト教徒に駆り立てることになった。

余は真個の洗礼をこの時に受けたのである、水の洗礼にあらずして火の洗礼を余はこの時に受けたのである。[18]

筆をとって生きる

失意の鑑三は、また不眠症に悩まされることになった。そんな鑑三を慰めてくれたのは親友の宮部金吾や新渡戸稲造たちであった。五月上旬から一カ月ほど札幌で傷心を癒す。帰京した鑑三を受け入れたのは日本組合基督教会本郷教会の牧師横井時雄であった。鑑三はこの教会で『旧約聖書』の「エレミヤ書」を講義した。また『基督教新聞』にも執筆した。六月半ばから家族を養わねばならず、さらに自分と亡き妻の医療費で借金をかかえこんだ鑑三は、『六合雑誌』などにも投稿した。

翌二十五年の夏、約一カ月間千葉県の竹岡村に滞在するが、この地で熱心に伝道し、その結果天羽《あまは》基督教会が設立されることになった。これほど短期間に教会設立が実現したということは、傷つきながらも「火の洗礼」を受けた鑑三の、激しい熱意が人の心を打ったあらわれであろう。

九月には、招かれて大阪の泰西学館という中学に赴任することになる。翌年四月に熊本英学校に行くまで八カ月ほど大阪に滞在する。その間、十二月二十三日、京都の判事岡田透の娘しづと結婚するが、この頃すでに旺盛に著作を始めていた。一週間に一つは論文を書いたともいわれている。著名なものを取り上げてみよう。

明治二十六年二月には『基督信徒の慰《なぐさめ》』が刊行された。第一章から第六章までをそれぞれ「愛するものの失せし時」「国人に捨てられし時」「基督教会に捨てられし時」「事業に失敗せし時」「貧に迫りし時」「不治の病に罹りし時」と題しているが、これは自分のたどった苦難に他ならなかった。「自序」には「この書は著者の自伝にあらず、著者は苦しめる基督信徒を代表し、身を不幸の極点に置き、基督教の原理を以て自ら慰さめん事を勉めたるなり(19)」とし、自伝ではないと言っているが、身を不幸の極点に置いたことは事実であり、実質的には自伝と言うべきものである。不幸の極点の中で偽らざるおのれの姿をさらけだしている。

余は基督教を信ぜしを悔いたり、もし余に愛なる神という思想なかりせばこの苦痛はなかりしものを、余は人間と生れしを歎ぜり、もし愛情というものの余に存せざりしならば余にこの落胆なかりしものを、ああ如何にしてこの傷を癒すを得んや。(20)

不幸の極点における人間の赤裸々な姿を、鑑三は正直に告白している。直情的で正直な武士的な態度が人の心を打ったのであろうが、ここに正直を重んずる日本的な面とキリスト教的な個性の強い人格的なもののぶつかり合いがあるとも考えられる。神に忠節を尽くすことによって愛する妻かずを死なせてしまった。もちろんそれが直接の原因ではないが、あるいはひそかにそう思い、呪ったかも知れない。しかしこのようなことは、日本人として本物のキリスト者になるためには一度は通らねばならない試練の道であったであろう。

しかしこの修羅場をくぐり、身をえぐりながら神に顔を向け、神の意志を問うていく。教会も仲介とはならない。「教会は余が自立し得る時に当《あた》て余を捨てたり、教会我を捨てし時になんじは我を取り挙げたり、余の愛するもの去て余は益々なんじに近く、国人に捨てられて余はなんじの懐にあり、教会に捨てられて余はなんじの心を知れり」[21]。神の前に単独者として立つことを決意する。注目すべきはこの書で初めて「無教会」という言葉を使っている点である。「余は無教会となりたり、人の手にて造られし教会今は余は有するなし」[22]。この頃になって、次第に日本のキリスト教徒の中にあっても独自な存在になっていく。

二十六年、井上哲次郎の『教育ト宗教ノ衝突』が刊行された。これに対して鑑三は三月十五日、「文学博士井上哲次郎君に呈する公開状」を『教育時論』に発表し、「足下が余輩基督教徒の行跡を評せらるるや多くは余輩の正反対党の記事によらるるは如何」[23]と反論する。つまり「不敬事件」への井上の非難が鑑三に偏見をもつ報道記事ばかりを材料にしているというのである。鑑三は反駁する。「儀式に勝る敬礼の存するあり、すなわち勅語の実行これなり、勅語に向て低頭せざると勅語を実行せざると不敬何れか大なる」[24]。

天皇を権力によって神格化、絶対化して従うのではなく、その「真心」を汲み実行するところに勅語の意義を見いだそうとする鑑三の態度に留意すべきであろう。これは常に人格神の真意を聴き取ろうとするキリスト教精神と無縁ではない。また同時に日本的伝統の「真心」を汲み、その上に立って自ら選択し決断し、その態度を明確にし、おのれの倫理的良心の立場を打ち出す。ここに新たな近代日本人の独自な姿勢が考えられる。しかし時の帝国大学教授の井上と国賊とされた無冠の鑑三では、権力への抵抗精神の弱い日本人の評価はすでに決まっていた。鑑三の心の傷は深まっていくばかりであった。この傷の癒しを求めて彼はいよいよ深く内面を凝視し、心の平安を求める。

同年四月熊本英学校に赴任するが、当地で『求安録』を書く。この書は上と下に分けられ、上の部は「人は罪を犯すべからざるものにして罪を犯すものなり[25]」という人間の矛盾する点を指摘し、その罪から脱するための術つまり脱罪術としてリバイバル、学問、自然の研究、慈善事業、神学研究ならびに伝道をあげ、次にその罪を忘れるための術すなわちホーム、主楽説、楽天主義をあげる。人間一般を問題にしているように書かれてはいるが、これは間違いなく彼の内部の矛盾点を余すところなく告白しているものである。下の部では罪とは何かが問われ、罪とは神から離れることであって、これは脱罪でも忘罪でもなく、贖罪のキリストへの信仰によってのみ救済されることが説かれ、その信仰も単なる人間の側からの信仰ではないとされる。

余は信じて救わるるのみならずまた信ぜしめられて救わるるものなり、ここにおいてか余は全く余を救うの力なきものなるを悟れり、されば余は何をなさんか、余は余の信仰をも神より求むるのみ。[26]
人間の側から一方的に信仰しようとする場合に、その信仰の中に深い不純な自己愛を見いだしていたからであるが、ここに信仰をも神から与えられることを求めるという、いわば他力から絶対他力への軌跡が見られる。人々のことを思いながら人々から裏切られ、自己を省察することによって思い知らされる人間の罪の深さの自覚が、このようなルターにも比すべき信仰の特質を生んだと考えられる。

　八月になると鑑三は京都に移り住み、旺盛に著作をするが、経済的には苦しかった。この頃の鑑三を援助したのが徳富蘇峰で、生涯その時の恩を忘れなかった。十二月には『貞操美談路得《ルツ》記』を刊行する。この書にちなんで翌年三月に生まれた娘にルツと命名した。二月に『伝道之精神』、五月には『地理学考』を刊行し、七月には「後世への最大遺物」と題して講演し、八月には『流竄録』、九月には日清戦争が義戦であるとの考えから「日清戦争の義」を発表した。後にこの見方が裏切られることになる。同月から「日蓮上人を論ず」を『国民之友』に連載する。翌二十八年五月になると英文 “How I Became a Christian” を刊行する。二十九年には妻に去られた国木田独歩の相談にものっている。さらに七月の鑑三の講演には正宗白鳥が出席している。しかし生活の苦しさには勝てず、九月には名古屋英和学校に赴任することになった。時に鑑三は三十六歳であった。

三　近代社会との対決

『万朝報』

明治三十年一月、鑑三は『万朝報』英文欄主筆に就任するために東京にもどった。万朝報社長の黒岩涙香《るいこう》は、鑑三の札幌農学校時代の先輩黒岩四方之進の弟であり、わざわざ名古屋の鑑三のもとを訪れ、入社を懇請した。『万朝報』は二十五年創刊の日刊新聞であるが、一種の暴露記事で有名になった新聞であった。鑑三は躊躇したが、引き受けることにした。それまで主として内面に向かっていた自分の目を、鑑三は社会に向けて大きく開き、ペンをとろうとした。著作をしながらペンの力の大きいことを知り、また俗塵にまみれながら間接的な伝道をすることもよしとしたのであろう。この頃、『万朝報』は日清戦争後の拡大に際して、質の向上をはかるためにそうそうたる人物を招いていた。内藤湖南、斎藤緑雨、幸徳秋水、堺利彦らである。黒岩は鑑三の宗教的な人間としてのスケールの大きさ、純粋さ、ネームバリュー、文章力、英語力などを買った。その待遇は破格であったといわれる。

二月十六日付の初めての英文記事によると、彼は自分が「青い目をした人類の一員でない」こと、「純粋にして正真正銘の大和の子である」こと、「自分が自国の最良の伝統と世界の最高の文明とに対して同様に開かれた心を宿している」と信じている」ことを強調している。

米国で「自分は日本のために　日本は世界のために　世界はキリストのために　凡ては神のた

めに」(I for Japan ; Japan for the World ; The World for Christ ; And All for God.) と考え、これを実現すべく帰国したにもかかわらず、迫害と艱難に出会った。今こそ渾身の気迫をこめ、純粋な日本人として、日本に、世界に、そして宗教界にこの思いを訴えようとしたのである。

まず日本に対しては、たとえば明治三十年三月二十五日の英文欄に次のように書いている。

> しかしこの世には、人や物に対すると同じように、自分の国に対しても、偏愛といったものがある。日本的愛国心は他のすべての愛情や愛着を排斥し、それらに取って代わるとき、害となる。そして日本的愛国心は、往々にしてこの排他的な権利を自分のものとして主張するため、道理にかなった信仰や信念とならないで、狂信や迷信となってしまう。彼らは自国のためとなると、正直という最も一般的な法を忘れることがある。……われわれの愛国心は、血縁関係以外の者は正義という一般的な法の枠の外にある者だとみんなが見なしていた時代の、まだ粗野な形の愛国心なのである。わが国が普遍的な真理を愛するがゆえに愛されるようになった時にのみ、愛国心は名誉の段階に引き上げられる。そしてその段階では、国を愛することは世界を愛することであり、われわれは世界をより多く愛さんがためにわれわれ自身を愛するのである[1]。

地縁血縁を重んじ、目先の利益のためには正直という徳目さえも忘れてしまう日本人の態度を衝いている。高次元の精神の追究よりも物質的な欧化主義に走った、当時の日本の態度への厳しい批判が見られる。西欧文明の根幹に存在するキリスト教精神との真摯な対決と、選択の態度を怠っていることへの非難でもある。

四月四日の記事には「日本の場合は、キリスト教ぬきのキリスト教文明である。日本はある特定の形の文明を、それを組織した生命をぬきにして目指している。……キリスト教文明の精華は、開化した個人主義であろう。だが個人をすべての者の『目に見えぬ父』に結びつける神聖の精神をぬきにした個人主義は、必ず利己主義に堕する[2]」と書いている。このように鑑三が指摘した利己主義がやがて現実になっていく。「目に見えぬ父」であるキリスト教の神の前に立っての西欧的個人主義が、その根本的な精神を看過して適用されるとき、利己主義になって堕落するというのである。このような個人主義の背景を追究しようとしなかった点は、たしかに近代日本が陥った顕著なマイナスの面であろう。これは現代の日本にまで尾を引いて深い欠点となっていると言えよう。彼の愛国心は常に世界と日本の精神を深く見すえた上でのものであったことを確認しておきたい。

次に世界に向かっての彼の態度はどうであったか。

日本は世界のものであり、世界が日本のものであるのではない。これはわれわれが信じようと信じまいと、高度な常識である。「部分は全体よりも大きくはない」。最も偉大な国でさえもひとつの部分でしかなく、日本も「大いなる人類」のひとつの部分にすぎない。それゆえ、われわれにはむやみと誇りをもつべき理由などない。むしろ、みずからをよくわきまえ、謙遜し、満ち足りていたいものだ[3]。

(明治三十年三月七日)

謙虚な態度である。日本は卑屈と見栄を捨て良き伝統を守らねばならないと主張する。

じっさい、現実にはそんなによくないのに、他人の目によく見えたいという欲望は、現代の日本人のまことに悲しむべき弱点である。厳しい道徳と真の武士道《サムライズム》を備えた昔の日本人は、これほど軽蔑すべき国民ではなかった。……今日の平均的日本人は、ちょうどこの逆である。彼は自分の良心が安らかかどうかは気にかけない。彼のすべての気づかいは、世界に対してよく見えることである。[4]（同七月十——十一日）

しっかりと個人の良心を判断の基準にしている。さらにこの見栄が西洋の表面的な文明のみを移入し、真の精神を取り入れて深いレベルで対決、選択することをせず、精神の退廃をきたしていることを指摘する。

伊藤侯やその同輩の政治家や貴族たちは、西洋の表面的な文明をわが国へ移入するために少なからぬ努力をした点で、感謝されて然るべきである。だが同時に、彼らはその精神的な美を持ち込むことには失敗した。さもなければ、国民の悲しむべき退廃ぶりは、いま見るほどに完全ではなかっただろう。[5]（同）

次に宗教界に対してはどのような姿勢を見せているか。

われわれは文明の衣裳をまとっているにすぎぬ。われわれの必要とするもの、痛切に必要とするものは、これ以上の鉄道、汽船、哲学、文学、肉の目を喜ばせる芸術ではない。われわれの必要とするもの、もっとも痛切に必要とするものは——なぜならそれはわれわれ国民にとって死活の問題なのだ——単純な誠実に対するさらに多くの信頼、そしてさらに多くの宗教、さらに多くの敬虔である。政策は、われわれは十分以上にもっている。だがわれわれの良心は、あわれにも悔い改めることを知らない。[6]（同五月六日）

欧化主義、産業主義に踊らされ、悔い改めることのない人々の良心に、彼は非難の的を絞っていく。ただキリスト教のみを擁護したり伝道しようとする狭い了見ではない。純粋で敬虔で真の心の豊かさを求めるのである。そのためには、たとえキリスト教徒であっても批判する。「西洋キリスト教の最も反対すべき部分は、その中に多く残っている僧職尊重主義と、実際的な拝金主義である」(7)（同七月十五日）。

逆に異教徒であっても正しい人は正しい人として認める。「小部屋や草ぶきの小屋に住んで感謝の念がみちあふれていたエピクテトスや中江藤樹のような人もいた。……この人生において、わずかのもので満足する能力ほど幸せなものはない」(8)（同六月二十日）。ちなみに後述する清沢満之もエピクテトスを非常に高く評価している。

さてこのように人間の良心、敬虔、精神性を基準として対決、選択する態度は、伝統的な腐敗した宗教教団への容赦のない非難となる。鑑三が親鸞に深く傾倒したことは後にのべるが、本願寺教団に対しては次のようにのべている。

「教会は最も貧しいとき最も清い」といわれる――が、その逆がほとんど普遍的な事実と化している。大いなる本願寺派は、その精神的支配の下に八百万の信徒を収め、皇室その他の貴顕の保護をうけ、過去数世紀にわたってこの国の強大な社会的・政治的勢力となってきた。同派は帝国政府の強力な支柱、キリスト教その他の外国宗教に対するたくましい防禦手段と考えられてきた。このように強大で、このように高度な特権を有し、このように金銭と保護に恵まれた宗団が、いまや明瞭な死病の症状を示している。……宗教への懐疑が一般にひろまっているこの時期にあって、同派は動揺に堪えるだろうか。日本仏教は最後の試練にさしかかった。(9)（同三月十六日）

前年二十九年、清沢満之は同志とともに東本願寺の宗門改革を主唱し立ち上がった。このことについては後に詳しく述べたいが、結局失敗に終わり、翌三十年除名処分を受ける。鑑三がおそらくこのことを指して同年三月十九日に「本願寺派の大改革運動も、同じようにして終わるのではないかとわれわれは恐れる」(10)と書いたことが現実になったのである。とにかく彼はキリスト教内部だけにとどまることはせず、宗教的良心を軸に他宗教に寛大な態度をとりつつ、しかも宗教に名を借りた不正と堕落は、容赦することなく非難の対象とした。ここに単に地縁、血縁、伝統を軸として判断するという態度ではなく、個人の宗教的良心を軸にしてすべてと対決し、選択し、決断する宗教近代化への激しい情熱が感ぜられる。

以上、『万朝報』に掲載された彼の主張の一端を見てみたのであるが、三十一年五月、彼はこの新聞社を退社することになる。

『東京独立雑誌』

黒岩涙香の強い慰留にもかかわらず万朝報社を退社した鑑三は、同年六月十日つまり退社後一カ月で『東京独立雑誌』を創刊した。退社後わずか一カ月で創刊したことを考えると、すでに鑑三は万朝報社にいた時から新しい雑誌の想を練っていたと思える。

なぜ彼は独立して雑誌を発行しようとしたのか。第一号に書いている。

我れ筆を執りて雑誌編纂に従事せんとするや、否定する者あり、……しかるに奨励する者あり、我が側に坐して我を慰めていわく、「汝は普通の日本語を解す、かつ汝の裡に一片の志の存するならん、汝の赤誠をありのままに汝の解する普通の日本語を以て言い顕わすべし、世あるいは汝に聴く所あるやも知れず、今や文は志に勝ち語は想を圧せんとす、汝の不文はかえって汝の便益なるべし、汝勉めよや」と。我れ答えていわく「我れ試みん」と。(11)

英語で書くことによって英語を解する人に読まれることには、それなりの意義があった。しかしそれには限界もあった。次第に鑑三の胸に日本語であらゆる人々に自分の考え、自分の信念を訴えたいという気持ちが起こってきたと考えることは、むしろ自然であろう。鑑三の筆のお陰で『万朝報』の売れ行きものびた。ここに鑑三の信念と自信が結びついたと言える。

新雑誌の主筆は鑑三、「持主」は山県悌三郎《やまがたていざぶろう》であった。山県は山県五十雄《いそお》の兄で出版人であり、新雑誌に毎月百円の援助をした。

最初は月二回発行されたが、第一号の表紙の裏には次のように書かれている。

社会、政治、文学、科学、教育、ならびに、宗教上の諸問題を正直に、自由に大胆に評論討議す。確信にあらざれば語らず、独特の思想を含有せざる寄書は載せず、熟読せざる書は評せず、正直と認めざる広告は掲げず、しかして本誌載録の記事に対しては、主筆ならびに持主ことごとくその言責に任ず。(12)

いかに鑑三が正直、自由、確信の態度を重んじたかが分かる。彼はさまざまの束縛から離れ、思い切って自分の信念を世に訴えた。内的な幸福に満ち、充実した日々でもあったと推察される。

第一号から八号までは月二回の発行であったが、九号からは月三回となった。寄稿者は松村介石、田岡嶺雲、山県五十雄ら、編集には佐伯好郎らが参加した。

ここでは主として宗教問題について触れておきたいが、当時宗教と科学という問題がおこってきていた。これに対して鑑三は明確に言い切る。「科学は宗教に研究の方法を供するが如く、宗教は科学に研究の精神を供す。いわゆる両者の衝突なるものは、宗教がその方法を科学に強いし時か、または科学がその精神を宗教に適用せんと欲せし時に起りしものなり、二者各々その天職を守りてその間に衝突のあるべき筈なし。宗教なき科学は、利益功名を先にして、真理を後にする科学なり(13)」。宗教と科学が対立するものでもなく矛盾するものでもないことを主張し、さらに積極的に宗教が科学に貢献すべきであるとの態度を打ち出す。

真理そのもののために真理を攻究せしむる、これ宗教が科学に供する偉大の勢力なり。真理は神聖なり、心に崇拝的態度なくして真理の深奥を探ぐるは難し。天然は親しき友の如きものなり、我れ恭謙以て彼女に対せば、彼女も喜びてその宝庫を開きて我に示す。……宗教を重んぜざる国民より、科学的大発見の来らざるは、全くこれがためなり、あに深く思わざるべけんや(14)。

科学に対する宗教の必要性、宗教に対する科学的態度の必要性を説く。ここにはまた近代的な宗教観も見られるが、この点は後にとりあげる清沢満之にも共通する態度である。

吾人は宗教を攻究するに科学的方法を応用するを恐れざるのみならず、普通の科学的常識に適わざる宗教的思想は棄却して採用せず(15)。

このような態度は、さらに仏教の学問的姿勢への独自な指摘にもなる。

仏教学は今や開明国に於ける一大専門学たるに至りしにあらずや、しかるに我国の仏教徒にして梵語を以て自由に仏典を解し得る者はいくばくかある、英に至り見よ、独に行て見よ、基督教国に於ける仏教の研究は仏教国たる日本に於けるが如き陳腐のものにあらざるを、仏教復興の一大要点は仏典講究の普及なり、何ぞ梵語学校を設けざる。(16)

さらに、感情的にあるいは時の政治権力に迎合することによって、異国の宗教であるキリスト教を排斥しようとしていた仏教界に、誠意をこめて次のように述べている。

余輩は仏教信者にあらず、しかれども切に仏教の復興を望むものなり、……仏教復興はその字義の如く聖釈迦牟尼の教理そのままを復興することなり、すなわち彼の如き清浄なる、忍耐深き、慈愛に富める、宏量なる生涯を導くにあり、仏教復興は先ず政治的たらずして道徳的たるべし、社会的たらずして修養的たるべきなり。(17)

これは仏教をその原点にもどし、修養からやり直すべきことを主張するものであるが、この数年前、清沢満之も『阿含経』を読みながら徹底的に修養し、釈迦を追体験しようとしていた。このような態度は、宗教、宗派を超えた宗教性から湧きでてくるものであろう。鑑三は三十二年一月の『独立雑誌』で、越後の僧からもらった次のような書簡を紹介し、喜んでいる。「小生は田舎の貧僧に御座候……この時に於て小生に彼此の宗派これあること御座なく候……小生は貴下の境遇と主義とを他に向て口を以て吹聴する代りに、小生の精神と実行とに現わして吹聴せんと存じ候云々」。(18)

さてこのように狭い宗派的な立場に立たず、純粋に宗教的な立場に立って訴えようとする態度は、当然自己の宗教であるキリスト教に対しても腐敗を嫌い、日本においてこそこれを浄化しようとする態度になる。「欧米諸国に於て既に腐敗の兆を示せる基督教を採り、吾人は日本に於てこれを復活し、これに新生命を供し、以て再びこれを世界に伝布するの天職を有する者ならずや[19]」。

胸の内を激しく、しかし正直に打ち明ける鑑三の訴えは、正宗白鳥、今岡信一良《いまおかしんいちろう》、魚住影雄《うおずみかげお》ら当時の青年たちに強烈な影響を与えることになった。

三十二年には主筆兼持主になる。さらに同年七月には女子独立学校の校長に就任し、八月にはその所在地豊多摩郡角筈《つのはず》村の構内に引っ越した。言論と教育の場にしっかりと立ち充実した日々を送る。翌三十三年四月には東京独立雑誌社から『宗教座談』を刊行する。

しかし同年七月五日、突然『東京独立雑誌』を七十二号で廃刊とし、十二日には東京独立雑誌社を解散してしまった。その理由はよくわかっていない。

夏期講談会

夏にはこの雑誌の読書会が予定されており、申し込みの締切は七月十日であった。申し込み者は百十名以上になっていた。鑑三はこの会を急遽、夏期講談会とした。大島正健らが講師として参加してくれた。この講談会は翌年、翌々年の都合三回行なわれた。第一回の参加者は小山内薫、倉橋惣三《くらはしそうぞう》、西沢勇志智《にしざわゆうしち》たちで学生が多かったが、農民や教員、商人も参加し、鑑三と十日間寝食をともにした。講談会が終了してから、参加者の有志によって新たに独立倶楽部が結成されたことからもわかるように、熱のこもった会であった。第二回からは志賀直哉も参加することになる。志賀は「内村鑑三先生の憶ひ出」の中で次のように回想している。

角筈の内村先生の家は何とかいう小さい女学校の中にあって、講習会は休暇中のその校舎で開かれていた。広い部屋に四五十人の人が円く座っている。内村先生は単衣の着流しでその円の中の一人として座っていられたが、その鋭い感じの顔はおくれて後から入って行った私にも直ぐそれと分った。腕組をして、黙っていられる。晩のその会は感話の会で、かわるがわる聴講生が自分の感じた事を発表するのである。……先生の話でも祈でも私が今まで教会で聴いたものとは全然別のものだった。祈などは思わせぶりな抑揚などの少しもない早い調子で力と不思議な真実さのこもったものであった。また聖書について話される事でも品の悪いセンチメンタルな調子がなく、胸のすく想いがした。私は先生からどういう話を聴いたか覚えていないが、初めて自分は本統の教えをきいたという感銘を受けた。(20)

この講談会を機にして七年あまり鑑三に接した志賀は、また次のようにも書いている。

不肖の弟子で、先生にとって最大事である教の事は余り身につけず、自分は自分なりに小説作家の道へ進んで来たが、正しきものを憧れ、不正虚偽を憎む気持を先生によってひき出された事は実にありがたい事に感じている。(21)

志賀は必ずしも全面的に鑑三に心酔し切っていたわけではない。そのことは志賀の『大津順吉』のU先生についての記述を見ればわかる。が、少なくとも彼は、鑑三の妥協を許さぬ正義観は受け継いでいる。この作品で志賀は、U先生は「我の強い、いい意味で一本調子な先生」であると書いている。何よりも正義漢で一本調子な鑑三の人間性に、志賀はひかれている。

私は何よりも彼《か》によりも、先生の浅黒い、すべて造作の大きい、何となく恐ろしいようで親しみやすいその顔が好きだったのである。高い鼻柱から両方へ思い切ってグッと彫り込んだような鋭い深い眼をしている。それがニーチェにもカーライルにもどこか似ている。ベートウヴェンがヨーロッパ第一の好男子であるというような意味で、先生は日本第一のいい顔をした人だと私は独り決め込んでいた。(22)

講談会に参加していた人々の中には後に鑑三についていけず離れる人も出てきたが、とにかくこれに参加したことによって鑑三の強烈な個性に感動した者は多く、さまざまな意味で彼らの心の中に強烈な刻印となったことは事実である。比較的個我を抑える日本人の伝統的な態度の中にあって、はっきりとこの個我を打ち出し、良心によって正しきものを選択し主張する鑑三に触れることは、当時にあっては一つの驚きであったろう。志賀は自分に最も影響を与えた人として、彼自身の祖父と武者小路実篤そしてこの鑑三をあげている。

翌年の第三回の夏期講談会には後に宗教学者となる石橋智信《いしばしとものぶ》、ハスの研究者となる大賀一郎、そして有島武郎が加わった。

個性の強い人々が十日間寝食をともにして求道の生活を続けたことは、それぞれに深い影響を与え合うことになった。たとえ後に鑑三に背反する人間が出たにしても、その人自身の中で、鑑三は一生の間、精神的な格闘の対象になり得る大きな存在であった。

四　近代人としての対決と選択

『聖書之研究』

明治三十三年九月三十日、鑑三は『聖書之研究』（毎月一回発行）第一号を創刊した。第一頁には「宣言」と題して次のように述べられている。

「聖書之研究」雑誌は「東京独立雑誌」の後身なり、彼なる者は殺さんがために起り、これなる者は活さんがために生れたり、彼なる者は傷《きずつ》けんがために剣をふるい、これなる者は癒さんがために薬を投ぜんと欲す、責むるは彼の本分なりしが、慰むるはこれの天職たらんと欲す、義は殺す者にして愛は活かす者なり、愛の宣伝が義の唱道に次ぐべきは正当の順序なり、「聖書之研究」雑誌はまさにこの時に於て起るべきものなり。(1)

創刊号は予想外によく売れた。三千部を売り切り、再版されたほどであった。この雑誌の発行は生涯続けられ、彼の一生の仕事となった。宗派的な頑迷さに惑わされることなく、彼自身の学問探究に裏打ちされた実験的求道を通した、いわば魂の発露でもあり、信仰の深まる経緯と特性を示してもいる。

それと同時に諸宗教の中でもキリストの十字架のみが人類を救い得る唯一の方法であるとし、選択が深められていく。もちろん他宗教を排撃するのではないが、日本人を救い得るのはキリスト教であると明言するようになる。三十四年一月の第五号には次のように述べられている。

我は寛容の美を讃するの余り基督教以外にも我同胞救済の途を求めんとせり、我は仏教にもなお新生命を我が邦人に注入するに足るの潜勢力は存せりと思えり、我は儒教また済世の一動力なりと信ぜり、我も多くの理想家と同じくすべての宗教を綜合して我が国人を救わんとせり、しかれども我は今はこの迷夢より醒めざるを得ざるに至れり、我は今よりは彼得《ペテロ》保羅《パウロ》と同じく基督の十字架以外に人類救拯の途を求めざるべし、我は今よりは甘じて狭隘のそしりを受け、基督を以て人霊唯一の救主となし、彼の福音を宣伝するを以て同胞救済唯一の法となすべし、我はもちろん他教を排せざるべし、しかれども我が救済の途は今より更に一層単純なるべし。[2]

ここに包容から対決・選択・決断へと進む態度が見られる。しかしこれは他教排撃への道ではない。純一なものへの選択である。他宗教への理解を通した対決から純粋なものを選択し、純一なものにおのれをかける態度は日本近代化への本物の態度であろうし、現代日本人にも意味ある姿勢を示していると考えられる。

さらにキリスト教内部の問題に関してもはっきりとした態度を打ち出し、次第に無教会の考えを鮮明にしていく。同年二月の第六号には次のような記述が見える。

教会と名づけらるるも可なり、名づけられざるも可なり、要は心に主イエスキリストを信ずるにあり、洗礼を受けずして熱心にキリストを信ずる人あり、晩餐式に列つてキリストの聖名を瀆す人あり、しかして二者いずれを撰ばんとあれば余輩はもちろん前者を撰ぶなり、聖式に与からざるが故に堕落の危難を感ずる者はこれに与かるも何時か必ず堕落する者なり、これに反して主の撰び給いし者はこれに与からざるも最終まで信仰を維持する者なり、故に吾人をしてここに断然聖式不必要論を実行せしめよ、しかしてこれを実行して世の形式に誇る者に主の恩恵のいよいよ豊かなるを知らしめよ、余輩は信ず聖式に附着する多くの迷想誤信を排し、これをして再びその真正の効果を奏せしめんためには先ず一度これを廃し、霊の力のみに頼ってしかる後にその霊の実力の表彰なるを知らしむるにあり、独立教会の天職あるいはこの辺に存せざるなきか。[3]（傍点筆者）

『聖書之研究』と並行して鑑三は明治三十四年三月十四日に雑誌『無教会』を創刊した。毎月一回発行で翌年八月まで続けた。無教会という立場を明確にし、これを実践しようとする意欲の現われであった。その創刊号の「社説」には次のように無教会の意味が規定されている。

「無教会」と云えば無政府とか虚無党とか云うようで何やら破壊主義の冊子のように思われますが、しかし決してそんなものではありません、「無教会」は教会の無い者の教会であります、すなわち家の無い者の合宿所とも云うべきものであります、すなわち心霊上の養育院か孤児院のようなものであります、「無教会」の無の字は「ナイ」と訓むべきものでありまして、「無にする」とか、「無視する」とか云う意味ではありません、金の無い者、親の無い者、家の無い者は皆な可憐な者ではありませんか、そうして世には教会の無い、無牧の羊が多いと思いますからここにこの小冊子を発刊するに至ったのであります。(4)

「無」というのは決して教会を否定することではない。教会にまつわりついた不純物を払拭する意味である。ルターは「信仰のみ」(sola fide)を訴え、キリスト教の純化を推進したが、いまだ洗礼や聖餐式という古い教会制度によるものを残していた。鑑三はこれを否定し切るのではないが、それが信仰に先行するようなことがあってはならないというのである。ここに強い選択への志向があり、彼がルターの信仰をさらに純化しようとしていたことがうかがえるし、キリスト教のために日本人がなすべきことがここにあると考えたのである。外国人伝道者に迎合することを強く拒否したのも、日本人の手によって自らキリスト教を純化せねばという使命感があったからだと察せられる。その思いを実現させ、実践するために、たとえば自然そのものに神聖感を抱く日本人の心情にキリスト教を触れさせることによって、日本的キリスト教を模索しようとする。ここには日本近代化の重要な視点がある。

この世に於ける私共の教会とは何であってどこにあるのでありましょうか。……神の造られた宇宙であります、天然であります、これが私共無教会信者のこの世に於ける教会であります、その天井は蒼穹であります、その板に星がちりばめて有ります、その床は青い野であります、その畳は色々の花であります、その楽器は松の木梢であります、その楽人は森の小鳥であります、その高壇は山の高根でありまして、その説教師は神様御自身であります、これが私共無教会信者の教会であります、ローマやロンドンにあるという如何に立派なる教会堂でも、この私共の大教会には及びません、無教会これ有教会であります、教会をもたない者のみが実は一番善い教会をもつ者であります。(5)

一切の付属物を捨て去ってただ神との信仰関係に全関心を注ぐところに鑑三の姿勢がある。そしてそのとき初めて形なき真の教会が建設されるという。このような教会が日本人一人一人の心の中に持たれなければならないというのが、鑑三の教会観であったと言える。外国人宣教師に支配される日本キリスト教ではなく、日本人による日本人自身のキリスト教の在り方がここに考えられる。ここに至って二つのJ、すなわちイエスの教えのためと日本のためという鑑三の独自な理想が明確な姿を示してくる。無教会の理念を実現し、真の教会実現のため、鑑三はさらに具体的な伝道生活を進めていく。

先にあげた夏期講談会もその一つであるが、伝道生活のうち、特筆すべきものに「角筈聖書研究会」がある。これは『東京独立雑誌』や『聖書之研究』の読者、第二回夏期講談会の出席者を中心にできたものである。その後「教友会」「柏会」などがつくられていく。

足尾銅山鉱毒問題

足尾銅山は、明治十年、古河市兵衛が政府から払い下げを受けて操業を始めた大資本の会社であった。この銅山が吐き出す煤煙は山の木々を枯らし、その燃料となる樹木の乱伐は洪水の原因にもなった。銅山から流れ出る銅や亜鉛の鉱毒を含んだ汚水は、近くの渡良瀬《わたらせ》川とその本流の利根川に流れこみ、魚を死なせ漁民の生活を危うくした。また水田に流れこんだ水は農作物を枯らし農民を苦しめることになった。さらに飲料水も汚れ、利根川流域一帯の大きな問題になっていた。

当時栃木県の代議士であった田中正造は、明治二十四年からさまざまな努力をして中央の官庁に働きかけたが、政権に強いパイプをもつ古河は買収行為を繰り返しこれを妨害した。ついに三十三年二月には、帝国議会に陳情しようとする農民たちと、これを阻止しようとする警察隊の間に衝突がおこり、多くの人々が検挙されることになった。

明治三十四年四月、鑑三は『毎日新聞』の木下尚江たちと足利郊外の鉱毒被害地を視察した。そのとき受けた衝撃を、前年九月から客員として再入社していた『万朝報』に「鉱毒地巡遊記」として発表している。

余等は被害民の家を訪《と》えり、彼等の額に「絶望」の二字の印せらるるを見たり、……余のイマジネーションは直に走て古河市兵衛氏の家宅に入れり、余は日々に積る氏の家産について想えり、余は我国の貴族紳商間に於ける氏の広き交際と勢力とについて想えり、余は故陸奥宗光氏が彼の姻戚なるを思い出せり、一人が栄華に誇らんがために万人は飢餓に泣かざるを得ざるか、優勝劣敗は実に人道なるか、新文明とは実にかくの如き者なるか、王政維新の結果は終にここに至りしかと。(6)

王政維新、新文明の導入以来三十年以上が過ぎた当時の日本の陥った一種のおごりを鋭く衝いている。さらにこの問題は単に一地方のそれにとどまらず、日本の国家問題であることを強く訴える。

足尾銅山鉱毒事件は大日本帝国の大汚点なり、これを拭わずして十三師団の陸兵と二十六万トンの軍艦を有するも帝国の栄光は那辺にある、これをこれ一地方問題と做すなかれ、これ実に国家問題なり、しかり人類問題なり、国家あるいはこれがために亡びん、今や国民挙げて眼を西方満洲の野に注ぐ、我の艨艟《もうしょう》は皆な悉くその舳《へさき》を彼に対《む》けて向く、しかれども何ぞ知らんや敵は彼にあらずしてこれにあるを、何ぞ初瀬艦を中禅寺湖に浮べざる、何ぞ朝日艦をして渡良瀬川を溯らしめざる、しかして足尾銅山を前後両面より砲撃せざる。(7)

当時満州に向かって進出し始めていたロシアに対抗し、その目を外にのみ向けていた日本人の関心を、日本人の良心に向けさせようとする。もともと札幌農学校で土壌学を学んだ鑑三には科学的な裏付けもあった。

この夏七月、『万朝報』の黒岩涙香、幸徳伝次郎、堺利彦らと「理想団」を発足させた。十月の『万朝報』紙上に書いている。

理想団は社会改良を目的として成った団体である、しかし普通の社会改良的団体ではない、理想団はある一つの特別の方法を以て社会を改良せんとする団体である、すなわちまず第一に自身を改良してしかる後に社会を改良せんとする団体である。自己を改良するとは社会国家を顧みないと云うことではない、自己にも下劣なると高尚なるとの二つの種類がある、下劣なる自己とは古河市兵衛氏のそれの如き自己である、すなわち自己のための自己である、しかし高尚なる自己は国家人類のための自己である、しかしてかくの如き自己を改良するのは社会の重要なる一部分を改良することであって、殊に我れ自身に取ては改良するに最も易き部分である。(8)

理想団は禁酒、廃娼、死刑廃止などの問題を、団員が協力して世論に訴えるという趣旨のもとに結成されたものであった。鑑三はその推進に努力し各地にその支部をつくった。一時は団員も五千人を超えた。しかしやがて右の文章にもあらわれているように、ひたすら自己の内面を省察し聖書によって自己個人を改良すべしとする鑑三の立場と、社会改良を主張する幸徳、堺、安部磯雄らの立場が違いを見せてくる。三十六年十月、黒岩に対して「余は戦争問題について君と少しく信を異にするが故に君と別れざるを得ざるに至れり」(9)と『万朝報』に書き、非戦論を唱えて退社するに至り、理想団の運動も自然解消の形になった。

しかしこの間、鑑三は精力的に活動した。三十四年十二月には安部や木下たちとともに八百人以上の学生たちと鉱毒被害地視察旅行をし、翌三十五年四月には東京基督教青年会館の鉱毒問題解決演説会で講演した。さらに同月二十一日には招かれて群馬県西谷田村の被害地を訪ねて演説、十二月には『聖書之研究』の読者たちのクリスマスの贈り物を届けるため、田中正造の案内で当地を巡った。
だが次第に鑑三は目立った動きを見せなくなる。それは加害者はもちろん、被害者の側からも運動に乗じた露骨な欲望を感じるようになったからである。次第に鑑三には、人間一人一人の内面的な改良こそが真に必要であるという思いが強くなっていった。つまり単なる自己改良ではなく、厳しい自己の良心との対決、真なるものの選択、そして決断が、鑑三の人間観にとっては必要になったのである。端的な社会改良のみでは鑑三は満足できなくなっていたのである。そのような中で、この運動の指導者田中が聖書の人となったということは、鑑三にとって大きな救いとなった。

非戦

日本がロシアに宣戦を布告したのは明治三十七年であるが、その前年三十六年六月三十日の『万朝報』に、鑑三は「戦争廃止論」を書いた。

余は日露非開戦論者である許りでない、戦争絶対的廃止論者である、戦争は人を殺すことである、そうして人を殺すことは大罪悪である、そうして大罪悪を犯して個人も国家も永久に利益を収め得よう筈はない。(10)

日清戦争の時には鑑三もこれを義戦と考えたし、その後も正義を守るのであれば、必ずしも戦争を否定しなかった。しかしこの頃から、どんな大義があろうと戦争そのものを否定するようになる。「世には戦争の利益を説く者がある、しかり、余も一時はかかる愚を唱えた者である、しかしながら今に至てその愚の極なりしを表白する」(11)と書いている。日清戦争をかえりみて次のように言う。

日本国はこの戦争より何の利益を得たか、その目的たりし朝鮮の独立はこれがために強められずしてかえって弱められ、支那分割の端緒は開かれ、日本国民の分担は非常に増加され、その道徳は非常に堕落し、東洋全体を危殆《きたい》の地位にまで持ち来ったではないか、この大害毒大損耗を目前に視ながらなおも開戦論を主張するが如きは正気の沙汰とはとても思われない。(12)

このような絶対的非戦主義に至った根拠は何であったのか。同年九月発行の『聖書之研究』四十四号に、「絶対的非戦主義」と副題をつけた「平和の福音」を書いているので、これを手がかりに考えてみたい。

世に「義戦」ありという説は今や平和の主を仰ぐキリスト信者の口に上《のぼ》すべからざるものであります、私自身は今は絶対的非戦論者であります。(13)

このように絶対的非戦論に至った理由を鑑三は三つあげている。

第一にキリスト教徒が戦争を是認しその所信を強めるために、よく『旧約聖書』をとりあげることを指摘する。

旧約聖書が戦争を是認する故に今もなおこれを継続すべしとの見解は全く聖書の精神を誤解するより来る謬見であります、……神は戦争を是認して、これを旧約時代の勇者に許し給うたのではありません、「彼等の心の頑硬《かたくな》なるため」に彼等がその罪悪なるを覚り得るまで、いわばこれを黙許し給うたのであります、故に時到りて彼の愛子を世に送り、彼に平和の福音を宣べさせ給うにあたって、目にて目を償い歯にて歯を償えと言えることあるはなんじらが聞きし所なり、しかれど我、なんじらに告げん、悪に敵することなかれ、人、なんじの右の頬をうたばまた他の頬をもめぐらしてこれに向けよ、……（マタイ伝五章三十八―四十二節）。……今や信仰や忠実については旧約時代のヨシュアやギデオンに学ぶべきでありますが、しかし戦争については少しも彼等に倣うてはなりません、戦争を絶対的悪事と見なすの一点に於ても我ら今日のキリスト信者は遥かにアブラハムやダビデの上に立つ者でありま す。(14)

『新約聖書』の研究によって、その根底に絶対的な非戦の精神があることを読み取り、戦争が絶対的な悪事であるとするに至ったのである。

第二に、鑑三は聖書の真意が無抵抗主義にあることを指摘する。

自由と平和と独立と一致とに達する最捷径はキリスト御自身の取られた途で、すなわち無抵抗主義でありまして、これは聖書が最も明白に示す主義でありまして、自称基督教国なるものが、この理想と相距る甚だ遼遠なるは実に歎ずべき事であります。(15)

すなわち「無抵抗の流血を以て」得られるべきものであるとするのである。

第三に目的のために手段を選ばぬ態度を非難する。

悪しき手段を以て善き目的に達することは出来ません、殺人術を施して東洋永久の平和を計らんなど云うことは以ての外の事であります、平和は決して否な決して戦争を透うして来りません、平和は戦争を廃して来ります、武器をおくこと、これが平和の始まりであります。(16)

以上の理由から、鑑三は断固として日露開戦に反対する。

私共は我国人の良心に訴え、また我国の将来を思い、また我国と反対の地位に立ち基督教を標榜する露西亜人の偽善を責め、どこまでも非戦を主張しなければなりません、……神に頼りその能力を仰いでここに是非共開戦を喰止めなければなりません。(17)

東京帝国大学の七人の教授が開戦をとなえる建議書を政府に提出したのは六月二十四日のことであった。鑑三はそれに真っ向から反対したことになる。しかし世は開戦に向かった。読者が減っては経営の成り立たない『万朝報』は非戦論から開戦論に方向転換した。鑑三は十月九日再び同社を退社した。

娘ルツの死

万朝報社を退社した鑑三は、日露戦争終決後もたびたび入社の勧誘を受けたが、以後ジャーナリズムや公職につくことはなかった。人間一人一人の信仰と良心の深みに真の平和への道を選び取らせることこそ自己の使命と考えたのであろう。これから十四年ほどたって、大正七年（一九一八）キリスト再臨運動を起こし、この運動を全国に展開させるまで、当時はまだ東京郊外であった角筈（明治四十年以後柏木）に引きこもり、聖書の研究と信仰によって結ばれた人々との交流のほかは社会と隔絶した生活を送ることになる。その間、三十七年には母ヤソ、四十年には父宜之を失った。兄弟不和の問題もあった。しかし信仰共同体的な暖かな会もできた。

明治三十八年には『聖書之研究』の読者を対象にして各地に「教友会」という組織をつくり、会誌『教友』を発刊することになった。「我等神とその遣わし給える独子イエスキリストを信ずる者ここに相結んで教友会を組織す、父なる神の援助を得て同志相扶け神の聖旨に合える生涯を送らんことを期す」[18]。教友会が結成された主な地域は農村部であり、万朝報時代の理想団支部が置かれた所が中心になっている。各所の有力者とは書簡による交流がなされた。

明治四十二年秋には「柏会」ができる。この会は、当時第一高等学校校長であった新渡戸稲造の読書会の集まりに出席していた一高の学生たちが、新渡戸の紹介状をたずさえて鑑三のもとを訪問したことに始まる。すでに聖書研究会に出ていた一高生に黒木三次、天野貞祐ら数名がいたが、新しく来た学生が多かったので、東京教友会と区別してこの柏会という会がつくられたのである。主な顔ぶれは、黒崎幸吉、塚本虎二、藤井武という後に優れた伝道者となる人々と、高木八尺、田中耕太郎、鶴見祐輔、前田多聞、三谷隆正、森戸辰男、矢内原忠雄ら後に日本の教育界などで指導的な役割を果たす人々であった。不敬事件によって教育界を締め出された鑑三が、後世の教育界を指導する人材を育てたのであった。そこに人間的魅力と人間教育の原点を、彼がもっていたことがわかる。と同時に欧化主義、殖産主義、そして反動たる国家主義が忘れていた真の教育指標を、鑑三が生み出したことに注意しておきたい。

明治四十五年には聖書研究会の新会員によって「白雨会」が発足した。南原繁らがいた。

同四十五年一月十二日、愛する娘ルツの死という悲劇が鑑三を襲った。

ルツは明治二十七年三月十九日、鑑三が苦しい生活を強いられていた京都時代に生まれた。長男祐之より三歳年上で、死亡時はまだ数え年の十九歳であった。「ルツ」という名は、鑑三が特に愛した『旧約聖書』中の「ルツ記」の主人公から取った名であった。彼女の生まれる三カ月前に鑑三は『貞操美談 路得記』を出したばかりであった。この書で鑑三は「ああルツの淑徳をして汝の亀鑑たらしめよ、彼女はユダヤ人の理想的婦人にしてまた我日本国の理想たり、彼女の如く真実に、彼女の如く従順に、彼女の如く勤勉に、彼女の如く謙遜に、汝の生涯をあらしめよ」[19]と述べている。

この思いをそのまま娘に託したことはまちがいない。ルツは鑑三の愛を一身に受けて成長した。

ルツ子は純粋の内村家の女でありました、彼女の容貌は全然内村的でありました、彼女の父を識って未だ彼女を識らざりし者が始めて彼女に会いました時には、直に彼女の「父の子」であることを認めました。[20]

それだけに余計にいとおしく思えた。ルツが生まれた当時、鑑三は国賊とまでいわれていた。国賊でしかもクリスチャンの娘として奇異な目で見られるのは当然でもあった。

小学校に在りて人の彼女の信仰を問う者がありますれば彼女は断乎として答えていいました、私の家は耶蘇教であります、そうして私は基督信者でありますと、彼女の朋輩は幾度となく「ヤソ味噌、テッカ味噌」と云いて彼女を虐めました。[21]

しかし毅然たる態度をとる娘であった。死の前年実践女学校を卒業し、聖書研究社の事務員となって働き始めて二カ月、原因のよくわからない結核性の病のために床にふすことになった。鑑三の祈りもむなしく七カ月の闘病の後、死を迎えた。

一月二十日付の青木義雄宛ての手紙には、「ルツ子今や天に在りて安し、彼女の臨終は最も平静なる者なりし、モー往きますの一言を洩し、口元に微笑を湛えながら眠につき申候、霊魂不滅は明白に証明致され候、我等は我等の愛する者と必ず再会致すべく候」[22]と書かれている。

また二十三日付の宮部金吾宛ての手紙には「娘の死状誠に美しく、これ死には無之、transition に有之候、霊魂不滅は殆んど demonstrated fact なりと存候、これ creed には無之、fact に有之候」[23]と記されている。確かに鑑三が一カ月たっても「実に子を失うにまさるの悲痛は無之、ルツ子は今や父の国に於て安全なりとは知りながら涙は湧出て尽き不申候」[24]（布施常松宛て書簡）と悲嘆にくれるが、しかしその現実の悲嘆を通して「霊魂不滅」「復活」「来世」が教理から次第に事実になってくる。いわば信仰の革命がおこることになった。「彼女逝きて余の心中に革命あり、……天国、復活、永生、これのみが事実にして問題に有之候」[25]。それまで教理として受け取っていたものが、今こそ現実の事実になったのである。

矢内原忠雄はルツの埋葬の時のことを回想して書いている。

先生は一握りの土を摑んだ手を高く上げられて、肝高い声でいきなり「ルツ子さん万歳」と叫ばれました。全身雷で打たれた様に、私は打ちすくめられてしまいました。「これはただごとではない、キリスト教を信ずるという事は生やさしい事ではないぞ、一生懸命のものだぞ。」そう叩き込まれたその時の印象が、私に初めてキリスト教の入口を示してくれたのです。[26]

ルツの死をきっかけにして彼の伝道は大きく転質されることになる。「実に子を失いて始めて神の愛を覚り申候」[27]とのべた鑑三の胸の血は、やがて晩年の再臨信仰運動で燃焼されることになる。

五　近代人と宗教

第一次世界大戦

ルツの死後二年半経った大正三年（一九一四）七月、また鑑三を悲しませ、そして怒らせることになった第一次世界大戦が勃発した。彼はこの戦争を神の厳罰ととらえる。同年十一月発行『聖書之研究』一七二号の「欧洲の戦乱と基督教」には次のようにのべられている。

今回の欧洲大戦争は欧洲人の上に臨みし神の厳罰と見るが適当であると思う、もし交戦国目下の状態をつぶさに観察するならば、かかる刑罰の彼等の上に臨むは決して不当でない事がわかると思う、ドイツの罪悪、オーストリアの罪悪は言うまでもない、露国の罪悪を始めとして、ベルギーの罪悪、仏国の罪悪、しかり、英国の罪悪に至るまでもし神の立場よりこれを観るならば、その中に多くの赦すべからざる者のあるは明瞭である、実に愛の神は忍ぶだけ忍び給うてついに止むを得ず今回の大刑罰を欧洲人の上に下し給うたのであると思う(1)。

同じキリスト教圏の諸国が互いに敵味方となって血を流すのである。キリスト教徒の鑑三としては言いようのない哀しみと憤りに襲われた。参戦したキリスト教国に対して激しい非難を浴びせかける。たとえば敬愛するルターを生んだドイツに対して言う。

人は「ドイツ国は基督教国でありながら」と云う、しかり、ドイツ国は名義上基督教国である、しかし実際のドイツ国は決して真正の意味に於ての基督教国の名に値する者ではない、……ドイツ国に多くの基督教の教会堂があり神学校があるが故に、かの国は信仰の燃えたる基督教国であると思う人があるならば、その人は実際のドイツを知らない人である。(2)

イギリスやフランスに対しても激しい非難を向ける。絶対的な非戦主義の立場に立つ鑑三にとっては敵味方、損得、正邪のような立場が問題なのではなく、争うこと自体が罪悪であった。神の意志を知らず、あるいは無視しておのれの欲望のために戦うからである。鑑三はこのような事態を神の意志を中心にして理解し、キリスト教国の争う姿を、忍びに忍ばれた神がついにこの大戦という形で刑罰を下された、と考えたのである。

しかし鑑三には一縷の望みがあった。ピューリタンの国、米国が参戦していなかったことだ。中立を保っていたからである。この米国が戦争を仲裁してくれるのではないかという望みがあったのである。しかし米国も、とうとう大正六年（一九一七）四月には参戦することになってしまった。同年五月十日発行の『聖書之研究』で、鑑三はさっそく「米国の参戦」と題してこれを論難した。副題は「平和主義者の大失望」となっている。鑑三がアメリカの参戦に失望した根拠は何であったのか。

もしここに基督的国家がありて戦争の罪悪を人類の間より絶たんと欲するならば神の子キリストが取り給いし途を取るより外に方法は無いのである、すなわち自らは戦争に関わらずして交戦国の蒙りし損害を担い、彼等に代って苦しみ且つ失い且つ償うべきである、……今の時にあたりてこの聖職に当り得る国は北米合衆国を除いて他に無いのである、もし米国にしてその参戦に由りて消費すべき数百億ドルの金を投じて交戦国相互の損害賠償の任に当り、自らは何の要求する所なくしてこの世界的戦争を買取りしならば（この事を称して贖罪と云う）交戦国はその罪に恥じて剣を折り砲を鎔《と》かして再び戦争を習わざるに至るであろう、しかるに事ここに出ずして自らうらみを懐いて戦争の禍中に投じて米国は地球の表面より戦争を絶滅するの好機会を逸したのである、余輩この事を思うて米国のために痛惜の感に堪えないのである。(3)

キリストの贖罪の行為を米国に望んでいたのである。宗教的に最も崇高な役割を期待していたのだ。しかしこの米国の参戦によって、現実の国家や人間による戦争放棄、平和実現の望みを絶たれてしまった。人間の信仰、わざへの信頼が失われる。ここにやがて彼の信仰が、いわゆる再臨信仰の運動に転換されていく根拠がある。また鑑三の次のような指摘は、来たるべきさらに悲惨な第二次世界大戦を予見していると言える。

「剣を取る者は剣にて亡ぶべし」とのイエスの言は永久の真理である、ドイツは剣を取って立ったのである、故に今や剣にて亡びつつあるのである、その他の諸国もまた同じである、戦争を以て戦争を絶たんとして戦争は絶たれずして更に新たなるしかして大なる戦争が起るのである、余輩預言者ならずといえども、世界平和を標榜するこの戦争の後に更にこれ以上の大戦争の起るべきことを預言してはばからないのである。(4)

近代的兵器を使用し世界を戦争に巻きこんだ近代人の中に鑑三は何を見ていたのか。

近代人とは

すでに大正三年（一九一四）一月発行の『聖書之研究』誌上に、「近代人」と題して近代人の傲慢さを衝いている。

彼に多少の智識はある（主に狭き専門的智識である）、多少の理想はある、彼は芸術を愛し、現世を尊ぶ、彼はいわゆる「尊むべき紳士」である、しかし彼の中心は自己である、近代人は自己中心の人である、自己の発達、自己の修養、自己の実現と、自己、自己、自己、何事も自己である、故に近代人は実は初代人である、原始の人である。(5)

鑑三によれば近代人とは自己中心的だというのである。さらに言う。

自我が発達して今日に至った者である、故に基督者ではない、自我を十字架に釘《つ》けておのれに死んだ者ではない、キリストの立場より見ていわゆる「近代人」は純粋の野蛮人である、ただ自己発達の方面が違ったまでである、近代人とはシルクハットを戴き、フロックコートを着け、哲学と芸術と社会進歩とを説く原始的野蛮人と見て多く間違はないのである。(6)

近代人とはただ単に原始的な自我を発達させた人間であるにすぎず、自我を十字架にかけて生まれかわった人間ではない、という。したがって文明の衣服を着けた、思い上がった傲慢な野蛮人だというのである。このような人間は次のような結果を生むという。

いわゆる「近代人」は自己をキリスト以上に置いて彼を批評する、いう「我れもしキリストの下僕となるならば我れは研究の自由を失い、我が哲学は滅び我が芸術は死す」と、近代人は堕落せるアダムと同じく、自身神とならざれば止まないのである。(7)

であれば、そのような人間のつくり出す文明とはどのようなものになるのか。

文明は無神主義とまではゆかざるも必ず人間主義である、地的であって天的でない、神を利用することあるも、自己をすてて神に従わんと欲する者ではない[8]。

このような文明の弊害が当時の日本にもかなり色濃く反映し始めていた。さらに言う。

人類の最善、これを称して文明という、いわく政治、経済、殖産、工業と、しかしてそのおわる所は戦争なり、国民は文明に進むと称して実は、孜々《しし》として戦争の準備を為しつつあるに過ぎず、神を目的とせざる労働の結果はすべてかくの如し、空の空なり、砲煙となりて消失す、文明を最善と称するは誤称なり、徒労と称すべし、文明は人を欺く砂漠の蜃気楼《ミラージ》たるに過ぎず[9]。

神を目的とせず、人間のため、おのれのため、我欲のために形成される文明は、結局は欲の衝突をおこし、戦争を引き起こし、砲煙となりおわる、というのである。営々と築かれてきた西洋文明の中に神への敬虔な信仰と神の導きを求めなくなった近代人に、鑑三は大きな失望を抱くようになった。神への信仰を失った近代西洋文明は、単なる脱け殻というよりは、むしろ害毒を与えるものとしか映らなくなる。第一次大戦は、鑑三のこのような思いを確固たるものにした。

またその西洋文明を真の精神性において理解することなく表面的に模倣しようとした日本人にとっては、十字架の上におのれをつけて死ぬというきびしい自己否定を貫いたキリスト教精神を理解し、それと対決する術はなかった。しかし鑑三もいうように、すでに当時の欧米人が十字架の死の意味を忘れ、原始的な自我しかもっていなかったことからすれば、それも当然のことであったかも知れない。江戸幕府の権力下で自己否定の厳しさを忘れていた日本人に、それを気づかせるべきキリスト教自身がすでにそれを忘れていたことは、日本にとっても不幸なことであった。自己否定を忘れた文明は、日本人に自己否定ではなく自我の欲望を丸出しにすることを教えた。

この点は日本における真の意味での宗教の近代化を妨げた。

キリスト教国への失望は、彼に日本仏教、特に、厳しい自己否定の道を歩んだ法然や親鸞への関心をおこさせることにもなった。

親鸞への関心

大正四年の『聖書之研究』一八二号で、鑑三は「我が信仰の祖先」と題してのべる。

日本にも大なる信仰家が在った、法然の如き親鸞の如き正さにその人であった、……信仰の何たるかを知りしことに於て彼等は現今の欧米の基督信者よりも遥かに深くあった。[10]

どのような点を指してそう言うのか。

彼等が弥陀に頼りし心は、以て基督者がキリストに頼るべき心の模範となすことが出来る、彼等は絶対的他力を信じた、すなわち恩恵の無限の能力を信じた、彼等は全然自己の義（selfrighteousness）を排して弥陀の無限の慈悲に頼った。[11]

「自己の義」を排していることに関心の核があることに注意したい。つまり人間の自我の思い上がりでなく、自己の義を排し、自己を徹底して否定していく法然や親鸞の姿にひかれているのである。特に親鸞が人間の「はからい」による「善」を否定した姿を、ルターの「信仰のみ」の姿に共通するものとして高く評価する。親鸞においてもルターにおいても徹底的な自己否定があったことが共通点とされている。鑑三は『歎異抄』を引用し、両者の信仰の共通性を指摘している。

本願を信ぜんには他の善も要にあらず、念仏（信頼）にまさるべき善なきゆえに悪をもおそるべからず、弥陀の本願を妨たぐるほどの悪なきがゆえに。親鸞のこの信仰に勝さる信仰はあるべからずである、ルーテルはこれを聞いて喜んだであろう、「アーメン、実にしかり」と彼は言うたであろう。(12)

同じく大正四年に「我が信仰の友」と題して次のようにのべている。

言辞を共にする者が我が信仰の友ではない、信仰の目的物に対し心の態度を同じうする者、その者が我が信仰の友である、神と称《よ》び、キリストと唱え、天国と云う者にして、我が信仰の敵がすくなくない、これに反して弥陀と称《よ》び、如来と唱え、浄土と云う者の中に、我は我が信仰の友を見るのである、……我は彼等が弥陀を慕いしその心を以て我主イエスキリストを慕う者である。(13)

また翌五年にも次のようにのべている。

弥陀たのむ人は雨夜の月なれや　雲晴れねども西へこそ行け　これは仏教信者の歌である、しかしながら深き信仰の実験を語る言葉である、福音的基督教の実験もまたこれに異らないのである、救主に頼む人は、その信頼に由て救わるるのである、……信仰的態度の一事に於ては福音的基督教と浄土門の仏教とはその揆を一にするのである。(14)

ここには信仰の実験をその基底にした満之との共通性も考えられるし、実験を通して信仰を選択していく近代的な態度も見られる。

再臨信仰とその運動

ルツを失い、日露戦争に血眼になる近代人の自己中心主義に絶望し、法然や親鸞の信仰に触れることによって、鑑三の信仰はさらに深められると同時に質的な変化を遂げる。

大正七年三月十日、大阪天満教会の創立四十年記念会の講演の中で心境を吐露する。

試に余の伝道の結果を見よ、余が精神を尽し心意を尽して為したる伝道といえども失敗は多くして成功は少し、福音を伝える事幾千人にして信じたる者は少数である、信じてこれを維持する者に至っては更に極めて少数である、その他余の伝道の結果として見るべきもの甚だ少し、これをしも余の福音宣伝の結果なりと思えば余は失望せざるを得ないのである。(15)

このような心境に至って得た信仰が再臨信仰であった。鑑三はその信仰を、講演の中で自らの信仰の「第三階段」つまり第三の段階とたとえている。再臨信仰の意味をたずねる前に、この第三段階に至る彼の軌跡を見ておこう。

まず第一段階は札幌農学校時代の入信の事実である。「北海道札幌に赴かざるを得ざるに至りしその事既に余が神に導かるるの途であった、……今にして思えばその時こそ真に余が神の召きに与りたる時であったのである」(16)という、いわば神の召きに目醒めた信仰の段階である。

次に第二段階は、キリスト教に入信し、「聖書に示すが如き聖《きよく》して義《ただ》しく、自己を離れたる人たらんと欲するに」「かかる努力は終に無益に終った」鑑三が、アマスト大学のシーリー総長の導きによって回心に至る過程である。すなわちシーリーが「汝の義は汝自身に於てあるに非ず、汝の罪のためその身を十字架に釘《つ》けられ給いしかの主イエスキリストに於てあるなり、故に自己の努力を抛棄《ほうき》し唯彼を仰ぎ見よ、しからば救われん」と語った言葉によって、「余の重荷はたちまち余の双肩より落ちた……既に召かれたる余は今や義とせられたのである、余はここに救拯の第二階段を昇ったのである」(17)といういわば贖罪による義の信仰の段階であり、すでに本書でたどってきた鑑三の信仰でもある。

しかし先にも引用したように、鑑三には失望ばかりがあった。「余はキリストに由て義とせられたりといえどもしかも未だ完全に救われたる者ではない[18]」。なぜか。この苦しみが第三段階へと彼を進ませることになった。

神は召きたる者を義とし、義としたる者には栄を賜うとある、余は召かれかつ義とせられたりといえどもいまだ栄を賜わらないのである、すなわち余の救拯はいまだ完うせられないのである、かくて余は更に信仰の第三階段を上らざるを得ない[19]。

罪から解放され義とされても、鑑三には栄、つまり栄光がまだ与えられていないというのである。真の栄光と希望はいかにして与えられるのか。人間の現世の自己中心的な行為に彼は失望していた。そこに希望はもはやもてなかった。鑑三はどうしたのか。

しからば栄は何時これを賜わるのであるか、そは現世に於てではない、次の世に於てキリスト再び顕われ給い我等に栄光の体を与え彼れの国をこの世に建設し給うその時我等は栄に入るのである、事は未だ未来に属す、しかれども現在に於てこれを認めこれを信ずる事が出来る、信者は未だ栄光を賜わらざるも神必ずこれを賜う事を今日ここに於て確信する事が出来るのである、故に現世に於ける信仰的生活の階段としては希望をもってその第三段と為すべきである[20]。

人間の行為のみによっては決して真の平和を実現できないという鑑三の絶望感は、キリスト再臨の信仰を選択させた。信仰における「希望」の意味が見いだされてくる。神の召きに応じ、キリストの贖罪によって罪からの解放を得た第一、第二の段階を超え、さらに燃える希望が晩年の鑑三を動かすことになる。

中田重治や木村清松と手を組んだこの再臨信仰の運動は、海老名弾正らの反対を受けた。しかし非難を受ければ受けるほど、鑑三はそこに新たな意味を見いだす。

再臨を説くなかれ聖書を講じ十字架の福音を説くべしと云いて余輩に勧告してくれる者がある、しかれども余輩はその勧告に従う事は出来ない、再臨は聖書の中心的真理である、これを説かずして聖書を説くことは出来ない、殊に再臨は今の教会に嫌わるる教義である、これを説いて教会に嫌わるるの利益がある、今や純潔なる信仰を維持せんとするにあたって今の教会に愛せらるるが如き危険はない、「すべての人汝等を誉めなば汝等禍いなるかな」である、俗化せる今の教会に嫌われてこそ我等に救拯は臨むなれである、神の真理は人に嫌わる、基督再臨が神の真理たる何よりも善き証拠は今の教会の多数に嫌わるる事である、余輩これを説かざるべけんやである。(21)

日本のキリスト教会の反発にも負けず、鑑三は旺盛に活躍した。東京を中心として関西、北海道、東北へと伝道した。たとえば大正六年十月三十一日のルーテル宗教改革四百年記念日には、「会場に来りて見れば聴衆満堂熱誠を以て余を歓迎し(22)」たと書かれている。

また注目すべきは再臨信仰を通した宗派についての見方である。

余の嫌いしものにして宗派の如きはない、……ただ再臨のキリストを信ぜよ、主は一つ信仰一つ望み一つなるに至って人の作り得ざる真正の合同は自ら成立するのである、合同問題解決の秘鍵はここにある、この点より見てまた一の大なる使命の我等に係れるを知るのである。(23)

いかに鑑三がキリストの再臨信仰を究極としたか、宗派というものを嫌ったかがわかると思う。

再臨信仰は生涯もちつづけるが、やがて運動そのものと、そのための講演などはしなくなった。再臨の信仰は、理性を失ってただ熱狂的に行なわれるとき、現実を忘れ狂信的な動きとなることを知っていたからである。鑑三は単なる熱狂主義者ではなかった。一面で冷静な理性をもっていた。これは子供の頃から養われていたものであり、自然科学を研究してなお一層身につけたものであった。これは彼が常に知識層に信奉者を得た理由でもあった。

晩年と死

晩年の鑑三の代表的な活動は「ロマ書」の研究と講演であった。大正十年から十一年、つまり六十一歳から六十二歳にかけての二年間、毎週日曜日の午後に行なわれた。いつも六百人、七百人という大勢の人がつめかけたといわれる。その内容は『聖書之研究』二四七号から二六八号に掲載されている。

よく知られているように、「ロマ書」は『新約聖書』の信仰についての心臓部である。鑑三はその「ロマ書」十六章中の第一章十六節から第八章を主要部であるとし、次のように分類しながら核心に迫ろうとする。

第一、義とせらるる事（一章十六節―五章）　第二、聖めらるる事（六章、七章）　第三、栄化せらるる事（八章）　この三つ、すなわち義とせらるる事、聖めらるる事、栄化せらるる事はいずれも自己の努力によらずただ信仰による仰瞻《ぎょうせん》に依て与えられる、これを細説すれば十字架のキリストを仰ぎ瞻《み》る事に由て義とせられ、復活せるキリストを仰ぎ瞻る事に由て聖められ、再臨すべき彼を仰ぎ瞻る事に由て栄化せられる、一として自己の功、行、積善、努力に由て達成せらるるものはない、すべて彼を信ずる信仰に由り、彼の遂げ給いし功に由り、ただひとえに彼を信受し、彼に信頼し、彼を仰ぎ瞻る事に由りて我等は義とせられ、また聖められ、また栄化せしめられる、この事を教うるがロマ書の主要なる目的にして、それに添えて人類の救済と基督者の実践道徳とを提示するのである。(24)

ここに人間の一切の功績、行ない、わざ、積善などを捨て、信仰に徹しきる態度、しかもその信仰すら単に人間的な行為ではなく、キリストを信受し、仰ぎみるところに生まれるものであることが示される。

熱狂的な側面をもつ再臨運動のような運動が、ややもすると自分の行為に陶酔し、それを善い行為と錯覚する人間の姿を、鑑三は見抜いていたのであろう。特に鑑三は、近代人の中に人間の傲慢さを嫌というほど見ていた。一歩間違えばいかにそれが危険で罪深いものとなるかは、十分心得ていたはずである。再臨の信仰は、キリストを仰ぎみる徹底した罪の自覚と謙虚な信仰が同時にもたれなければならない。

このような立場から鑑三は、「ヨブ記」や「ガラテヤ書」も人々の心の奥深くに説いていった。

さて鑑三の弟子に文学の道に入っていった人が多かったことはよく知られているが、大正十二年、愛弟子有島武郎が自殺した。六月九日、軽井沢の別荘浄月庵で人妻波多野秋子と心中し、翌七月七日に発見された。有島四十六歳、秋子二十七歳であった。これを怒り悲しんだ鑑三は、七月十九、二十、二十一日の『万朝報』に「背教者としての有島武郎氏」と題して書いた。

私は有島君に基督教を伝えた者の一人である。彼は一時は誠実熱心なる基督信者であった。私は彼の顔に天国の希望が輝いていた時を知っている。その時彼は歓喜に溢れる人であった[25]。

かつて有島は札幌独立教会の会員として熱心に教会生活をした。一時は鑑三も、自分の後継者にと考えたこともあった。「人も私も彼が私の後を嗣いで、日本に於ける独立の基督教を伝うる者と成るのではないかと思う程であった。……彼は彼の親友森本厚吉君と共に基督教の大宣教師デビッド・リビンストンの伝記を著した。彼はまた私の『聖書之研究』に投書してくれた。彼と私とは数年間にわたり、信仰の善き友人であった[26]」。

鑑三は有島の背教と自殺をどのように考えたのであろうか。

有島君に大なる苦悶があった。この苦悶があったらばこそ彼は自殺したのである。そしてこの苦悶は一婦人の愛を得んと欲する苦悶ではなかった。これは哲学者の称するコスミックソロー（宇宙の苦悶）であった。有島君の棄教の結果として、彼の心中深き所に大なる空虚が出来た。彼はこの空虚を充たすべく苦心した。彼は神に依らず、キリストその他のいわゆる神の人に依らずして自分の力でこの空虚を充たさんとした、これが彼の苦悶の存せし所、彼の奮闘努力はここに在ったと思う。しかしながら有島君如何に偉大なりといえども、自分の力でこの空虚は充たし得なかった。のみならず、充たさんと努むれば努むる程、この空虚が広くなった[27]。

鑑三は、有島がこの空虚を満たすために著作や共産主義を試みようとした点を指摘する。

しかし「彼はついに人生を憎むに至った。神に降参するの砕けたる心は無かった。故に彼は神に戦いを挑んだ。死を以て彼の絶対的独立を維持せんと欲した。自殺は有島君が近来しばしば考えた事であろう。ただしその機会が無かったのである[28]」。この有島の心境に、鑑三は心中の原因を考えようとした。

そしてその機会がついに到来した。一人の若き婦人が彼に彼女の愛を献げた。著作に於ても、社会事業に於ても、衷なる空虚を充たすの材料を発見する能わざりし有島君は、この婦人の愛に偽りなき光を認めた。彼は歓んだ。満足した。これは棄教以来初めて彼に臨んだ光であった。……彼は既に人生を忌し者、しかして婦人は夫有る身であった。この光は逸すべからず、さればとてこの世に於てこれをエンジョイする能わず。故に二人相ならんで自ら死に就いたのである。正直なる有島君としては為しそうな事である。(29)

どこまでも師として弟子の心境を暖かく、しかし鋭利に探っていく。自らも若い日に心の空虚を充たすため、若い女性と結婚し破綻した経験がある。弟子の心はよく分かったであろう。しかし鑑三は、有島の態度に対して敢然と、「しかし彼は大いに誤ったのである」(30)と断言する。その根拠は他でもなく、自分の生命を自分一人だけのものと思いこんだ自己中心的・人間中心的なエゴイズムであり、これは神を冒瀆することに他ならなかった。

「人は自分のために生きずまた死せず」と有島君の棄てた聖書にかいてある。生命は自分一人のものであると思うは大なる間違いである。もし基督信者が信ずるように、生命は神のものでないとするとも、これは人類のもの、国家のもの、家族のもの、友人のものである。有島君は基督教を棄て、この簡単明瞭なる真理をも棄てたのである。背教は決して小事でない。神を馬鹿にすれば神に馬鹿にせらる。(31)

自分が教え導いた愛弟子が聖書の教えそのものに反逆した。鑑三は言い知れぬ怒りと人間の救いがたい罪の深さと悲しみを感じたに違いないし、近代人の罪深さの深淵と傲慢さをあらためて見ざるを得なかったであろう。晩年の怒りと悲しみをこめて、しかし鑑三は「私は有島君の旧い友人の一人として、彼の最後の行為を怒らざるを得ない」(32)と言い切った。

翌大正十三年にはアメリカの排日法案に反対し立ち上がった。『国民新聞』『東京日日新聞』『万朝報』などに精力的に寄稿した。この時には教会側の人々とも歩調を合わせた。

また大正十五年からは、アフリカで医療と伝道に献身していたシュバイツァーの援助をすることになった。彼は鑑三の『余はいかにして基督信徒となりしか』をすでに読んでいた。

聖書研究会の講義とともに、昭和三年（一九二八）夏には札幌独立教会での伝道を精力的に行ない、この教会の教務顧問になった。しかし無教会を標榜する鑑三がこのように教会との結びつきをもつことは、研究会の若い人々、たとえば塚本虎二たちには矛盾することと受け取られた。鑑三と彼らの間に亀裂が生じることになった。翌昭和四年十二月に、鑑三は塚本を研究会から分離させることになった。そこには激しい応酬と葛藤があった。しかしどんなに愛していても、信仰上の妥協をすることはできなかったのである。

次第に鑑三の肉体は衰えを見せてくる。昭和四年一月には心臓の肥大を指摘され、昭和五年一月十二日の研究会での「パウロの武士道」が最後の登壇になった。奇しくもこの日はルツの命日であった。彼は日記に書いている。「ルツ子デーである。心が引締まる。彼女の肖像に対しすすり泣きの声が聞こえる、この声は復活の朝まで続くであろう」(33)。この言葉には素直な心情がにじみ出ている。やがて病状は悪化していった。

しかし闘病の間も苦痛を隠して聖人ぶったりはしなかった。鑑三にとっては生きるのも実験、信仰するのも実験、死ぬのも実験に他ならなかった。信仰の中にいかに死ぬか、それが彼の最大の関心事になっていった。

死の十六日前の昭和五年三月十二日の日記には、鑑三があまりに「大先生」であるために、誰も気軽に見舞ってくれないことを嘆いている。

信者の人々は、大先生は、人生の事はことごとく御存知であるから、我々如き者が精神上の慰藉などを御提供申すは無礼の極みであると思うらしく誰一人として、友達となって、喜びの福音を語ってくれるものがない。ただ看護、物資の提供その他この世の人の為し得る援助を与えてくれるに止りて、人生最も貴重とする所の、精神上の力を与えてくれない。この過去五十日間この点に於て、実に堪えられぬ寂寥を感じた。(34)

何の気取りもなく自分の寂しさを書いている。

しかるに今日、ある老姉妹が訪問してくれて、重病にかかった時の、信仰維持の途を教えてくれて、本当に有り難かった。人は如何なる大先生であっても、自分の通過したことなき道の様子を知らない。(35)

観念ではなく、実験を重んじ、信仰によって生そのものを生きようとした鑑三らしさがにじみ出ていると言える。

長男内村祐之の手記によると、一進一退であった病勢が三月二十三日に急変した。札幌在住の祐之一家が呼び戻されたが、「聞く所に依ると数日前に、正子が来ていやがるだろうと言うのでわざわざ床屋を呼んで延びた髪を刈らせたという事であった」(36)。正子とは孫の名であるが、その孫にさえこのような気配りを見せている。厳しく激しく妥協を許さぬ面と同時に、このような繊細な側面があった。

また医師の藤本武平二によると、いよいよ死が迫り鎮静剤が注射されたとき、「僕は臆病者だから、平素勉強して置いて試験勉強などしない様にする。研究誌の草稿でも四ケ月分位はいつも用意してある」[37]と言ったといわれる。豪胆な印象を与える人間像の裏に、このような姿を見せる点に留意しておきたい。

三月二十六日は古希の誕生日であった。祐之は伝えている。

この発作の最中に折から祝賀のために集った人々に伝えてくれとて、「万歳、感謝、満足、希望、進歩、正義、すべての善き事」と云う短い言葉を以てこの時の心持を表した。なお附け加えて言った。「聖旨にかなわば生き延びて更に働く。しかし如何なる時にも悪き事は吾々および諸君の上に未来永久に決して来ない。宇宙万物人生悉く可なり。言わんと欲する事尽きず。人類の幸福と日本国の隆盛と宇宙の完成を祈る」と。恐るべき死の苦しみ。その中からこの言葉が出たのである事を知って頂きたい。[38]

苦しみの真っ只中から、「宇宙万物人生悉く可なり」と言い、日本のために祈ろうとしているのである。強靭な精神力、無私の愛、何もかも神に任せきり信仰に徹した姿が彷彿としてくる。次章でのべる清沢満之の死と、その深みにおいて類似するものがある。

翌二十七日には、藤本によれば「誰彼も皆許す。その代わり僕の罪も主イエス・キリストに在りて、許してもらう」と言ったという。「誰彼も」とは、おそらく有島や塚本のことを指していたのであろう。

塚本は後に書いている。「『塚本はまだ来ないか、あんなに愛していた塚本と、こんなにして死ぬことは出来ない』といわれたと聞かされて、私の心は爆発した。堤防は切れた。私は声を上げて男泣きに泣いた[39]」。

そして鑑三は「キリスト信者はいいなー」と言ったという。祐之によると、二十八日午前一時半、鑑三は「非常に調和がとれているがこれでよいのか[40]」と言ったという。そして「午前八時五十一分、眠るが如く安らかに、父はその最後の息を引いたのであった。真に永き戦闘の全生涯に比して最も対照深き平和なる臨終であった[41]」。

第二章　清沢満之

一　近代的自我の形成

誕生

文久三年（一八六三）六月二十六日、満之は尾張藩士徳永永則の長男として、名古屋の黒門町に生まれた（清沢姓は満之の養子先の姓）。永則は徳川藩の武士ではあったが足軽頭であった。母タキも尾張藩士横井甚左衛門の娘であった。満之は鑑三に二年遅れて誕生し、二十七年早く没しているが、もう少し長生きすれば、もっと大きな影響を与えていたであろう。

父親永則は武士として儒教の素養があった。満之も鑑三と同じように剛直で実直な儒教的な精神を植えつけられた。後に満之は『論語』や『言志録』を愛読するようになる。また『赤穂義士伝』を好んで読んだ。儒教的な忠義、忠誠を重んずる倫理性が満之にはきわめて強い。

満之も鑑三と同じように佐幕派の出身のため自律的な自我を形成する必要があり、刻苦勉励の態度が自から養われていった。やがて長じて東本願寺教団によって教育を受けさせてもらうことになるが、このことに対しても深い恩義を感じている。たとえば後に「日本今日の状態は、一も西洋、二も西洋と云わんばかり、ひたすら、西洋輓近の小恩にのみ眩惑せられ居るにもかかわらず、諸君が仏教の大恩を戴き、歴史的の観察に基き、やや進んで仏教の真理を研究せられんこと、余の深く希望する所なり(1)」ともいっている。その内容は別にしても、恩義を軸にした儒教的な精神的土台が考えられる。仁義といった言葉も彼はよく使用する。さらに、たとえば明治十四年(一八八二)の日記には、身を修めることは儒聖の意志に合い、仏の教にも背かざるものである(2)、と書いている。儒教的なものを、近代的な自我形成の過程において単に古いものとして否定していない点に注意しておかねばならない。彼の自我形成に決定的に影響を及ぼす仏教にも違背しないといっている。むしろ自我の形成の土台の一つにしている。これは武士道を精神的土台にすえた鑑三と共通する基盤がある。後に激しく東本願寺教団に反抗する満之ではあるが、法主《ほっす》に対しては生涯実に忠誠を守る。たとえば明治二十七年九月、結核の身でありながら「昨考計の如く法主の西行を迎送せんため、七時五十分頃より千壺山踏切の小平地に出で(3)」のような態度をとっている。いずれにしても、まず儒教的な倫理観が、彼の自我形成に影響を及ぼしている点を確認しておきたい。

同時に、母タキの影響が強い。彼女は熱心な浄土真宗の信者であった。いつも聞法《もんぽう》に励み、満之とともに仏前で勤行《ごんぎょう》した。このため満之は五、六歳ですでに『正信偈《しょうしんげ》』『和讃』『御文《おふみ》』などが読誦できた。後に満之が東京大学を卒業したとき、両親を呼び同居することになったが、タキは上京するにあたり、心身ともに新しくなって行くべきだと考え、剃髪してしまった。このような毅然たる信仰を彼女はもっていた。いずれにしても父から受けた武士的な潔癖性、儒教的な忠義、さらには母からの他力の信仰が彼の自我を形成していく。

後に、たとえば「絶対の信任（たのむ）は無一物たらざる可からず（禅）、無私たらざる可からず（儒）、忘己たらざる可からず（至心信楽忘己也）」(4)とのべている。禅は武士道的な見方に通じるものであり、これと儒教的なもの、至心の信仰すなわち真宗の信仰の三つの要素が、彼の内に一体となって生きている。武士道的な潔癖さと儒教的な一途な忠誠心を通して、信仰が深められ純化されていくことが予測される。単に古い伝統を否定して近代的な自我を形成していったというのではなく、伝統的な精神性とともに宗教的な心情が形成され、深められていったと言えるであろう。ある意味で鑑三と共通するように、彼らの「近代的自我」は単に古いものを拒否して形成されたのではなく、伝統への深い関わりを通じて形成されていった点にまず注意しておきたい。

次に、もう一つ満之の幼少期につけ加えるべき点がある。それは科学的、合理的な見方の萌芽である。

小学校時代の満之がずばぬけて成績優秀であり、神童と呼ばれたことはよく知られている。特に算術が抜群であった。十一歳頃には教師を助けて算術を教えたといわれる。さらに稲葉昌丸によれば「師は大分に物理学に嗜好を有し、大学の専門としてむしろこれを選び取らんかと、一時思われたこともあったそうです。哲学科に入られたのは、井上（円了、筆者注）氏始め諸友相談の結果でした」[5]とされるように、合理的、実証的な傾向と能力が幼少期から萌芽していた。この点は生涯貫かれる。満之自身後に「実際は汝自らこれを実験せざるべからず」[6]と常に語った。このような態度は、すでに幼少期にその原点があったと言える。鑑三の態度と共通するものがある。内省、内観すなわち自己を冷静な観察、反省の対象とするのもそうである。鑑三の態度と共通するものがある。さらには「宗教は信仰を要すといえども、決して道理に違背したる信仰を要すと言うにあらず。もし道理と信仰と違背することあらば、むしろ信仰を棄てて、道理を取るべきなり」[7]というように合理性を徹底する。伝統的精神を身につけながら、しかも合理的にそれを見つめなおす。このように自己の内省的な宗教体験を合理的に見すえ、実験的に正しいと思えるものを厳しく選択する態度は近代的自我の形成、さらには宗教の近代化への原動力になっていくと考えられる。

そこで主としてこの三点、すなわち儒教的倫理・真宗的他力信仰・科学的合理性がどのように彼の中で育てられ、深められていくかを見ていくことにしたい。さらにこの他に外的な要素がどのように加わり、満之の自我が形成拡大されていくかを見てみよう。

東本願寺育英教校へ

鑑三の父もそうであったように、佐幕派の武士は当時いよいよ苦しい生活を余儀なくされていた。特に廃藩置県後の生活は苦しくなった。強情な性格の永則は世渡りが下手で、茶を竹籠に入れて売ったりしながら糊口をしのいだ。

しかし永則は落ちぶれていても時世を見る目をもっていた。満之に学問をさせ将来は上級の学校に行かせようとした。キリスト教界で活躍した新島襄、植村正久、内村鑑三、真宗に大きな影響を与えた井上円了、村上専精らも佐幕派の出身であった。いわゆる立身出世のしにくい立場の人々は、とにかく子に学問をさせ、自立を目指して新たな世界に旅立たせようとした。満之も禄を失った父親の姿を見、よくこのことを理解したであろう。後に満之の弟子になった暁烏《あけがらす》敏《はや》は「先生はよく人を信ずる方であった。その信の源は両親の先生に対する信より発生したとも考えられる」(8)と言った。父の意図に素直に従ったと考えてよい。

両親の期待に応えて満之はよく勉強した。明治三年手習塾に入る。五年には学制の改革で愛知県第五義校の生徒となり、のちにこれが小学校(現在の筒井小学校)になる。小川空恵によれば「神童の称あり。席次は常に級中の首位を占め、人皆な畏敬せり」(9)という。

同七年、十二歳の満之は小学校を卒業すると、開設されたばかりの愛知外国語学校(十二月に愛知英語学校と改称)に入る。これも将来を考える父親の期待によるものであった。暁烏によると「十二歳の冬、名古屋市に英語学校が建てられた。市の人は多くこれを好まなかったが、先生の父上は時世に見る所ありて、先生をここに入学せしめられた。先生は学齢未満のため始めは仮入学を許されたが、半年の後で、成績優等のため本入学を許された(10)」という。明治九年の同校の名簿によれば外国人教師は五人いた。鑑三が六年に有馬学校に入り外国人教師に影響を受けたように、満之も何らかの影響を受けたであろう。しかも成績優等であれば当然教師の方も目をかける。キリスト教的なものとの出会いもあったであろう。ただし西村見暁によると「その外人教師の中、マクレランやカイルは水兵あがり、グーディングは大工、ウルフというのはオランダ人で、人力車の元祖であると云う」(11)といわれることから、熱心なキリスト教徒であったかどうかはわからない。したがって鑑三のようにキリスト教の宗教的影響を受けたとまでは言えないだろう。ただ儒教と真宗の雰囲気の中に育ってきた満之が、すぐれた英語力を通して西洋人との接触をもったことは注意しておく必要がある。

しかしこの英語学校も明治十年四月、「西南戦争の国費多端のために、東京大阪を残して他は廃校となった(12)」。

そこで満之は愛知医学校に入ることになった。このあたりの事情を暁烏は次のように記している。

十五歳の時、英語学校が廃せらるるに当り、教授英人某が先生を東京へつれ行こうとしたが父上が許されなかった。父上は医士にしようと思って、この頃、本願寺派の別院に医学校が建てられたから、先生はここへ入学せられた。教授ドクトル某、前の英語学校教授の英人の依託を受けて大いに先生を薫育愛撫せられた。ある時このドクトルが岐阜に行って演説せられた時、先生はその通弁をして大いに賞せられたこともあった。(13)

こうして外国人にも見こまれ、医学やドイツ語を学び始めるのであるが、間もなくやめてしまう。満之は後に「就学履歴概略」に「同年五月、愛知県医学校の生徒となり、ドイツ学を習う。七月、該校新築落成し、これに移りたれども、九月に至りてなお課業始の報告なし、故にこれを止む(14)」と書いているが、その理由は明瞭ではない。父が望み、満之もそのつもりでいた医学への道が断たれることになるが、今とにかく注意しておくべきことは外国語がよくでき、しかも自然科学に関心をもっていたということである。これは鑑三にも共通する点である。

満之は長男として親を養わねばならないという経済的不安、定かでない将来への不安を抱きながら、四書五経を読み、近所の子供たちを集め英語を教えたりしていた。しかしここに、彼にとっての大きな転機が訪れることになった。

暁烏によれば、「この頃、京都大谷派の本願寺に育英校が出来て、諸国の英才を募った」[15]。満之に白羽の矢が当ったのである。彼の家の近くに覚音寺という寺があった。母タキはいつもここに聞法に通っていた。寺の息子に小川空恵・空順という兄弟がおり、彼とは友達同士であった。空恵は後に回想している。

清沢氏の実家と予の寺とは、わずか半町を相隔たるのみ。依って毎夜相会し、学課の復習予習を為せり。一日予に語っていわく、始め医学に志せしに、一旦医学校も廃止せられ、将来の方向に甚だ困難なり、如何せしものかと。予はこれに答えていわく、医者も僧侶もほぼ相似たり、今後僧侶と為り、育英教校に入り、勉学するに如くはなし。現に空順は同校に在りと勧めしに、しからば父母にはかり意を決すべしとて、両親の承諾を得て、予と同道して陸路東海道を経て西京に赴く事とは為りぬ。[16]

こうして上洛したのは明治十一年一月であった。京都に入って、ある日、満之は空恵とともに東寺に参拝した。上洛の旅で費用を使い、残る金は天保銭二枚だけであったが[17]、満之はそのうち一枚を賽銭箱に入れてしまった。これを見た空恵は「実に利に淡なるこの如し」といっているが、満之の気質の一端が現われている。鑑三は金銭のことはかなりしっかりしていた。鑑三が外人宣教師の信者獲得のための金銭援助と横柄さに悩みぬいたということもさることながら、金銭も含めたさまざまなことに対する執着性は鑑三の方が強かったようである。これはねばっこく意識の濃度を高めねばならないキリスト教と対決し入信した鑑三と、意識を消去することを理想とする仏教に入った満之の相違にも関係するかも知れないが、いずれにせよ満之の淡泊さは、人間臭さの点で鑑三ほどの強烈さとはならなかった点で、逆に惜しまれるとも言える。

同年二月には得度を受け、法名は賢了となる。奇しくもこの年六月、鑑三も札幌でハリスのもとに受洗し、洗礼名ヨナタンとなった。鑑三の場合は農学校の先輩の総攻撃にあい、激しい苦悶のすえの入信であったが、満之の場合は、暁烏によれば「一生学問さしてくれると云うのが嬉しさに、坊主になったので、決して親鸞聖人や法然上人の如く、立派な精神で坊主になったのではないと云われました[18]」とされる。しかしこれを言葉どおり取るわけにはゆかないだろう。生来論理的で筋の通らぬことに妥協できない気質だったことから、内心深く決意するものがあったことと思える。

三月、東本願寺育英教校に入学する。そして稲葉昌丸や今川覚神たちと知り合う。

この育英教校が設立されたのは明治八年七月であったが、当時の法主の「親諭」には次のように書かれている。

如何にして神道各宗と並馳して後れず、外教門と対峙して動かざるの地位に至るべきや。今日吾が本廟の如き、外には盛大に相見え候得共、内には大いに心を安んぜざる所あり。その由は我が弟たる面々兎角遊惰に流れて官省府県の制令にも抵触し、いたずらに無学に暮して他力真宗の正意を誤謬す[19]。

廃仏毀釈以後の神道との関係、強力なキリスト教伝道への対抗、自派僧侶の堕落をいかに刷新するかなどの問題を本願寺は抱えていた。教校の設立は、それらを反省し積極的に未来を開こうとする意欲から生まれたものであった。いち早く島地黙雷らを西洋視察に送り、政府の大教院制度から脱出した真宗の学問的開眼の速やかさを示すものでもある。教校の教育は宗学はもちろん、ベンゴール文法・ヒンドスタニー文法なども あり、宗教学としてコーラン経・ユダヤ教大意・天主教大意・ギリシャ教大意などがあった。主として儒教と伝統的な真宗に限られていた満之の眼を大きく世界に向けさせると同時に、仏教に対する学問的な興味をもたせたと推察される。

学生生活については、たとえば次のような指摘がなされている。

「道心堅固の聖僧たる面影あるため、高潔なる意味にて『ビショップ』なる異名を得たり」[20]（稲葉・今川）。「育英教校在学の折から和尚さんという名が先生について、ついにそれがポープに変ったのである。……自ら持すること厳、人を待つこと寛。先生の人格には、どうも尊いところが、少くありませぬ」[21]（月見覚了）。

このように見られた理由は、単に満之の性格や気質によるものだけではない。在家に生まれ、今、僧となったのである。たとえば浄土三部経もよまねばならない。しかしただよめるようになるだけであれば、頭の良い彼には簡単である。問題は僧となった意味を考え、アイデンティティの獲得がなされねばならなかった点である。寺に生まれ、やがてまた寺に帰るように宿命づけられている人間ではなかった。勉強させてもらうために入った学校で、自分の学問と信仰が、真宗の、さらには親鸞の信仰と一つにならねばならない。誠実で論理的な頭脳をもっていればなおさらであった。先に指摘したように、彼には儒教的なものが固く身についていた。勧善懲悪的な善悪観も当然にして身についていたであろう。であれば、これがたとえば親鸞の悪人正機観とどう結びつくのか、厳しく自己を律する道徳的な態度は他力の教えとどのように関係するのだろうか。このような問題意識が、すでに当然彼の心の中に生じていたことは疑いがない。頭は良かったが、いわゆる現実的な要領のよさがなかった満之は、このような問題に執拗にとらわれることになった。

鑑三の場合も、ある意味で刻苦精励の少年時代を経、儒教的な教えが精神の強い土台になっていた。札幌時代に苦しみぬいて入信したのであるが、キリストの贖罪、神の愛に気づいて真の回心に至るためには、十年近くの歳月を必要とした。いわば自力的な境地から絶対他力の境地に至るまでには長い苦闘があったのである。時代も生い立ちも境遇も共通したものをもつ満之にも、当然そのような苦闘が待っていた。実際にそれが現われるのは、結核闘病を通しての修道や宗門革新運動の時期であるが、この問題の原点は、すでにこの時期に生まれていたと私は考えたい。したがってそのような強い問題意識とそれを追究しようとする道心の強さが、逆に平凡な僧侶の子弟から見れば「ビショップ」とか「ポープ」のように映ったのであろう。この頃満之は儒教と仏教の統一を考えたといわれているが、このこと自体が彼らしい考え方である。と同時に親鸞の教えとはいかに離れたものであり、親鸞の信仰に近づくために今後激しい内的葛藤を経なければならないことが予測されるのである。鑑三は圧力に屈して入信した形になったが、満之の場合はそのようなことはなかった。したがって一見ドラマティックなところがないが、以上の点は心中深く秘められて問題にされる。

四年間の勉学が終わる。学業は抜群であった。将来をみこまれ明治十四年、東京留学生に選抜された。

東京大学時代

同年十二月、満之は稲葉昌丸、柳祐久らとともに東京に向かった。彼のこの当時の号は「建峯」であったが、天に向かって真っすぐにそびえ立つ清らかな富士の姿に感激してつけたものであろう。彼の青雲の志が感じられる。ちょうどこの年、やはり青雲の志を抱いた鑑三は抜群の成績で札幌農学校を卒業し、独立教会設立の意気に燃えていた。満之も当時「将来は互いに勉学して真宗の法城を厳護せむ。これ予等の責任なり(22)」との意気に燃えていた。

東本願寺の留学生はすでに数名を数えていたが、南条文雄、笠原研寿は当時英国にいた。東京には井上円了らがいた。稲葉は次のように書いている。

我等三人は少年であるので、万事井上円了氏を手本とせよとの命令を受けまして、まず同氏に面会しました。その時ちょうど大学予備門で第二級第一学期末の補欠募集をする時で、試に入学試験を受けて見よとの話で、急に準備に取りかかりました。京都で数学を授かりましたが、代数ばかりで幾何はまるで知らず、この時始めてライトの幾何やブライアントの簿記などを手にし、教師もなしにコツコツ始めたのは随分乱暴なやり方でした。翌年一月早々試験を受けましたが、清沢師は及第者三人の第一位で入学されました。私と柳師との両人は落第で、その年の七月に漸く入学しました(23)。

満之の秀才ぶりがよくわかるが、入学後も東京大学在学中は特待生で通した。予備門時代の同窓には岡田良平らがいたが、優秀な満之には皆一目おいていた。また物理学に関心をもち、先にのべたように大学進学後にはこれを専攻しようと考えていたこともある。

明治十六年九月、東京大学文学部哲学科に入学した。哲学科に決めたのは南条や井上ら先輩や友人の勧めでもあった。友人には先の岡田のほか、一年後輩の沢柳政太郎、上田万年たちがいた。数は多くなかったが、友情は深かった。

大学では、論理学をフェノロサ、心理学を外山正一、哲学をブッセ、印度哲学を原担山らに教授されている。この頃になると哲学、宗教、国政、社会に対してのかなりはっきりとした見方が生まれてくる。今は、簡単にこれらについて見ておきたい。

まず彼の哲学について触れてみたいが、その前に明治十七年一月、「哲学会」が創設されたことに触れておきたい。井上円了が中心になってつくられたものであるが、会長に加藤弘之、副会長に外山正一、会員に西周《にしあまね》、中村正直、西村茂樹、原担山、島地黙雷、井上哲次郎、嘉納治五郎、三宅雄二郎、小崎弘道、南条文雄、村上専精、大西祝《はじめ》らの人々があり、十九年に満之と岡田が書記になっている。このころからすでに満之は、当時の代表的な哲学者、思想家、仏教者、キリスト者に面識があったといえる。

このうち、西村、西、中村、加藤は明六社の有力なメンバーでもあった。明六社は明治六年に創立され、明治初期のもっとも影響力の大きな啓蒙的な学術結社であった。明六社についてのべると、明治初期から中期にかけての日本の状態をよく説明できる。明六社は一つの結社ではあるが、一つの思想に固まったものではなかった。明治初年頃、廃藩置県を中心として西南の役前後までは集権的藩閥官僚政府の成立期であり、国民・国家の独立と政権の集中統一の頃であった。この時期に西洋の社会科学・人文科学の知識、思想を紹介したのが明六社の人々である。主として英米の思想であったが、また加藤によってドイツ思想も導入されていた。しかし征韓論争による政治的決裂以後、政権担当者の単一化の過程を通しての明治絶対主義政権の専制化への方向と、次第におこってくる人民の力との対立は必至となった。

もともと明六社が御用学者的な形でありながら啓蒙思想を国民に鼓吹したことに矛盾があった。『明六雑誌』も明治八年には政府の言論弾圧で廃刊となる。明六社の学者たちは、それぞれの特色をもちながらおのおの道を歩んでいく。この明六社を中心とする開化期の啓蒙思想は、大別すると自由民権論と国権論に分かれるが、後者は儒教主義と結ぶ面をもっていた。

満之の在学中の総長は加藤弘之であったが、よく啓蒙思想の流れを汲む在野精神と比較されるように、東京大学はドイツ国権論およびドイツ哲学を中心とするようになる。先の西村は真っ先に保守主義になり、加藤も民権論を捨てて進化論を説き、むしろ人民を愚民とみることにより、民撰議院という人民の台頭を時期尚早とした。中村も東大の漢学教師となる。このように明六社の中で保守的な人物を主とする哲学会に満之が入ったこと、加藤が総長をしていた東大の哲学科に満之が在学したということは、自然にドイツ観念論が彼の中に入っていったことを示しているであろう。この点に、札幌農学校で米国的な精神を鼓吹された鑑三との違いがある。

伊藤吉之助の『哲学会資料』によれば「スタイン等の国家論が輸入され、ドイツ語が次第に重んじられるようになって、ドイツの学風は我が国に迎えられた。フェノロサ氏がヘーゲルを講じ、クーペル氏がカントを講じ、新来のブッセ氏（二十年一月より開講）がロッツェの哲学を祖述する頃から、ドイツの純正哲学がようやく英国のそれに代る趨向を示して来た[24]」という。また満之も「そもそも自分共がはじめて哲学の講義を聴いた外国教師はフェノロサ氏で、文科一年生の時に一学期ほど論理学をヘーゲル流の立場から概論されたのがそれだ[25]」と言い、稲葉が「大学時代ではフェノロサのヘーゲルの講義が一番面白かったと常に話されました[26]」と言っているように、満之の哲学がドイツ観念論に傾く外因もあったのである。彼自身二十一年に「純正哲学」を書いている。同年「哲学は吾人が精神を以て原理原則を見出す学問なれば[27]」といっていることからも、観念的、唯心的な哲学が満之の哲学の中心となると同時に、その後の思索と修養によって「精神主義」へと深められていくと思える。いずれにしてもこのような傾向が彼の思考法の基準になり、仏教の論理的解釈がなされるようになる。

たとえば「吾人は転化正傍の関係を論ずるに於て、端なく転化の原則に到達せり。けだし転化の原則はいわゆる因縁因果の理法にして、……ヘーゲル氏の三段法なり[28]」という。

また当時は、加藤弘之が進化論を認めたように、「ほとんど帝国大学の思想界は進化論を以て充満せるの有様なりき[29]」（『哲学雑誌』）の状態であった。満之の仏教理解の方法の中にも取り入れられている。たとえば転化の中に進化と退化があり、「還滅門」が進化に、「流転門」が退化に相当するとされる。このようにドイツ観念論、特にヘーゲルの影響が強い。二十七年にも「ヘーゲル氏論理学序論対読了[30]」と書いている。

鑑三はキリスト教を信ずるか信じないかという、いわば二者択一を迫られる状況の中に学生生活を送った。これに対して満之の学生生活は、まずじっくりと自分の哲学と論理力を研ぎ澄ましていく機会が与えられた。この違いはやがて両者の宗教観と人間性の微妙な違いの原因にもなると思える。

満之のこのような思索は、当時の物質的、功利的な時代の風潮に対して批判的になる。大学三年度に次のように書いている。「社会の改革を以て自ら任ずる者は、しばしば現時の政体を攻撃して以て窮厄の本源とし、社会の情態は各個人の Characteristic の結果の相寄れる者に過ぎざることを知らず(31)」。たとえば福沢諭吉は個人の実学を身につけてはじめて個人の自由独立が得られ、個人の自主独立をもとに日本の文明を進めて国の独立が達成されると説いた。これに遅れること数年にして満之は、福沢が実地体験的であるのに対し、思索により、個人の人格的自覚を説くようになる。これはまたようやく国民が人間としての個を自覚し始めたことかも知れない。さらに満之は「徐々に人性を改良して適応の準備を為すにあらざれば（社会の Order）政体を改革するも益なきなり。故に、社会の改新は人性の改新を先とせざるべからざるなり(32)」と訴えることになる。

右の意見はやや抽象的であるが、大学四年度になるとさらに具体的な表現になる。

世間多く功用の見解を誤り、殖産工業を助くるものを以て功利となすものあり。これ不可なり。殖産工業吾人の身心あるがために入用なり。しかれば直接の功利にあらずして、これを達するの手段なり。直接真正の功利は吾人の身心を進歩せしむるにあり。哲学を研究して精神の作用を盛大ならしむるは真の功利なり(33)。

明治二十年七月、卒業と同時に大学院に入り宗教哲学を専攻、外山正一やブッセに指導を受けた。そのかたわら一高でフランス史を教え、さらに井上円了の創設した哲学館の評議員となり、講義をすることになった。暁烏によれば、「二十年七月大学院に入りて宗教哲学を専攻し、傍ら第一高等学校で仏国史を教えて居られました。岡田さんも同じく一高に出られて、英国史を講ぜられた。先生はまた哲学館にも教鞭を取り給うた。一高では大嫌いの歴史を持たされて困ったと、晩年に話して居られました。哲学館では心理・論理・純正哲学を講ぜられ、純正哲学は、主としてロッツェの『形而上学』によられたようである(34)」。満之がいかに論理的な思考に関心をもっていたかがわかる。

名古屋から両親を呼び、本郷の西片町《にしかたまち》に居を構えた。一高の給料だけで四十円であった。エリートコースにのり、しかも大変な報酬を得ることになった。正に前途洋々の船出でもあった。世間的な意味から言えばきらきらと輝くような自信に満ちた時期でもあった。

この自信は学問的にもそうであった。たとえば宗教について「宗教の完美なるものは、哲学の基礎によらざるべからず、哲学極に達するものは、必ず宗教に転化するの理はなはだ知り易きなり(35)」とのべている。

しかしこのような発想は、宗教そのもののいわば体験の中からにじみ出てきたものではない。宗教の究極と哲学の究極の本質的な相違が考えられていないかのようである。なぜ宗教が哲学でなくて宗教でなければならないのか、哲学によって救われがたい人間がなぜ存在するのかの問題への言及がない。

「弥陀を立すること、ゴッドを立するが如くすべからず、何となれば、かくする時は哲学にて破らるべければなり。もし哲学にて破られじとせば、弥陀を真如とせざるべからず[36]」という彼の言葉を取り上げても、阿弥陀仏が人格的な救済の対象としてとらえられていない。哲学的な純正さに符合するか否かの次元で思考の対象にされているにすぎない。なぜ弥陀があえて法蔵菩薩になったのか、なぜキリスト教の神が自然な理性の次元で語られず、超自然的な霊の世界に立てられるのかというような問いがない。したがってキリスト教の天地創造も「天地創造の論あに妄想ならずや[37]」ということになる。物理学に関心が深かったことも想起されるであろう。このような満之の考え方に賛同して仏教の哲学的な確実さが証明されたと喜び、キリスト教非難の理論的裏づけを得たと評価した人々もいた。しかし満之が後に気づくように、これは彼の真の思想、信仰、宗教観にはならなかった。全身全霊を賭けた苦闘の体験を通さねばならなかった。近角常観《ちかずみじょうかん》は、満之の一生は血をもって書かれた一生であるといったが、生命を賭けた自己との闘いを通さねばならなかった。

翌二十一年七月、突然彼は京都に行くことになった。この年鑑三はアメリカから帰国し、二年後に一高の教師になるが、わずか数カ月で不敬事件により追放される。二人にとって一高は浅からざる意味をもつことになった。

以後二人にとって、苦しいが深い体験をもつ時代が始まる。西欧の近代的自我を身につけた二人が、その自我を叩きのめされる時代が始まるのである。その過程の中で、いかにして彼らにとって価値ある新たな自我が形成されるか、さらにはこの自我を通してどのような対決、選択、決断がなされ、宗教近代化、信仰獲得への道が歩まれるかが問われなければならない。

二　近代人として

京都行きの選択と決断

明治十年に創設され、後に京都一中となる京都府立尋常中学が、当時経営難に陥っていた。このため知事の北垣国道は、その経営を東本願寺に依頼した。当時の本願寺の力が察せられるが、本願寺は真宗大学寮の兼学科を同校に併置し、真宗の宗学である宗乗、他宗についての学問である余乗、および哲学をカリキュラムに入れるという条件でこれを引き受けた。

明治二十一年四月の「本山報告」によれば、「教育の普及を図らんがため京都府尋常中学校を本山の負担に属し大学寮兼学科を同校へ併摂し同校に別科を置き宗乗余乗及び哲学を教授す(1)」と記されている。本願寺としては、これを機に一般の教育と真宗教学を発展させようとしたであろうことが想像される。将来を期待して校長の人選が行なわれたが、なかなか適任者がいなかった。当時の宗派の実力者渥美《あつみ》契縁《かいえん》は満之を迎えようとした。後に渥美と満之は宿敵となるのであるが、当時は満之の結婚の仲人をするほど、大いに嘱望していた。暁烏は「大谷派の総長の渥美さんが本願寺の教学の刷新をされるというので、……徳永満之を迎えたのです。後には白川党の改革で衝突されたが、その頃渥美さんは清沢先生を信頼して、どうしても清沢先生でなけにゃならんというので、たのみこまれた(2)」と語っている。

満之はどのような態度をとったか。暁烏によれば、「先生は大分迷われた。自分の志願を一年で放棄せにゃならん。その熟慮の結果、政府の方の学校をやめて、本願寺の方へ自分の一生を捧げる決心をされた」(3)という。満之が迷ったのも当然であろう。さらに稲葉が言うように、東京に留学した者は、当時「京都は魔界の如く云われ、また思われた時であって、一度京都を出た人は、決して帰らないと云う時」(4)であった。であれば、いよいよ迷ったであろう。

また岡田が「当時の同窓中、最も秀でていた清沢君のことでありますから、もしも他の同窓と同じ道に進まれたならば、必ずや巍然頭角をあらわされたに相違ありませんに、清沢君は京都へ帰られまして、宗教の方へ入られたものでありますから、世俗の眼より見ますれば、他の者の成功に比較して、あるいは見劣りがするように思われるかは知りませぬが、もし君が他のものと同じ方角に向われたならば、必ずや他のものを凌駕して居られることは、疑いを容れぬことと存じます」(5)というように、その優秀さは誰もが認め、将来一流の人物になることを期待していた。ちなみに岡田は後に文部大臣になる。さらに満之が両親を呼び寄せていたことは、少なくとも東京に留まって自分の希望を実現するためであったと言える。しかし満之は、決然とすべてを断って京都に帰った。暁烏は言う。「我が一身は宗門子弟の教育のために果たさんと決心せられ、大学院に入って博士となり、大学の教授になるなんて事は、断然思い切られたようであります」(6)。

その内的根拠は何であったのか。人見忠次郎は回想している。

師は時々自分に語らるる様、「人は恩義を思わざるべからず。いわゆる四恩を説くの人は多きも、その有難味を解し、これに報ぜんことを思うものは必ずしも多からず。人にして他より受けたる恩を解せず、これを解するも、そのこれに報いんことに思い到らざるものは、人の人たる所以にあらず。余は国家の恩、父母の恩はいうまでもなく、身は俗家に生れ、縁ありて真宗の寺門に入り、本山の教育を受けて今日に至りたるもの、この点に於て、余は篤く本山の恩を思い、これが報恩の道を尽くさざるべからず」と。(7)

すなわち恩をその根拠にあげているのである。儒教的な影響が彼の精神的な土台になっていたことはすでにのべた。さらに彼の場合は寺の出身ではなかった。本来ならば受けられなかった恩恵を受けたのである。その恩恵によってエリートになり、当時の数少ない学士になり得たのである。屈折した言い方をすれば、寺出身の教校卒業生の一人を押し退けて留学をさせてもらったとも言える。恩義を重んじ、何事にも筋を通し、論理を尽くす気質の彼は、本山の要請にはどうしても従わねばならないと考えたのであろう。貧しい生徒の満之を教育してくれた京都で、今度は自分が教育せねばならない、と思い至ったのであろう。

しかしこのような類推は、ある意味で消極的に彼を考えることになる。恩義であると同時に、義理として京都に行ったと考えることになってしまうからである。もっと積極的な動機があったのではないか。このような恩義の感情は招聘されたときに初めて湧いてきたのではない。大学時代、常に心の中に秘めていたものであろう。近代という新たなる時代に、伝統はあるがあまりにも巨大になりすぎ、近代化するのに困難がつきまとうであろう教団の行く末を、常に案じていたことは当然推察できる。西洋の哲学に対して仏教はどのように位置づけられるのか、流入するキリスト教にいかに対処すべきか、などは日々の問題であったはずである。すでに予備門時代に

「世の人が桜花が開けば皆腰に瓢箪を提げ、背に行厨を負うて婬嬌なる桜の花の下に来りて、さも愉快らしく酒を飲み飯を食いて楽しむとはそもそも何故か(8)」といっているように、身を律することの強かった彼において、真宗の教えを自己の体験としてつかみ取り、時代に訴え、時代に生かそうとする気持ちはすでに強かったと言える。ただあまりに論理的思索が先行していただけである。思索と実践の両面で親鸞の教えを追究しようとする気持ちはすでに深かった。そこにこの招聘の話が来た。迷いながらも、京都へ行くことを選択し、この思いを京都で燃焼させようと決断したと考える方が妥当であると思える。後にあれほど激しい禁欲生活をし、血を吐きながら改革運動をするようになるためには、単なる恩義とか義理のようなものだけでは根拠が薄いと思えるからである。

京都尋常中学

本願寺教団の教学興隆と教育刷新の意気に燃えて京都に赴任した満之は、全国にも数少ない文学士であった。自信にあふれ、さっそうとしていた。内村鑑三が同年、新潟の北越学館に乗りこんだように。教団も教師たちも期待していた。「その頃、先生はまだ二十五六の筈です。だからその頃の大谷派も思い切ってまかせたものです。その時分の先生は大変ハイカラで、洋服にステッキを持って歩いておられた(9)」(暁烏)。後の禁欲時代からは想像もできないことであった。

校長ではあったが授業も受け持った。英語、歴史、論理を担当した。

授業態度は謹厳で懇切丁寧であった。大井清一によれば「その頃私は中学校で清沢さんから英語を習っていましたが、英語の訳など実際驚くべき程はっきりしたものでした。一語を削り、一語を補うということのなく、簡潔にして、しかも意味透徹したる訳をつけておられました」(10)。鍛えた英語力に加えて、物事の核心に迫る透徹した頭脳の冴えがあったことによるのであろう。また藤岡勝二は回想する。「その他、論理などは、極めて明確に教えて下さいました。一体西洋の論理は、白でなければ非白である、黒でなければ非黒であるという風に、極めて水際の立ったものであります。ところが仏教の方になりますと、非白非黒とか、白であって黒いものとか、有即無だとか、非有門だとか、一寸論理では考えることの出来ぬ曖昧なような論法が沢山あります。そのため、私は非常に仏教の方をつまらぬように思いまして、先生にこの事を御尋ねしたことがあります。すると先生は西洋の論理はそうであるが、『ものには論理以上のことがある』と教えて下されました。その御言葉は極めて簡単でありますが、私がその後種々のことに出合って、このことを思い出すことが度々あります。これは私に非常な教訓でありました」(11)。これは西洋論理学の矛盾律・排中律などの論理と、仏教の中道の論理などの違いの核心を衝いたものであり、いち早く西洋の学問を積み、比較し得た者にしか教え得なかったことである。それと同時に論理以上のものを仏教では体験と修行によって得るべきであるということを自覚していたことに留意すべきであるし、欧化主義一辺倒の時代にあって、正しく仏教を西欧思想と対比し、さらに東洋の論理を自覚している点が重要である。少なくとも、盲目的に欧化主義や殖産主義に走ったり、逆に保守反動に陥っている姿ではない。当代のエリートではあるが、しっかりと地に足をつけている。やがてこのような態度は、物質主義や鑑三が指摘した傲慢な人間中心主義に傾いていく時代を鋭く批判するようになる。この態度は、鑑三もそうであったように薩長中心の官僚主義に対する佐幕派出身の在野精神でもあり、政府に追従する宗教の姿を非難する根拠にもなっていく。

さて、この学校は府立であったが、先のような事情で本願寺が経営することになった。しかしやがて従来の府立の学生と新しく入った僧侶の子弟たちの間に反目が生まれることになった。藤岡は指摘する。「学校には僧侶の生徒がふえた。したがって本山の規則にしたごうて、二十八日及び四日の両御命日は授業を休むことになった。生徒は固より休暇を好む。けれどもそれが僧侶のためとあっては面白くない。そこで休業廃止の事を学校へ申し出で、大いに僧侶の生徒と相争うようなことになった」(12)。意地の張り合いであれば些細なことだと言えようが、真宗以外の生徒も当然いたであろう。あるいは、たとえばクリスチャンの目から見ればやはり問題である。

満之はどう事態を収拾しようとしたか。

その時、先生は生徒一同を体操場に呼び集めて、訓誡せらるるようは、「諸君、ここに一人の恩人がある。その恩人が他の一人の命をすくうことがある。救われた者はその救うた恩人に対して、一日や二日の時間は費しても、御礼を致さねばならぬではないか。本願寺は我が校の生命を救うてくれた者である。その恩に対して一日二日の報恩をすることは、決して悪いことではない。ましてその休暇が無駄になるのではなくして、僧侶の生徒をして、その間は専ら神聖の務に従わしむるのであれば、大いに結構の事ではないか。」という趣意の御話を致された。すると生徒間の不和は、ぴたっと止むことになった。(13)（藤岡）

やはり恩を軸に説得している。現代と違って当時の恩の意識は深かった。しかしいくら当時といっても、それを説く人間の徳と人格が伴わなければならない。満之が心をこめて説いたところに意味があった。恩のために自ら世俗の出世を放棄した人間が説いたのである。そこに強い説得力があったのであろう。さらにこの満之の説き方は、真宗のみに妥当するものではなく、宗教的、倫理的な普遍的な人間の使命という場からの説得であり、一宗一派の頑迷な場に立っているのではない点も注意される。と同時に祖師親鸞への人格的傾倒も感じられる。大学時代の観念的、論理的な思索の態度だけではなく、恩を一つの契機として親鸞への人格的な傾倒の態度もうかがえる点に注意しておきたい。

また哲学史と宗教哲学を講義していた高倉学寮では、舎監と学生の対立がおこった。これに対しては、満之はどう対処したか。楠秀丸は次のようにのべている。

一日、全体の学生を集めて、説諭をせられました。初めに日本国民の四千万人を、百余の学生の数で割り、一人に如何程の国民を引き受けねばならぬかを明らかに示した後に、「日本一国のことを考えただけでも、かほど沢山の人々を相手にせねばならぬではないか。東亜全体をかんがえ、世界全体をかんがえたならば、いかに多くの人々を導かねばならぬか。誠に莫大なことである。しかるにこの大任を負える諸君にして、わずか一二名の舎監を相手に争うて、自ら得たりとして居るのは何たることであるか」と叱咤せられた。このために一時盛んであった舎監排斥の気炎も、ばったり静かになったことでありました。(14)

鑑三は当時すでに国際的な視野に立って自分を二つのJ、つまりイエスと日本のために捧げると誓っていた。満之も先進的な学問を身につけ、当代一流の知識人と交流してきた。高倉学寮がいかに真宗の最高学府であるといっても、閉鎖的な小さな社会であった。数名の舎監と争っている学生の姿を見て情けない思いをしたであろう。世界の宗教に対抗し、日本の文明を世界に示していくべき時代であった。このことを心から訴えようとした。その思いがよくうかがえる。また、そう訴えながら、同時に彼はこの使命を自分に言い聞かせていた。数年後に彼は『宗教哲学骸骨』を世に出し、その英訳はシカゴ万国宗教大会で好評を得た。世界に向かって、仏教を、真宗の教えを提示しようという思いが、次第に信念となっていったことであろう。この書の内容については後に触れたい。

明治二十一年、満之は清沢やす子と結婚し、愛知県三河の大浜西方寺に入った。

当時、大浜西方寺の住職が渥美さんの所へ来て、「大浜の西方寺は東海道切っての大坊である。俺の所の住職はただのお経上げ坊主では困る。だからお経を上げんでもいいから、日本で一番偉い坊さんを欲しい、どうか一つ世話をしてくれ」と頼まれた。渥美さんはその日本一の坊さんとして、徳永さんを選んだ。ところが先生は徳永家の相続人ですから、先生も、お父さんも断られた。すると渥美さんはこれは個人の問題でない、宗門のため、仏教のためだ、というので無理に頼んだ。……そして養子に行かれた。そこで奥さんを迎え子供も生れた。[15]（暁烏）

満之にとって、宗門のためということがどれほど大きなことであったかが察せられる。それと同時にそこには敬うべきもの、恩を感ずべきものには徹底的に服従すべしという態度が顕著である（もちろん不正に対しては徹底した抵抗の態度を示す。それは宗門改革運動に明らかである）。たとえば鑑三が結果的には不敬事件をおこすことになった「教育勅語」が発布されたとき、満之は次のような態度をとった。

先生はまたこう云うことを教えられました。人は必ず服従をせねばならぬ。殊に青年は学校の与えられたものに不平を云うべきでないということを常に申されました。教育勅語の下った時、先生は、講堂で、その旨趣を約二時間に渡って述べられたことがあります。その時もやはり服従ということについて淳々として御説きになりました。そして教師その人も果して真実の服従が出来るかどうか、と申されました時は、何となく言葉に権威があって、さすが種々の教師も顔色がなかったように覚えております。(16)（藤岡）

もちろんこれは盲従ということではない。正しさと徳に対する服従である。徹底した服従と反抗が、また満之の気質の特徴でもある。

二十四年、新しい法主の教育のために岡崎学館の主任になったが、彼はその教育について次のように考えをのべている。

決して単に学識その物を目的と遊ばさるべきにあらず候えば、たとえ学識は、如何ほど深遠に渡らせらるるとも、万一にも御徳行上に於て欠漏あらせらるる様の事ありては、恐れながら決して真の法主殿、真の大善知識とは申し難く候。それ等の将来の法主殿に対し、万死御注意申し上げんとするは実にこの一点に御座候。(17)

徳への絶対的な信頼とそれによる服従である。

また満之は、負担が大きいために中止されていた留学生制度を復活させた。正しいことはなすべしの気概であった。「先年来、本山の方針縮小一方にして、新しく留学生を採用せざりしが、徳永君の申議により、中学卒業以上の優秀なる者を選択して、上級学校に入学せしむる途を開き[18]……」(稲葉・今川)。近角常観・常盤大定ら後の仏教界を背負う人々がこの恩恵を受けた。さらに二十五年になると、教学のための資金の募集を建議して拒否されることもあった。

このようにこの時代の満之は、恩を受けた本願寺に対する絶対的な服従と誠実な献身をする時期であった。この後大きな転機が訪れることになるが、今はこの時期に思索された彼の学問と思想を見ておきたい。そのためには彼の『宗教哲学骸骨』を取り上げるのがよいであろう。

この書の主要部は六章からなっている。

第一章「宗教と学問」で留意すべきは、「信仰は道理によりて矯正せらるべきものなり。故に道理は宗教内に於て甚だ須要のものたるなり[19]」という点である。回心以前の論理性と宗教近代化への新たな目が見られる。

第二章「有限無限」では、「宗教の実際に於ては、有限がその内部の因性を開発し、進んで無限に到達せんとするあり。また有限の外部にある果体は、来りて有限を摂引し、無限に到達せしめんとするあり。前者を自力門といい、後者を他力門という[20]」とのべている。西洋的な概念を用いて仏教の特性を説明する態度と方法がよく出ている。

第三章「霊魂論[21]」では、「各自の霊魂、あるいは心識が開発進化して、無限に到達するが、宗教の要旨なりとす」とのべ、さらには「草木国土悉皆成仏と言えるは、吾人が無限に達することを得るが如く、草木国土もまた無限に達することを得というものなり[22]」とのべている。進化論の影響を受け、キリスト教と比較しながら仏教を再解釈している。

第四章「転化論」では、「もし強いて絶対相対、無限有限の関係を転化開発的に説かんとせば、吾人は因縁果の理法にしたがい、真如と無明と因縁相結んで、万法の果を生ずというべきのみ。この真如とは絶対無限なり、万法とは相対有限なり」(23)とし、ヘーゲルに影響を受けながらもヘーゲルを仏教の側から解釈する。

第五章「善悪論」では、たとえば「転化の二種中、無限に向うを進化といい、これに背くを退化というなり。しかればまた進化を助くるは善にして、退化を助くるは悪なりと言うを得べし」(24)とのべている。進化論的な見方であるが、悪の問題を深く内省し自己の問題とするのは、まだこれ以後の時期である。

最後に第六章「安心修徳」では、たとえば「自力門には、有限が進んでこれを得るものなるが故に、いわゆる自力発得の安心なり。これ有限の安心なり。しかるに他力門にありては、無限よりしてこれを与えるものなるが故に、いわゆる他力回向の安心なり」(25)とのべている。他力門の一つの特徴を示しているが、深い悪の自覚と人格的な他力の救済の契機は、まだ示されていない。

以上この著のごく一部のみを引用してみたが、西洋の新しい方法を吸収しながら、仏教をとらえなおそうとする彼の態度に注目しておきたい。加えてその態度がまだ観念的、抽象的なものであることも注意しておきたい。この態度は、次節にのべるような転機によって大きく転換する。実はそこに、満之の人間性と思想と信仰の独自性が見いだされることになるが、その転機になった禁欲生活に触れてみよう。

三　自己との対決と信仰の選択

禁欲生活

「今までの徳永はこれで死亡した。この上はこの死骸は諸君の自由に任せましょう」(1)。

この言葉を残して明治二十七年六月、満之は肺結核療養のため兵庫県須磨に去った。

この「死亡」という言葉の中にはもちろん病気が重いという意味があるが、大切なことは今までの自分を捨てるという意味がこめられていることである。なぜなのか。

貧乏士族の子として生まれたが、思いもしなかったエリートコースにのった。恵まれた頭脳によって自信にあふれ、仏教、真宗の教えを近代的な学問の俎上にのせ体系化し始めていた。しかし次第に仏教の真髄、親鸞の説いた真宗の教えの核心は、単に理性的な論理だけではわからないということに気づき始めていた。なぜわからないのか、なぜ親鸞が他力にとどまらず絶対他力に至ったのか、このような問題は、一個の人間である自己をえぐり、今現に生きて存在するおのれを赤裸々に見すえていかねばわからない、このような思いが明治二十三年頃から次第に強くなった。

明治二十四年十月の母タキの死はこの思いに拍車をかけた。満之を愛し、満之のために剃髪までもした母の死に遭い、単に観念的に有限なものとして位置づけられる個人ではなく、肉をもち肉に朽ち死んでいかざるを得ない一人一人の人間とは何なのか、その人間はどう生きるべきかの問題が、彼の中で大きくなっていった。生身の人間満之への実存的な問いかけが、彼のすべてとなっていった。その問いかけを、彼は禁欲生活を通して実行した。実は結核発病の直接の原因は、あまりに激しすぎるこの禁欲生活にあった。

明治二十三年九月先生大いに感ずる所あり、今まで着せし洋服をすっかり人に与えられた。……仏教は理屈にあらず、学問的に求むべきものにあらずして、実際的実践躬行的でなければならぬと知られたと見えまして、今まで知識の方面に求められたのを、今や一変して実行に求めらるるに至ったのであった。(2)（暁烏）

殊に二十四年十月、母君を喪いてよりは、白服に麻衣をまとい、一切の肉類を断ち、禁酒禁煙、全くいわゆる行者の振舞を為せり。(3)（稲葉・今川）

しかしこのような反省と自覚の態度は、その当時の時代の流れと宗教界の動きとも関係がある。江戸幕府の封建体制の中に安住してきた仏教各派は、明治になり、国の神道優先策によって突き放され、さらには妥協的な信仰を拒絶するキリスト教との出会いによって、明確な態度をとらざるをえなくなった。

まず近代的な政教の分離、信教自由の原則の樹立が急務となった。代表者の一人、真宗僧侶島地黙雷は、すでに序説で取りあげたように『三条教則批判建白書』に書いている。「さきに欧州新聞を得、いわく、近来日本の開化刮目驚歎するに堪えたり。なんぞ思わん、このころ政府新たに彼此を採合し、さらに一宗を造製し、もってこれを人民に強ゆ、顚倒の甚しきというべしと」(4)。島地らは、政府が設立した神仏合併大教院から仏教を分離させることに成功した。そしてその自覚が、次には西洋思想、特に哲学を通して仏教の哲学性を訴え、キリスト教との違いを指摘し、同時に仏教の意義を覚醒させようとする動きになった。井上円了は、『仏教活論序論』でのべた。「人もし哲眼を開きて宗教世界を一瞰すれば、容易《たやす》く、公平無私の真理の仏教の範囲内に存するを知ることを得べし(5)」。このように仏教が哲学に符合するがゆえに合理的であって、キリスト教とは相違し、さらにこのことによって仏教の方が優れていることを主張しようとしたのである。

しかしこのような方法のみによっては仏教とキリスト教の真の対比と優劣の評価はできない。たとえば鑑三が「仏法も哲学もその点に於て基督教と人間救済の根本を異にしている。罪は霊魂の腐敗であって、頭脳の狂いでない。故に正しき知識を与えただけで取除く事の出来るものでない(6)」とのべている。つまり仏教とキリスト教では本来の発想がまったく異質なのである。仏教においては罪の根源は正しい智慧がもてないこと、つまり迷いの根源が無明にあるとみるのだから、基本的には正しい智慧をもつことから始まる。しかしキリスト教においては、人間が神に逆らい、背いたところに罪の原点があり、原罪がある。それは智慧がないのではなく、魂が腐敗していることなのである。したがってその考え方がまったく異なった場から出ているのである。であれば、仏教がどんなに哲学的、合理的、さらには科学的であるなどと主張しても、それはキリスト教を凌駕することにはならない。逆にキリスト教側から、仏教は哲学であって宗教ではないと非難してみても、それは核心を射た批判とはならない。これらの応酬は、やがて感情的に互いをなじり合うだけのものになっていった。では真に仏教の、真宗の不動の意味と信念を訴えるにはどうすればよいのか。満之は明治三十三年に次のように言っている。

まず仏教の上で云うて見れば、世間が哲学を重んずれば、たちまち仏教は哲学的なりと云い、世間が慈善を称すれば、たちまち仏教は慈善主義なりと云い、世間が倫理道徳を最要とすれば、たちまち仏教は倫理的道徳的なりと云うが如きことがある。(7)

当時の信念のない仏教界を痛烈に非難している。キリスト教に対抗する前に仏教界が反省すべき点を指摘するのである。同時に欧化主義に走り、本来のあるべき主体性を失った日本人の姿にも非難の矢を向ける。

法律や政治や経済や、世上凡百の事に於ても同じようである。世間にドイツ風が行わるればたちまちドイツ風を模し、世間にフランス風が行わるればたちまちフランス風を擬す。人事百般の事について自己には定まれる意見なくして、ただ世間の流行に附和雷同するのは、皆これ不動心の欠乏より生ずる迷乱の行為である。(8)

このような態度は現代にまで続いているが、ではどうすべきか。彼は続けて言う。

吾人は不動の心を確立して、迷乱を脱却せねばならぬ。……修養は怠りてはならぬ。吾人は宜しく自己の胸裡を反省して、迷乱の情はなきや否や、不動の心は欠乏し居らざるか否やを審察すべきである。(9)

すなわち一人一人が修養し、自己の不動の心を確立すべしというのである。これは社会や国に対してだけ言っているのではない。誰よりも満之自身に向かって言い聞かせているのである。では、なぜこのような態度が生まれてきたのであろうか。実は明治期の宗教・仏教の状況の中に満之がぜひ必要であると感じ取ったことであるが、彼自身も明治二十三、四年になって、理論的にのみ仏教、真宗を求めることの限界に気づいていたのである。この点ではたとえば浄土宗の福田行誡《ぎょうかい》などと共通した道を歩むことになる。

　実はこのような事情が、満之が禁欲生活に入っていく背景にあった。自分の身を削りながらの体験的生活は、したがってある意味で鑑三の体験主義的、「実験」的な態度に接近することにもなる。

　鑑三は「私は自分自身を綿密な観察の対象として来た(10)」といい、満之は「実際は汝自らこれを実験せざるべからず(11)」という。鑑三は「独白《モノローグ》と内　省《イントロスペクション》とは日ごとのたのしみであり、客観的自己と主観的自己とは、たえずたがいにまじわり合うのである(12)」とのべ、満之は「修養の方法如何。いわく、すべからく自己を省察すべし(13)」とのべる。さらに鑑三は人々に向かい、「『死』なるものをその根本より絶ってしまいさえすれば、他に悲しい事は一つもないようになる筈であります(14)」というのに対して、満之は「宗教は死生の問題について安心立命せしむるものなり(15)」と主張する。二人の求道的な態度が顕著だがこのような態度は功利的、快楽的になっていた当時の人々への痛烈な批判にもなっていく。鑑三は「純潔なる基督的家庭に於て青年に対する二個の禁物がある、その一は観劇である、……その二は小説である(16)」と訴えた。また満之の弟子は満之について「師は書画骨董を好まず、詩を作らんとも思わず……、と云われたることあり(17)」（人見）と回想している。このような態度は求道的な両者に共通するものでもあった。

　西田幾多郎は、満之が中心になって後に発行した『精神界』を指して「精神界〈真宗系の雑誌〉にて清沢〈満之〉氏の文をよみ感ずる所あり(18)」「最大の事業は自己の改良にあり、この大事業は満洲経営にもまさるべし(19)」と言ったし、西田の弟子によると西田は「随筆を書いたり読んだりすることは最後まで欲せられなかった」[20]ということである。

さらには鑑三がゲーテの知よりもダンテの徳を尊いとするようになるのと同様に、満之はヘーゲルの知よりも次第にソクラテスの徳、トルストイの激しい求道にひかれていった。この点は、論理的思索から生きた自分を実験し求道していく態度へと、両者が変化していく姿から生まれたものである。

では求道的禁欲生活とは具体的にどのようなものだったのだろうか。

明治二十三年九月、先生大いに感ずるところあり、今まで着せし洋服をすっかり人に与えられた。……妻子を故郷に帰し、木綿の白衣に黒衣墨袈裟で、一切行者風となられ、終には煮たり焼いたりしたものを食う事まで廃めて、そば粉や何かをなめ、松脂など食っておられるに至りました。先生はこれまでは理論の上にて仏教を研究せんとしておられましたが、当時京都中学に加藤法城という人がおられて、大変有難い人でありましたが、先生大いにこの人に感ぜられ、一方仏教は理屈にあらず、学問的に求むべきものにあらずして、実際的実践躬行的でなければならぬ、と知られたとみえまして、今まで知識の方面に求められたのを、今や一変して、実行に求めらるるに至ったのであった。[21]（暁烏）

二十三年師は感ずる所ありて校長の職を辞せられました。しかし高倉の大学寮に於ける哲学の講義、および中学の授業の方は従前の通り変りませなんだ。この時以後の変化は驚くべきもので、猛烈なる制欲主義の実行が始まりました。これまで分けてあった髪は除かれ、モーニングコートは法衣に代りました。当時は文学士も稀な方で、こんなみすぼらしい法衣をまとわれたため、一時は随分評判となって、東京にまでその話が聞え、師が法衣のまま尋常中学の門を出入りせられたのは一時問題となり

ました。[22]（稲葉）

丸太町より六条まで里余の道程、それを先生は遠しとせず、本山晨朝には必ず参詣し、私と斎藤賢照氏に交代にて供をすべく命じたまい、御供をいたして、冬の寒天には苦しみ、夏の短夜の早起きには目を腫し、心中不平の出たこともありますが、先生は以前、学校その他外出には必ず車を呼べとおっしゃって、出入りの人力車に乗られしものが、頭は丸坊主に剃り上げて青道心、麻衣の僧服にヒラヒラ付きの尼頭巾、厚歯に木綿鼻緒の下駄にて通勤したまいき。[23]（五十川賢蔵）

このような姿であった。また満之自身次のように自戒していた。

汽車汽船は必ず下等室に乗るべし。洋服を着用せず。和服に絹類を用いず、僧服は最簡麁《かんそ》の衣体を着用す。表打革緒の下駄を用いず。食膳は麦飯一菜および漬物とし、菜は質素を尚ぶ。茶を用いず、素湯あるいは冷湯を用う。蚊帳は木綿製を求むべし。[24]

そして彼はさまざまの仏典を読み、当時あまり顧みられることのなかった『歎異抄』に注目し、熟読した。

さて、このような過程を経て満之はどのようなことに気づいていったのか。暁烏は回想する。

先生は暇さえあれば各宗の高僧知識の門を叩き、種々の事を尋ね、実際問題を呈出して教えを乞われました。私が明治三十二年頃妙な事を問うた事がある。青年の頃に苦しむのは色欲の事で、私もこれに苦しみ、先生に尋ねた。すると、先生は真面目に、私もそれで大変困りましたから、ある高僧に尋ねたところ、その教えに、なるたけその境遇に近付かぬがよしとの事で、私もこれをやっておりますが、煩悩は恐ろしいものです、と言われた。[25]

私はこの「煩悩は恐ろしいものです」という満之の言葉に留意したい。有限無限の概念としてとらえられた単なる有限存在としての個人ではなく、満之自身の身をえぐることによってつかみ取られた本人個人から発したものである。赤裸々な煩悩のかたまりとして自己の姿を見いだしたことに注目したい。ここにこそ彼が禁欲生活から得たものがあると言えるし、彼という人間を大きく変えていく根拠があると思えるのである。

確かにこのような生活を通して煩悩を自覚するという在り方は、たとえば親鸞と比べても異なる。親鸞は自力修道が人間存在にとって究極の救いにはならないことに気づいて仏の本願に帰した。満之の場合は進んで自力の行に入っていくところがある。いや、入っていかざるを得なかった。しかしそこにこそ近代知識人の苦しみがあったのではないか。

理論的に有限であるということがわかれば、有限の要素を捨て去って無限に近づいていけばよい。しかし有限な自己を誠実にいつわりなく考えた場合、およそその自己は無限への道とは逆の方向に進んでいるのである。知識を集積して知的な人間であると思いこむことによって無限に向かって向上していると錯覚している近代人に、満之はなれなかった。知識を求め、知識を集積しながら傲慢になっていく自己、その自己を否定しなければならなくなっていた。鑑三も自己の中に傲慢な近代的自己を見た。日露戦争、第一次世界大戦に向かう人々の中にそれを見たのである。満之の禁欲生活も、実はそのような人間としての自己との闘いであった。近代的自我と対決し、闘い、否定し、そして真の自己に向かう道であった。この闘いによって満之は何を得ることになったか。

肺結核

すでに三年以上の禁欲生活を続けていた明治二十七年一月二十九日、前の法主厳如《ごんにょ》の葬儀が行なわれた。この日は大変な寒さであったが、午前二時から午後五時まで彼は立ち続けた。「徳永君は昨年末より感冒の気味あり、大いに注意を要すべきに、また葬儀に参列し、寒風中に停立十数時間に及び、ために大谷風に感染して咳嗽頻繁なるにより、同人等は切に摂養せんことを注意せるも、採用せられず[26]」(稲葉・今川)。大谷風とは当時流行していた感冒と、この大谷派の葬儀を関係づけたものであろう。それでも彼は禁欲生活をゆるめなかった。

春になっても容体は良くならなかった。そこで友人の稲葉、今川、井上豊忠や、当時京都尋常中学から大谷尋常中学となりその校長として迎えられていた沢柳政太郎らが強制的に欠席届に押印させ、四月二十日に診察させた。井上は翌日次のように書いている。

「昨朝府立病院に至り治療診察を得たるに、果して肺患なり。これその診断書なりと。これを見るに、左肺上葉結核性数ケ月の治療を要す云々と。ああ、この人にしてこの病ある……大法のために痛恨無限、悲哉……しかして和気満面、かえって病患を得たるを喜ぶものの如し[27]」。当時の結核はある意味で死の宣告のようなものであったが、この病にかかったことを喜ぶようにも見えたという。そこには、死病に襲われてなおその病に生きる自己を省察する絶好の機会が与えられたと喜ぶ、壮絶なまでの生き方が示されている。「今までの徳永はこれで死亡した」という言葉はこの時吐かれた言葉であった。こうして中学・大学をやめ、須磨の垂水に転地療養することになった。

毎日のように血痰を吐いた。その血を見ながらなお満之は行を続けた。たとえば九月二十八日の保養雑記には「本日默行満結了。晩来下腹満張の感あり。就褥後なお止まず。輾転半眠、恍惚夢繁、前二時半より兀起座禅す。……五師の高風を追慕のため、座禅、誦経、減食（布施米三合）、一食、念仏の義を按定す」(28)と書かれている。

また翌年一月の雑記に次のように書かれている点に注意したい。

極悪最下の機も、前念命終後念即生の深意、それこれに至りて首肯し得べきにあらずや。愚蒙の改悔それこの如し。(29)

先にものべたが、満之はヘーゲルの知よりもソクラテスの徳を愛するようになったと言っている。それは死を観念するのではなく、死に誠実に直面しているソクラテスにひかれているのではないだろうか。そして逃げることなく死を見つめ、おのれを見つめることより生まれる自己の偽らざる姿の中に、人間存在の凝縮した真実の姿を見抜こうとしている。この自己省察によって見いだした姿こそ、自己を否定しぬいてなお否定できない「極悪最下」の満之の姿であった。それはもはや有限無限という観念の世界で思考された有限存在というべきものではなく、いかにしても「煩悩」から逃れられない満之の姿であった。近代的知識によっても思想によっても救われ得ない無力な姿であった。もはや進化論なども彼には空しいものとなった。この姿はどうしようもない事実であり、冷厳な事実であった。

しかしその事実は、救いの原点となって大きく転回することになった。ただしこれは単に反近代的ということではない。近代的なさまざまな分野を学び、身につけ、吟味、検討しての結果であり、この転回は近代を拒絶するのではなく、さらに新しい近代の意味づけを行なう方向性をもつものであった。

回　心

満之の回心は突発的なものではなかった。心の大きな転回はあっても、完全な自力から他力への転換はなかった。他力の世界に入っても自力を思うのが人間の煩悩でもある。その煩悩との闘いを他力の光の中で誠実に行なっていく、そのような姿が彼の回心でもあり、そこにまた近代知識人としての誠意があったのである。残り十年足らずの人生は、回心を真の回心にするための最後の努力の日々となると言ってよい。回心したからといって聖人づらをするのとはまったく異なる。彼の場合には単に他力とか自力の枠をはめることはできない。一方から見れば彼は自力の人間であり、他方から見れば他力の人間であるといわれるのも当然であるし、また矛盾しているといえば矛盾してもいる。しかしそこに死を見、人間の真の姿を見、救いを知った。そこには観念や理論ではとらえ切れない姿がある。

明治三十五年五月末日、つまり死の一年前の日記に自身の回心について触れている。

回想す。明治二十七、八年の養痾に、人生に関する思想を一変し、ほぼ自力の迷情を翻転し得たりといえども、人事の興廃は、なお心頭を動かして止まず。すなわち二十八、九年に於ける我が宗門時事は、終に二十九、三十年に及べる教界運動を惹起せしめたり。

しかして三十年末より、三十一年始めにわたりて、四阿含等を読誦し、三十一年四月、教界時言の廃刊と共にこの運動を一結し、自坊に投じて休養の機会を得るに至りては、大いに反観自省の幸を得たりといえども、修養の不足はなお人情の煩累に対して平然たるあたわざるものあり。三十一年秋冬の交、エピクテタス氏教訓書を披展するに及びて、すこぶる得る所あるを覚え、三十二年、東上の勧誘に応じて以来は、更に断えざる機会に接して、修養の道途に進就するを得たるを感ず。しかして今や仏陀は、更に大なる難事を示して、益々佳境に進入せしめたもうが如し。あに感謝せざるを得むや。(30)

これを見ると、満之の回心が一般にいわれるような回心ではなく、きわめて独自なものであることがわかる。回心後さまざまな事で悩んでいるのであり、悟りすますようなところがまったくない。さりとて妙好人のようなところもない。『阿含経』といえば原始経典であり、いわば自力的な経典でもある。『阿含経』を読みながら修養をしていることは、あたかも他力に徹していないかのようでもある。他力の最も中心的な浄土三部経を挙げないで、さらには親鸞の『教行信証』を挙げないで、なぜエピクテトスをあげるのか。もちろん三部経や『教行信証』は彼の信仰の大前提になるのであって、あえて指摘しなかったのかも知れないが、なぜこれほどまでにエピクテトスや『阿含経』を重要視するのか。そこにはどのような根拠があるのか。

実はここに、満之の誠実な信仰の態度があると考えられる。狭い伝統にとらわれず、自己が正しいと思うさまざまな思想や書物を自己の内に包容し、対決し、しかも自己にとって真実であると確信できるものを選択し、それによって自己の行動を決断していくのである。

また親鸞にしても、回心後にやはり自力の迷いがあった。しかし鎌倉期と明治では意識の在り方も違うと言えるだろう。近代の明治には明治の迷いがあったはずである。根本的には同一であったにせよ、迷いの道はその人、その時代によって異なったものがあろう。回心の道を、満之は満之の道を通りながら歩んでいくことになる。

ついでながら、満之はこの喜びと苦しみの道を、仏陀が「大なる難事を示して」と表現する。このような表現は仏教というより、キリスト教的な受難の色彩が濃い。事実彼の信仰はキリスト教的であると言われたこともあった。しかしこのことはまた、西洋思想の核心に迫ろうとした努力の途次、受けたものでもある。鑑三が法然や親鸞の影響を受けたことと共通するものであろうし、阿弥陀如来を人格的に受け取る側面を見せているのもそれによるであろう。

この近代という時代に彼が得た回心の喜びと苦しみの過程を、歴史的な事実を追いながらさらに考えていきたい。

四　伝統教団との対決と決断

学制改革

本願寺によって最高学府にまで進ませてもらったことに対する満之の報恩の念がいかに深かったかについては、すでにのべた。その恩に報ずる具体的な行為は、まず第一に本願寺の教学への献身であった。中絶していた留学制度を明治二十二年に復活させたのもその一つであり、新しい法主の学問機関である岡崎学館の組織改革の建議もそうであった。

彼の禁欲生活も単に自分のためだけの修養ではなかった。学問のみを教えるのであれば、エリートとして豊かな生活をし、人力車で通い、知識のみ与えれば事足りたであろう。しかし満之は真宗の教学のために教育者になったのである。真宗の教えに生きる人間でなければならなかった。実験を重んじ、修養を重んじたことは、教えに生きるとはどういうことであるかを自ら問い求め、自ら学生に教えることでもあった。さらには仏の救いの中に生きぬくことは、観念や言葉で説明し切れるものではない。そう生きる姿を示す他ない。

親鸞を慕っていた鑑三でさえ、当時の東本願寺の堕落を痛烈に非難していた。たとえば四つの堕落した「山」を指摘し、鉱毒事件をおこした足尾銅山の山と並べて本「山」本願寺を非難していたのである。(1)

偽りも堕落もない宗門にするためには、自らが偽りも堕落もない人間にならねばならない。そうしなければ次の時代を背負うべき学生を教えられないという思いが、満之にはきわめて強かった。

すでに教学振興のため、満之は優れた人材を集めていた。二十六年九月には京都尋常中学を京都府に返還した。そして大谷尋常中学を開設するに当たり、東京大学時代の一年後輩である沢柳政太郎を校長および大谷派の教学顧問として迎えた。新時代に対応でき、しかも真に親鸞の教えを生かし得る学制を樹立しようと準備を進めていた。垂水で療養生活に入ってからも、満之は意欲的に友人と連絡をとり、参画した。

明治二十七年六月には立案がまとまり、七月には新しい学事体制が発表された。満之は喜び、書簡に「一派教学の大事鬱然として勃興するや疑わざるところ、諸多君子の御奮労、法のため深く謝せざるべからざるなり[2]」と書き送っている。

そしていよいよ九月になる。暁烏によれば、「明治二十七年の九月、清沢、沢柳、稲葉、今川諸先生の考えで、大谷派の学制ほとんど一変し、従来不完全な教育を施せし高倉大学寮の別科と中学とを合併して真宗中学寮とし、大学寮の本科と真宗中学の高等科とを合併して真宗大学を興し、もって一派の学制統一を計る事となりました[3]」。詳細ははぶくとして、「その時の改革の激烈なりし事は、清沢、沢柳両先生の意見によって、僧侶の子はどこまでも僧侶ならざるべからずとて、今までの洋服を全廃し、縞の衣服まで禁じ、鼠色の衣服に、麻衣を制服とせられた[4]」というくらい徹底したものであった。これにより真宗の人間として学び、生き、行ない、そして後には自ら人に教え導くべき人間となることを教えようとしたのである。そこにまた学問と教えと生活の真の一致を見いだそうとしたのである。

しかしこのような純粋な考えは、些細なことから挫折することになってしまった。満之たちからすればまったく情けないことであるが、問題の発端は服装問題であった。当時学生であった暁烏によれば、「中には人を禅寺の小僧と思っているのか、と不平を言った人もありましたが、これが一動機となり、……終に二十七年の秋、洋服党と厳粛主義に反対の不平党と、渥美師の閨門よりの運動とが主となりまして、大ストライキが起り、四百余人の学生中、三百八十人程は皆これに加わり、私達二十余人が残っただけであった[5]」という。まさかと思った学生から裏切られることになったのである。それも服装のような低次元の問題で。

確かに寺族出身の若者にしてみれば、学生生活の後は寺の生活に戻らねばならない。束の間の自由な時期である。地方の出身であれば、しばらくの間京都で楽しく自由に都会の生活、ハイカラな生活を味わってみたかったであろう。特に長男、跡取りであってみれば、世襲の真宗においては寺を継ぐのは一種の宿命のようなものであった。檀家の人々の監視の目から逃れ、一般人のような生活ができるのはこの学生時代だけである。その学生時代を寺にいるときよりも厳格に縛られることは、必ずしも求道に燃えていない学生にしてみれば、苦痛なことであったかも知れない。満之の誠意がわかっても、全身全霊でそれを受け取るに、機が熟していない学生も多かったであろう。あるいは誠意を示されれば示されるほど、かえってそれを押し付けとさえ受け取り、反発を感じた学生もいたであろう。急激な理想主義は意外に些細なことから挫折してしまうことが多い。

南条文雄や沢柳の必死の説得も及ばず、十月二十九日、中学部が同盟休校に入り、退寮してしまった。退寮者は、時の本願寺教学部長渥美の同意によって全員が退学処分になった。

しかしこの後の渥美の行為が問題であった。彼は退学者に対して学校側の意見を聞かず、本人と保証人を呼び注意を与えて復学を許し始めた。これは教団の政治が教育の場に介入することであった。政治的な見方からすれば、せっかく軌道に乗り始めた学制が厳しすぎる規則だけでくずれてしまうのはまことに損なことであった。この教師側と宗政者側の考え方の違いは次第に溝となり、改革派と保守派の対立の図式のようになってきた。暁烏によれば、「それ以来次第に本山の寺務所から、先生一派の先生方を遠ざくるに至って、一派の前途がどうなることやらわからぬ有様に立ち至った[6]」。

十二月三十一日、渥美らは沢柳政太郎を解職し、稲葉、今川、清川を半額以下の減俸としてしまった。沢柳を留任させようとの学生たちの運動もあったが、彼は群馬中学の校長として去ってしまった。稲葉らは教団の人間として京都を去り得ず、圧迫の下、ただひたすら忍従して教育を続けることにした。

療養中の満之は学制改革失敗の実情を知りたがっていた。友人たちは彼の病気を配慮し刺激を与えないようにしていた。明治二十八年一月五日の満之の書簡には「突然この始末に相成候とは、あまりに頼りなき儀に候わずや。何卒何卒小病には御懸念なく、這回の顛末御一報願度懇願切望此事候[7]」と書かれ、その正確な情報を求めている姿がみえる。満之を訪れた沢柳から実情を聞かされた彼は、稲葉らに宛てた書簡に激しい調子で書いている。

ただ今日は断然の御決心の時機到来と存じ候。あるいは今暫時黙従盲順するも一策かとも有之候えども、こはかえって彼の狂慢を増長せしめ、いたずらに一門の教学を汚濁するのみにて、何の効果もなかるべく、さりとも目前直ちに暴挙に出で候如きは、もちろん不可に有之[8]。

ただ忍従するのみということは許されない、しかしただちに暴挙に出てもならない、という。今は「本山と別立して洛の一隅に小舎を開きて、銕石の心腸ある子弟を陶冶する事、最もしかるべきかとの愚按に有之候[9]」と提案する。これが法のため本山のためであるとする。そして実名は挙げていないが渥美一派に激しい怒りを発する。「くさり切りたる○○の心中、狂と云うも乱と云うも、尚その実をつくさざる次第に存じ候[10]」。

大教団とはいっても、日本の仏教のしかも一教団内部のことであった。同じ親鸞の教えを奉じ、人を導く場にある者同士が対立することは悲しいことであった。しかしその教えを正しく純粋に守り、伝えるためには妥協することもできない。満之にとってはまことに辛いことであった。

七月一日、満之は病をおして京都に戻って来た。

宗門革新運動

ここで当時の東本願寺教団（大谷派）に触れておきたいが、明治二十年代の東本願寺は、焼失した本堂を再建することと、当時の金額で三百三十余万円の負債をどう償却するかの難問を抱えていた。そこに二十一年、執事として渥美契縁が就任したのである。

彼は敏腕家であった。銀行の融資を受け、相続講を組織して募財し、募金によって寺の格を上げるということもしたし、信徒に対しては募金の多寡に応じて表彰するということもした。確かにこのような方法は純粋とは言えないし、教えと信仰には直接関係のないことでもあった。しかしまさに驚異的なことであるが、二十六年には負債を償却し終り、二十八年には苦難のすえ、現在のような堂々たる両堂の再建に成功した。この大事業を遂行するために、渥美は内事・会計・教学の三部門の部長を兼ね、独占体制をしいた。教団の宗政家、実務家としての努力と実力の点では圧倒的なものがあった。その結果教団の形は再び確固たるものとなった。

しかしこの強引と思われるやり方には当然歪みが生ずる。その成功の後、純粋に宗教的な理想に向かう姿勢を示せばまだよかったであろうが、そこに渥美の一種のおごりが生まれた。自信過剰に陥ったのであろう。先の中学の復学許可の問題も学校当局者の意見を聞かず一方的に行なった。そこには純粋な教学への畏敬の念がなくなっていた。教団の核心である教え、信仰、教学、伝道への目が曇ってしまっていた。そこに満之の怒りが爆発したのである。

七月一日、満之は京都にもどった。「七月一日、徳永君垂水を引き上げて出京、稲葉方に入る。その後数回同人の会合を重ね、九日十二名（南条、太田、徳永、井上、清川、村上、藤谷、葮《は》姑《こ》射《や》、柳、小谷、今川、稲葉）連署を以て、寺務革新に関する建言書（『教界時言』第一号に登載す）を本山に提出し」(11)（稲葉・今川）とあるように、渥美宛てに建言書を提出した。その重要な部分を取り上げ、問題にしてみよう。

まず次のような文で始まる。「吾が大谷派の現状を考察致し候に、今や負債償却と両堂再建との二大事業は、共にその竣を告げ候折柄に候えば、一派将来のため一大革新を実行すべき時機、正に至れりと存じ候」。しかし、「退きて門末の実況を観察するに、多数の僧侶は茫乎として教学方針の那辺にあるかを知らず。ためにややもすれば、座班の高下法衣の色章等を競うて、子弟の教育、門徒の教導を忘るるものすくなからず」と書かれている。ただ表面的な募金の恩賞による法衣の色などの競争をして、真の僧侶としての使命を忘れていると主張するのである。

そして次のように訴える。

今後教学を以て寺務の方針と為し、門末をして専らこの方針に向かわしめんには、当路者たるもの一大決心を以て、人心を一転するの処置を取らざるべからず。しかしてこれを為すの道、一面にありては革新の旨趣を普く諸国門末に訓示し、また一面にありては、適当なる事務の機関を編成し、適当なる職員を任用し、その方針に従うて、着々実行あらんこと肝要の儀に候。[12]

満之らは学制の改革に敗れた。その原因は単に学校制度の問題だけではなく、その根は門末の意識の低さ、執事の独占、寺務所の機構の悪さ、人材登用の不的確など、教団全体の問題であった。したがってかなり具体的、現実的な改革を迫る。学制の実現は近代的な教団の実現によって初めてもたらせられるとの認識の上に立っていた。具体的にその内容を見れば、「適当なる機関の編成とは、まず寺務所内に、厳に立法と行政との別を立て、特にその行政においては、各部専任の部長を置き、おのおの責任を負うて事に当たらしめ、諸部を総ぶるに総務局を以てし、執事その責に任ずるにこれあり。現今のごとく、一人にして執事と諸部の長を兼ね候いては、実際上部長は、その職をまったくするあたわず、部員はかえってその責任を免れ」などと追及する。すでに二十三年、帝国議会が開設されていた。近代的な意識をもった満之には、立法と行政を厳正に区別することは当然のことであった。さらには部長の兼任も廃すべきである。これは渥美に見られたように往々にして独占形態を生む。このように渥美政権への強い反発がその基盤にある。

また人材の登用についても、「適当なる職員の任用とは、本山寺務所、大中学寮より地方事務の機関に至るまで、善くその人を選びてこれを用い、情実愛憎を以て軽々しく任免更迭せず」と建言する。そして正しく真宗本来の教えを伝道することをもってその使命とすることを強く訴える。「いやしくも仏教伝道その宜しきを得候わば将来仏教をして宇内を風化せしめんこと敢えて難事に無之と存じ候。しかしてよくこの大任をまったくするに堪うるものは、印度の仏教にあらず、支那の仏教にあらず、唯だ我が帝国の仏教あるのみに候[13]」と主張する。進歩的な考え方が見られるであろう。

さて、これに対して渥美側はどう反応したか。

前にのべたように渥美は有能な実務家であった。わずかの間に負債を償却し、両堂を再建し、さらには門末僧侶、信徒の人情の機微を知りぬいていた。厳しく退学させながらも、じきに復学させるといった方法も、退学者の親には温情として映ったことであろう。臨機応変に現実を見、手を打ち、田舎の素朴な人々にも、または政界や財界の世才にたけた人々にも、何か通じるものをもっていた。大教団を存続させるためには、いわゆるきれいごとだけではすまされなかった。彼にしてみれば自ら汚れ、犠牲となって大教団を支え、護っているという信念があったのかも知れない。そのような渥美からすれば、満之が理想的な提言、建言をすればするほど、それがきれいごとであり、むしろ逆に満之が傲慢な人間であると映ったであろう。少なくとも世間知らずと思えたであろう。満之は渥美を「驕慢」と見たし、渥美は満之を「傲慢」と見たのではないか。

しかし渥美も政治家である。建言の一部は受け入れた。満之の同志である南条文雄、村上専精は当代一流の学者であり、無下に退けることは世論の非難の的になる。教団の古い体制はすでに批判されていたし、自由民権が主張されて久しく、国には議会も開かれていた。そこで九月になって寺務所の機構が改定され、議制局が設置されることになった。つまり立法を司る場であり、これによって立法と行政の場を分立させる形をとった。しかしこれはあくまで形式上のものであった。議員にあたる賛衆と呼ばれる者は二十名であったが、実はこれが全員本山側で選ばれる者であり、その内の半分は執事を含む寺務所の役員であった。民主的とは名ばかりであったわけであり、満之らの誠意と理想は受け入れられなかった。また渥美は教学部長の地位を他の者に移しただけであった。誠意を誠実に汲み取るというよりは、これくらいのことをすれば反対派は納得し、折れてくるだろうという、いわば政治的な「読み」であったにすぎない。そこには現実的、政治的な駆け引きが先行しているのであって、純粋に宗教的な精神と真心はなかった。少なくとも満之にはそう映ったのである。

さらに満之にとって我慢がならなかったのは、翌二十九年一月に、当時東本願寺がかかえていた負債六十万円の穴埋めに、教学資金という名目で門末から金を集めようとした本山の態度であった。「本山教学資金積立法」というものであった。その第二条には「本法は派内の門信徒に依頼し、十ケ年を期し、大凡三百六十万円の寄附を募り、……布教勧学の資金を積立つるを以て目的とす」とある。さらに第七条には「本法の寄附金を満納したるときは、別に定むるところの内規に依り、賞与を行うものとす[14]」とある。またしても賞与を餌にして金集めをすると満之には思えた。確かに大教団を運営するためには金は必要であろう。しかし教学に名を借りて金集めを行なうことは、彼には許せなかった。建言の真意を汲まず、純粋な信仰心によるべき浄財を純粋な方法で集めるのではない。

このとき愛知県三河の西方寺にいた満之は、同志たちに呼びかけた。六月十二日の稲葉らに宛てた書簡の中には次のように書かれている。

自己目下の考えは如何と云うに、やはり断然開戦と出掛け、幸いに天下の賛成を得ば事の成るや必定、もし不幸にして世間の毀笑に遇い、一敗地に塗《まみ》るる事あるも、決して恨むべきにあらざる様考えるが故に、……ヨシヤこの際一度に立派なる改革は成し遂げられずとも、破壊だけにても沢山なり。今のままに抛置するよりは遥かにましなり。男児意を立て、意見を懐きながら、何時迄も公然と世間に表示せざるは、却りて世間に信ぜられざる所以となるべく、……ドウ考えても、一度決然たる運動をするが上策と存じ候。(15)

建言書の真意と誠意を汲まれず失望していた人々、さらには満之の提言によって東京留学をし、東京で活躍していた近角常観らがこれに呼応した。東西から同志が集まり、再び革新のために奮戦することになった。

十月十日、満之は井上・清川・月見とともに京都洛東の白川村に「教界時言社」を設立した。この四名の他、稲葉・今川を加えて合計六名を社員とした。すでに稲葉は群馬の前橋中学、今川は熊本の済々黌中学に赴任していた。二人とも妻子を郷里に残し、切り詰めた生活をして給料の半分以上をこの運動の資金にした。一般にこのグループは白川党と呼ばれている。

十月三十日、『教界時言』第一号が発行され、闘いが始まった。六名連署で書かれた「大谷派の有志者に檄す」を見てみよう。

ああ、我が大谷派の同胞諸君。諸君は我が派現時の形成を以て如何なる状態に在りと思惟するか。勧学の法その宜しきを得たりと為すか。布教の術その当を得たりと為すか。財政よく整頓せりと為すか。内事よく粛斉せりと為すか。そもそもまた情弊内に纏綿して醜態外に暴露し、行々まさに衰亡に帰せんとするの兆なしと為すか。(16)

教学方針の無さ、財政の乱れ、内事の不粛を衝いている。これは単なる意見書ではなく、満之の書いた「教界時言発行の趣旨」に「大谷派本願寺は、余輩の拠って以て自己の安心を求め、拠って以て同胞の安心を求め、拠って以て世界人類の安心を求めんと期する所の源泉[17]」といわれるように、日本の現状、世界の形勢をよく洞察した上での近代的発想に基づくものであった。

反応は大きかった。大新聞も取り上げた。仏教系統の雑誌や新聞ももちろん注目した。鑑三も間接的に次のように書いている。「同派は動揺に堪えるだろうか。日本仏教は最後の試練にさしかかった[18]」。

さらに意味のあることは、宗門の将来を担うべき若い学生たちが真剣な思いをこめて参加したことであった。その中には多くの逸材がいた。後に満之の精神主義運動を支えることになった多田鼎《かなえ》・佐々木月樵《げっしょう》・暁烏敏らもいた。暁烏は「当時私共は真宗大学におりました。一百人の学生は大いにこれに同情しまして退校を覚悟の上で、この改革派のために運動する事に決し宣言書を発するなど盛んにやっておった。果して十一月十一日に退校は頭上に来たり、全員全国に散って各地に改革の気勢を挙げんと勉めました。私は金沢に帰って『北国』『北陸』両新聞紙上で大いに書いた。かように皆が全身をうちこんで働いたので、間もなく一派の輿論大いに起り、当時の渥美師等は辞するの止むを得ざるに至りました[19]」。さらに真宗中学の学生も、「又泣いて父兄及び信徒に訴うるの書」を出した。

また世論への影響力の強い人々、たとえば村上専精は『教界時言』第二号に、「余は、このごとき廉潔有志者の団隊の突起せるを見て、実に一派の命脈のなお未だつきざるを賀せんとするものなり[20]」と書き、井上円了は同第三号に「諸君は必ず、今日の本山当局者は、徳川末路の為政者の如く、清沢諸氏の改革論は、当時の勤王論の如きを知らん。果してしからば、また諸君は必ず、本山を亡ぼすものは今日の当局者にして、本山を活かすものは今日の改革論者なるを知らん[21]」と書いてくれた。

世に知られたこれらの人々の応援は大きかった。最初は若者の青臭い理論闘争ぐらいにしか思っていなかった末寺の僧侶や信徒が関心を寄せ始めた。さらにたとえば『読売新聞』が、「宗教改革の時機」と題して「余輩は、我が宗教改革のため、むしろこの波瀾の、一日も速《すみやか》に来らんことを、希望するものなり[22]」と評価した。こうして次第に革新の火の手が上がっていった。満之らはさらに具体的に改革案を提示していった。古い体質の教団と対決し、新たなる教団の在り方を選択しつつ、断固決断して行動をおこしていった。注目すべきは『教界時言』第三号でなされた末寺会議の開設の提唱であった。これは先の議制局が名ばかりであったのに対して、行政と対等な立法機関として末寺会議が設立されなければならないとの提唱である。翌年二月には、「大谷派革新全国同盟会」が組織された。有志たちが全国から京都に集まって来た。

このような運動によって、ついに渥美は退陣を余儀なくされた。

法主に「請願書」が提出されたのは二月十四日であった。

挫　折

請願書提出によって全国から上京した同志は再び帰省した。

しかしここで、この同志たちについて考えておかねばならない。彼らのすべてが満之らの精神的な革新と一致していたわけではない。多くは教学的な点というよりも、相次ぐ寄付金の上納に苦しみ、本山上層部の醜聞に肩身の狭い思いをしている末寺の人々であった。満之のように西方寺という大寺の、しかも最高学府を出た高い理想をもつ人々だけではなかった。さらには渥美の政敵、不満分子もいたであろう。これらの人々にとっては、寄付金の縮小、内事の粛正化、渥美を引きおろすことなどが目的であった。革新の盛り上がりといっても、真に満之らに共鳴する者はそれほどいなかったと見るべきであろう。明治の時代といっても、まだまだ地方の人々は江戸封建時代の意識を引きずっていたであろうし、革命的な地盤と、イデオロギーに自己の存在を捧げる意識の弱い日本人である。しかも本山に革新をもたらしても、どのような具体的な現実的利点があるかも明瞭になってはいなかった。下手をすると自分の生活基盤である寺の存続も危険になると感じていた者もいるであろう。熱狂した人々も地方に帰り、次第にその熱はさめていった。

明治三十年二月二十一日、渥美の政敵石川舜台が上席参務となり、実権をにぎった。

石川もすぐれた宗政家であった。だが権力の座につき教団を維持しなくてはならなくなると、破壊行為の芽をつまねばならぬのが権力者の宿命である。政治家石川は少しずつ革新派の意見を容れながら、改革熱が冷めていくのを待った。少数の改革を目指す人々と、騒ぎに乗じて何かをねらう人間たちが分裂していくのを待ったのである。その狙いは当たった。七月の議制局の最終投票では改革派が勝利を占めたが、続いて開かれた臨時の会議で、満之らの期待は見事に裏切られてしまった。それまで改革派の顔をしていた人々が、それぞれの欲望を丸出しにし始めたのである。石川派はその点を衝いてきた。そのため条令案が審議未了になってしまうような事態がおこった。つまり革新同盟会が分裂するに至ったのである。

また渥美派の巻き返し、権謀術数も行なわれた。しかしこれらについては省略する。いろいろなことが絡み合って泥沼化してきた。外側からこのような情勢を見ると、すべての動きが汚れて見えるものだ。誠実に関心をもち見守ってくれた一般の人々も、次第に離れていくことになった。逆に革新派に反対していた人々が次第に反撃し始めるようになった。彼らの見方は、大教団として一応のまとまりがあるものをなぜ混乱におとしいれるのか、法主を中心に団結してきた教団にひびを入れるようなことをなぜあえて教団内部からするのか、などであった。古い伝統のもとにあった全国七千の末寺、百万の信徒からすれば、本山の金で東京に留学させてもらいながら、何か新しい危険思想で本山をかき回している、としか映らなかったのかも知れない。時代の限界でもあった。満之らの運動は、たとえ純粋さ、理想、誠実さで勝ったにせよ、このような重い時代の現実に敗けたのである
しかしこの運動が、後に巨大な教団に反省をうながす契機になったことは否定できない。同盟会の分裂に乗じて、石川は次々と手を打ち、議制局の権限を無くし、行政側に都合のよいものにしていった。

ついに同年十一月九日、同盟会は「本会は現当路者を信任すべからざるものと決議す」との案を「満場一致を以て可決」し、続いて「同盟会を解散することに決した」(23)。

一面で淡泊なところがあった満之は、すっぱりとこの運動を打ち切ったのである。後にこの時のことをたずねられて次のように答えたという。

一つ見おとしがあった。それは少部分の者が如何に急いでもあがいても駄目だ。よし帝国大学や真宗大学を出た人が多少ありても、この一派——天下七千ケ寺の末寺——のものが、以前の通りであったら、折角の改革も何の役にもたたぬ。初めにこのことがわかって居らなんだ。それでこれからは一切改革のことを放棄して、信念の確立に尽力しようと思う。(24)

体制に盲従しがちであって、自己意識の覚醒、自己との対決、自己にとっての信念の選択と確立、行為の決断に弱い近世封建的な日本人の姿を、満之は近代日本においてまざまざと見た。結核と闘い全力を注いだ教団との闘いを通して、結局は個の自覚と本人の信仰の確立こそが究極のものであることを、身をもって知ったのである。同時にそれによってこそ近世の殻を打ち破って宗教の近代化をもたらす道があることを、満之は改めてはっきりと確認することになったと考えられる。

五　近代人と精神主義

西方寺での孤独とエピクテトス

明治三十一年四月『教界時言』を廃刊し、除名処分を解かれた満之は五月、家族を連れて自坊の西方寺に帰ってきた。闘い破れ、喀血が再発した彼を迎えたのは、しかし休息の場とはならない複雑な環境であった。

すでに彼の回心について取り上げた文の中に、次のような表現があった。「三十一年四月、教界時言の廃刊と共にこの運動を一結し、自坊に投じて休養の機会を得るに至りては、大いに反観自省の幸を得たりといえども、修養の不足はなお人情の煩累に対して平然たるあたわざるものあり」。つまり自分の寺に帰り休養し、自分を反省することができたのは幸いであったが、「人情の煩累」に平然とすることができなかった、というのである。

「煩累」とは一般にわずらわしくうるさいことを指すが、満之にとってそれは何であったのか。

満之が西方寺の清沢やす子と結婚したのは明治二十一年であった。すでに触れたように、その動機は在家出身の俊才であった彼をなんとかして宗門にとどめるためであった。三河の大寺西方寺の子供は女子ばかりであったので、養子を望んでいた。結局彼は結婚し寺に入ったが、徳永家も満之自身も単に寺に入るだけと考えていた。だが清沢家では満之が養子として清沢家の人間となったと考えていた。その考えの食い違いからいざこざがおこったが、生まれた子供を私生児にするわけにもいかず、二十八年になってやっと満之も清沢の姓を名乗ったという経緯がある。本書でも満之の姓を時には徳永、時には清沢としたのもこのような事情があったからである。頑固な士族の父永則は養子という形を嫌い、抵抗した。しかし結核療養には大金が必要であり、経済的基盤をもたない父親は、次第に満之を清沢家の人間とするのがよいという考えに傾いていった。こうして満之は清沢家の人間となり、妻を失って行く先のない父永則も後にこの寺に引き取ってもらうことになった。いわば肺病病みと他家の老人が面倒を見てもらうことになったのである。

なぜ「面倒を見てもらう」のかというと、寺にはまだ健在なやす子の父がいた。堂々たる風貌であり、立派な僧であった。見た目に貧弱で小柄な満之とは比べようもない。さらに不在がちな満之に代わって寺の仕事を手伝うために、やす子の妹の婿がいた。そこに病気の満之が入ったのである。その上やがて父が来るのである。満之にとっては面倒を見てもらうとしか言いようがなかった。

さらに彼を苦しめた問題に、檀家の人々とのつきあいがあった。義父に比べて風采があがらず、色の黒い小男の満之は、法衣を着て法要に出ても、いわゆる「見栄え」や「有り難み」がなかったのである。法話を聞いても理屈っぽく、彼らにはまったくわからない。おまけに結核といえば当時誰もが恐れた病気である。このような満之が檀家の人々に冷たくされても、当然であった。法要に行っても追い返されることもあったという。

本山の好意によって勉強させてもらったと感謝し、前途洋々のエリートコースを捨てて彼なりに教団のために血を吐きながら努力してきた。しかし本山に裏切られ、今また田舎の信徒にも必要のない人間にされてしまった。自分が描いてきた理想的な宗教教団と、現実に存在する教団との、埋めようもない溝の深さを感じたであろうし、人間の悲しさをしみじみと感じたことであろう。「人情の煩累」という言葉にはこのような思いがこめられている。

しかし自暴自棄にはならなかった。この煩累をひとえに自己の修養の不足ととらえた。さらに一層激しい修養に向かう。この頃『阿含経』を耽読する。「余が『阿含』を読誦して特に感の深かりしは、喀血襲来の病床にありしがためか、しからば教法の妙味に達せんとせば、生死巌頭の観に住すること尤も必要たるを知るべし[1]」。当時まだ『阿含経』はさほど重要視されていなかった。まして真宗においては自力の教えのように思われてもいた。しかし彼は血を吐き生死の巌頭に立って読み進んでいった。

明治三十一年八月十五日から『臘扇記《ろうせんき》』を書き始める。「臘扇」とは西方寺へ帰ってからの号であるが、臘とは陰暦十二月の別名であるから、十二月の扇子つまりまったく必要のないもの、存在価値のないものという意味である。彼の悲しい思いがこめられているが、その彼自身を見つめて書き綴った日記風のものである。この書に顕著なことは、ローマの哲学者エピクテトスの影響である。

このエピクテトスの『語録』は、彼が同年九月に上京し、沢柳政太郎の家に滞在している時に見つけたものである。生死の境にいる彼に一つの確信と信念を与えた書がこれであった。さっそくこれを借りて帰り、耽読した。この書を彼は「西洋第一の書」とまで言った。ではどのような影響を受けているのか。

エピクテトス（五五頃―一三五頃）はストア派の哲学者であり、忍耐と克己によって内的な平和を得ると説いた。彼は不具者でしかも奴隷であった。ある意味で満之に似た境遇でもあった。免れ得ない死と逃げようのない人間関係の中に苦しんでいた満之に、強い影響を与えることになった。十月十二日の『臘扇記』に『語録』の要点を抜萃している。

○如意なるものと不如意なるものあり。……　○疾病死亡貧困は不如意なるものなり。これを避けんと欲するときは、苦悶を免るるあたわじ。……　○奴隷心にして美食せんよりは、餓死して脱苦するにしかじ。……　○自由ならんと欲せば、去る物をおうべからず、来るものを拒むべからず。……

○天与の分を守りて、我が能をつくすべし。……　哲学者たらんと欲するものは、人の嘲罵凌辱を覚

悟せざるべからず。(2)

意のままになるものとならないものをしっかりと認識し、意のままになるものに全力を傾倒し、意のままにならぬものには従うべしとするのである。これらの言葉は、意のままにならぬものを求めて我を張り苦しんだ彼の心に突き刺さった。自由を求め悪戦苦闘し、人間関係の中でもがきぬいた彼に、そのままの姿で自由であり得ることを教えた。

このエピクテトスとの邂逅は、彼の信仰にも深い影響を与えることになった。十月二十四日の項には次のような文がある。これは後の精神主義の骨子となり、彼の信仰の基盤となるものでもある。

自己とは他なし。絶対無限の妙用に乗托して、任運に法爾にこの境遇に落在せるもの、すなわちこれなり。ただそれ絶対無限に乗托す。故に死生の事、また憂うるに足らず。死生なおかつ憂うるに足らず。如何にいわんや、これより而下なる事件に於てをや。追放可なり、牢獄甘んずべし。(3)

真宗の伝統的な文献というよりも、『阿含経』やエピクテトスと対決し、自己の信仰を深め、選択していく点は、信仰の近代化の問題にとって留意しておくべき点でもある。

真宗大学の経営と挫折

この頃、新法主大谷光演（句仏）が、東京で勉強したいとの希望で本願寺を脱出するという事件がおこった。その裏には渥美と石川の暗闘があったといわれ、石川が新法主をかついだとも言われている。満之もそれを察していた。しかし新法主が東京に出たこと自体には、満之は大賛成であった。その新法主から招きを受けた。いかに激しい本山への非難と運動をしても、満之は一度も法主を非難したことはなかった。彼にとって法主は絶対的なものであった。彼の本山との闘いが、少なくとも革命ではなく改革あるいは革新運動にとどまった根拠もそこにあった。満之には、法主は親鸞を継ぐ者として絶対に徳高く不動の人格者であって欲しかった。その新法主から誘われたのである。病身の彼も血が躍ったことであろう。

明治三十一年九月、満之は東京に出発した。沢柳の家に泊り、二十二日には浅草別院で新法主に「拝謁」している。『臘扇記』にはこの時のことを「感じたる所は、新法主殿の常に変らぬ慇懃たる誠旨なりき(4)」と記している。またこの沢柳宅滞在時にエピクテトスを見いだしたのである。この上京は彼にとって幸福なものであった。

大浜に帰ってからも求道は続く。十月二十六日には次のように書いている。

修善を勤めんとせば、また従来の自力的妄念の紛起するを感知せん。これかえっていよいよ他力を信楽するの刺戟なるべし。この如く信仰と修善と交互に刺戟策励して、以て吾人を開発せしむるもの、これすなわち絶対無限なる妙用のしからしむる所、あに讃歎に堪うべけんや(5)。

鑑三も言っているように近代は自己中心、人間中心の時代でもあった。口では他力といってもそのまま他力を信じ切ることは容易ではない。現代でもそうであるように、自力的な方向に進む方が、容易であるとも言える。真に自力無効に気づき他力に入り切ることがいかに困難であるかは、すでに親鸞自身が身をもって告白していることである。他力の信者づらをすることが一面でいかに欺瞞に満ちたことであるか、この点を満之はよく知っていた。本山にもそのような連中が多かった。だからこそ彼は、可能なだけ修善をしようとした。そしてそこに顔を出す自力の妄念を見すえることによって他力を感じ、それに感謝しようとした。その奥に満之をしてそうさせている大きな力に、無限の妙用たる阿弥陀仏の働きを感じ、信じようとした。近代人の傾向を単に否定することなく、またそれに迎合することなく、新たな他力信仰の在り方を模索していく。近代に立ち、近代人として、近代人の方法によって、誠実に信仰を求めているのである。

十一月二日の日記に書いている。七十五歳の老人が、彼に向かって死後極楽に往生できるかどうかがわからない、あなたはどうかとたずねた。満之は次のように答えている。

答えていわく、生もまたしかり、……その楽土奈落の有無も未だ確信するあたわず。ただ『歎異鈔』の一段、「念仏は極楽へ参るべき種なるや、地獄へ落つべき種なるや、総じて以て存知せず、只よき人の教を信ずるのみ」とあるに信服す。(6)

彼自身も地獄極楽があるかどうかは確信できないとのべているのである。僧であるからといって信者ぶってはいない。では本当に信仰がないかというとそうではない。極楽や地獄に関心があるのは人間である以上当然である。関心をもち、わからないそのままの姿で親鸞の教えに心服しているのである。わからなければ信じられないという場合、どこかに利害打算がある。わかり切らぬままに大いなる力を信じている、そのあり方の中に誠実さがあるのではないか。同月十六日には「昨今喀血不停なれども、……エピクテート氏のいわゆる病に在りても喜ぶ者に達せざるべしといえども、幾分これに接近するを得たるものか」(7)と記している。わからぬまま、苦しむままに喜ぶという、近代的自己を偽らずしてしかも信仰を深めていく態度が、ここに見いだされるであろう。そうこうしている間に、新法主から直筆で東京に来るようにとの督促がきた。

翌三十二年六月十四日に上京した。東京本郷森川町にささやかな家を借り、親類の原子《はらこ》広宣《こうせん》とともに慎ましい生活をしながら、新法主を指導することになった。

宗門ではこの年、満之を真宗大学学監心得に任命した。その裏にはさまざまな画策があったが、宗門にとってはやはり必要な人間であった。彼は先の革新運動で宗門行政との関係のむずかしさに懲りていた。そこでこの任命を受けるに当たって思い切った条件を出した。その条件は「真宗大学を東京に移すこと」、つまり宗門行政との癒着を避け、新たな空気の中で近代人に近代的な方法で教育を進めることであった。そのためには「教育上の方針、学課の編制等、教育に関する全体を一任(8)」することという条件もつけた。この条件を受け入れた本山は、議制会にかけて真宗大学の移転を決めた。

明治三十三年一月には、満之ら七名が真宗大学建築掛に任命され、七月着工、翌三十四年九月に完成した。場所は現在の東京都豊島区巣鴨の庚申塚のあたりである。十月十三日には移転開校式が行なわれた。学長にあたる学監が満之、主幹が関根仁応であった。

満之は開校の辞の中で語った。

ただその大体について申し上げますることは、本学は他の学校とは異なりまして宗教学校なること、殊に仏教の中に於て浄土真宗の学場であります。すなわち、我々が信奉する本願他力の宗義に基づきまして、我々に於て最大事件なる自己の信念の確立の上に、その信仰を他に伝える、すなわち自信教人信の誠をつくすべき人物を養成するのが、本学の特質であります(9)。

これらの言葉の中には彼の強い信念がこめられている。ただ単に宗教学校だから他の学校とは異なるといっているのではなく、異なるべき個性と信念をもつべきだといっている。欧化主義と物質主義の進行に比べ遅れをとっている、精神的・宗教的なものを打ち出す強い意志がにじみ出ている。さらには自己の信念の確立をまず大前提にすえる。過去の遺産をそのままに伝えるのではなく、おのれの信念を確立してから伝えるのである。それをさせるべく努力してできなかったのが京都時代の失敗であった。是が非でも東京で、しかも近代が混迷の姿を示し始めた今こそ、どうしてもなされなければならない、と彼は考えたのである。

さらには当然のことながら、世界に向かって仏教、真宗の教えを広めるべきことを考えていた。後に語っている。「この大学は世界第一の仏教大学たらしめざるべからず。他日欧米より仏教を学ばんがために日本に留学するものあらば、必ずまず真宗大学に来るべし[10]」。真宗大学のカリキュラムは、京都時代に比べ大きく変えられた。宗学にあたる親鸞教学を仏教全体の中で学ばせ、さらに哲学を重視し、真宗の教えを世界的な視野に立って近代の学問体系の中に位置づけていこうという満之の意図が、色濃く反映された。三十四年度の学生は全員で百七十五人いた。

こうして真宗大学は新しい船出をした。満之の人徳は学生たちの中にも浸透していった。教育者として著名になった沢柳政太郎は、後に明治の教育者の中で三偉人を挙げれば、福沢諭吉と新島襄とこの満之であるとのべている。しかし慶應義塾と同志社がその後発展したのに対し、真宗大学はのびなかった。それにはさまざまな原因が考えられるが、その一つにあまりにも古く大きな伝統がありすぎた点、新時代に向かって一人一人が飛躍の一翼を担うのだという意識が薄かった点がある。

その弊害はすぐに現われた。同志社に比べてみるとよくわかる。翌三十五年、また学校騒動がおこった。

十月、学生たちは満之に次のようなことを要求した。教員免許をもらうためにも本学を文部省認可学校とすること、名の知れわたった大家を教授に招聘するべきだ、などの要求であった。

まず第一の点についてであるが、文部省の認可校になれば、教員免許がもらえる。地方の貧しい寺の出身者にすれば、教員免許をもつことは経済的安定を得ることでもあった。また長い幕藩体制下にあって、寺の住職は指導者として仰がれる反面、権力の従僕であり、さらには天下の遊民と非難されてきた。そのため長い間、屈折した優越感とコンプレックスの狭間で生きてきた。そのような僧の血を引いた学生は、教員になることによって単なる坊主ではなく、新しい知識層に加わり、インテリであるという保証が与えられる、そんな心理的安定感を求めた者も多かったであろう。彼らにしてみればそれほど法外な要求ではなかった。しかし満之には許しがたいことであった。

今の青年は、いたずらに成功を急ぎ、いまだ学業の半途に達せざるに、早くも卒業後に於ける衣食の問題を苦慮す。……これ畢竟、心中狭小にして、遠大の思想乏しきが故なり。(11)

真宗大学の学生は、その学校の性質上、純粋の宗教的方面にのみ向うべきものである。また、是非ともそうなければならぬものである。(12)

また加藤智学によれば、満之は「中学校の先生になるような人は御門徒の中に何ぼでも出来る。

そういう人達を教え導く坊さんがおらんのだ。この学校を出た諸君はそういう有識階級の御門徒を親鸞聖人の御信心に導くようにならなければならん(13)」と言ったという。在家に生まれ、近代の嵐の中で僧の在り方を求め続けてきた筋金入りの満之と、教団の中に生まれ、教団の中で生きることを宿命のように考えていた学生の、意識の悲しい食い違いであった。世の弾圧と闘い、キリスト教を伝道せねばならないと信じて闘っていた、たとえば同志社の学生とは違っていた。もちろん真宗大学学生のすべてがそうであったのではないが。(もっとも鑑三も指摘しているように、教員免許に絡んでは同志社でも妥協が始まっていた。この点は選択と決断を強力に持続させる点に弱い日本人の体質を物語っているとも思える)。

次に著名教授招聘の問題であるが、その裏には次のようなことがあった。すでに朝永三十郎・紀平正美・上杉文秀らの著名な人々もいたが、暁烏によれば、「三十四年の春になって教師の不足ができた時、先生は自分の理想の学校を作る積りで、門生ばかり五人、すなわち和田龍造、曾《そ》我《が》量《りよう》深《じん》、近藤純悟、多田鼎、佐々木月樵の五君(14)」を予科の講師に抜擢した。この五人はまだ研究院の学生であった。研究院とは真宗大学が予科三年・本科三年・研究院五年の構成になっていたから、今の大学院にあたるだろう。そこから五人を抜擢したのである。この五人は後に精神主義運動の中心になって働いた人々である。学問も信念もしっかりとしていたのであろう。満之からすれば、有名なだけの信念のない教授よりも期待するに足る人物であった。しかし学生にしてみれば、単なる先輩のような存在であった。権威に盲従する古い教団根性が身についている学生からすれば、いわゆる有り難みがないのである。あるいは嫉妬の感情も交じっていたことであろう。

このような不満が、学校を実際に切り盛りしていた主幹の関根仁応に向けられた。また有能でやる気に燃えていた彼のすることを、行きすぎと感じていた教職員たちもいた。満之の人徳には目を置いていた学生たちも、教職員の不満分子と組んで、関根は排斥しようという騒動をおこしたのである。

明治三十五年十月二十一日、関根は辞表を提出、さらに満之も二十二日に辞表を出すことになった。その経緯について、暁烏は「学生は皆先生に心服しておるのだから、学校が世間的に盛んにやらぬのは主幹関根仁応君のやり方がよくないからであるというので、教師の中でもこれに応ずる者もあって、終に先生に対し関根仁応君を免職すべしと迫りました。ところが先生は頑として聞かず、関根君を止すのなら己も止める、関根君のした事は皆自分のした事だから、関根君のやり方が悪いというので止めなけりゃならぬなら己もやめる、と言って到頭辞職されました。ここが先生の先生たる所である。世には、自分の使った人と情死する人はなかなか無いが、先生はこれをやられた。だから先生の下におる人は、全然先生のために死ぬる気になる。自分の事と先生の事と区別を付ける気が無い。今日師弟の情が薄くなったというが、私はこの罪は学生の方よりもむしろ教師の方にあるだろうと思わるる。先生が深く人を信ぜらるるものだから、こちらからも信ぜずにはおられぬようになって来る」(15)と書いている。また加藤は、「関根君がそういう風に云われると云うのは、私（満之・筆者注）の精神主義が学生に良く届かんのだからと云って辞職になった。それで関根先生もやめられる。(16)曾我先生も止められる。そうなったら学生は困った。研究科の学生の中には泣く者もおった」と語っている。

またしても満之は希望を託した学生たちに裏切られることになった。裏切られたというほど根深いものではないにしても、純粋で理想を求め続けた彼にとっては深い挫折ともなった。些細な原因だが、些細な原因で学生が騒ぐというところに、実は近代という時代がもつ病巣を見たのである。内面より外面に目が向き、仏の法より世間の体裁に関心が向き、精神よりも物質に目を奪われる。しかもそのような風潮に乗ることをもって近代的だと錯覚する。近代を背負うべき若者がである。なぜ仏教の深みを理解してそれを近代的な方法で世に訴え、近代を凌駕し指導しようとの情熱をもたないのか、あるいは近代的精神と対決し、さらに大なる自己を選択し創造しようとしないのか。このようなところに教団の古い体質に毒され、その教団の重荷に死んでいる宗門子弟の意識を読み取った。そこには宗門子弟も巻き込み、虚偽の方向を指し示している近代という時代と近代人への深い絶望が見られる。

しかし満之は単に絶望していただけではない。精神主義を提起しつつ社会に対して最後の働きかけをしていた。この事実を見ておかねばならない。

精神主義と死

明治三十三年七月、鑑三は第一回夏期講談会を開き、以後多くの青年たちに深い精神的影響を与えた。

ちょうどその年の九月、満之のもとへ京都尋常中学の教え子であった暁烏敏・佐々木月樵・多田鼎たちが集まってきた。満之が真宗大学建築掛として努力していたころである。やがてこの集まりは「浩々洞《こうこうどう》」と名づけられた。

暁烏によれば、「三十三年七月に私達は真宗大学を卒業して、多田君、佐々木君二人と共に東京に留学する事となり、三人共先生の所に行きました。その前から真宗大学移転の事のために、月見兄も同宿せられ、五人が主となって、原子君が先生の侍者となり、外に中学に通う人が十余人もおることになりました。こんなに沢山いては、手紙などにも、清沢方などと書くのは面倒だから、何とか名を付けようというので、投票の結果、浩々洞と定めた。月見氏の説であったように覚えておる」(17)という。このような経緯を経て浩々洞が出現したのである。

鑑三が明確な理念により、会員を厳選して始めたのとはかなり違う。いわば共同生活から生まれたものである。精神主義はこの共同生活と満之の長い思索と求道から生まれた。過程はちがうが鑑三と満之はこのような状況から近代社会に向かって発言した。

そもそも上京の翌年、満之は近角常観がもっていた寮風の建物を、近角が洋行するのでその間留守を守るということで譲り受けていた。そこに暁烏たちが集まってきたのである。近角の帰国後本郷東片町に移るが、さまざまな変遷を経て浩々洞は満之の死後、大正六年まで続く。この頃を振り返って暁烏は、「先生は片手に痰壺を持って私等と歌留多を取ったりなどもせられた。吉田賢龍、常盤大定、中川詮吉君なども来てまじった。先生は上手だった。ある時痰壺がかやって大さわぎをした事がある。また皆で余興なんかする時にも、中学生や私共と共に無邪気に遊んで下された。……私達と一緒にいる時は、まるで御友達のようで極く平等主義な人であった。私は常に胡坐《あぐら》をかいて話をした。先生の前に行ってはまことに気楽でありました」(18)と記している。

おのれを徹し、しかも絶対無限の仏に自分を任せ切った人間には、一切の区別も差別も消え去っていく。もちろん生身の人間であるからそれは完全ではない。しかしそのように努力を傾けた人間は、腹も心も意識せずに広くなる。多田は「男子も女性も、商人も官吏も、数学者も医者も、政治家も法律家も、哲学の研究者も実業の練習生も、旧仏教も新仏教も、教相家も、念仏者も、子供も、学生も、老人も、色々の人が先生のまえに集まる。……これ等の人が皆和らぎくつろいで、各々いくらかずつの喜びを得て帰ったのであります[19]」と回想するが、その理由を彼は考える。私はここに清沢先生の一人格の上に、二個の尊き理想の調和を見るのであります。二個の理想とは、すなわち一は自ら慎むこと、一は他を恕することである。一は己に克つこと、一は己を忘るることである。一は精進努力であって、一は帰依信楽である。……この二個の潮流は共に尊い潮流である。……しかるに今、先生の上には、この二つが麗しく調和せられてある[20]。

おのれと戦いぬいた姿は、人のどんな苦しみも引き受けてくれるものである。おのれをゆだね尽くした姿は何もかも赦してくれるものである。親鸞が苦しみぬいて法然のもとに行ったとき、やはりそう感じたのではなかったか。また関東の田舎人が親鸞の前に立ったとき、やはりそう感じたのではないか。内容と時代に違いがあるにせよ、何かその奥底で共通したものがあると思える。

結核の伝染を気づかって「客の茶碗を熱湯にて数回洗い、常に自用と客用との区別に注意[21]」する小柄で風采のあがらない満之の姿に、人は誠意を尽くし仏の中に生かされている「生命」を見たのではないか。華やかな欧化主義、物質主義の近代の中に、本当に生きる「生命」を見たのではないだろうか。浩々洞にはこの生命が時にはきびしく、時にはやさしくみなぎっていたのであろう。またこのような真の生命は、単に真宗に限らず、どんな宗教にも共通するものとなる。

「明治三十四年の夏であったか、伊勢の四日市に、仏教青年会の夏期講習会が開かれて、先生はこれに臨んで、元気よく『精神主義』を講ぜられました。その時会衆の者一同に喜んだことでありましたが、殊に基督教信者たる一青年が、深く先生の御話を喜んで、他の講師の御話は面白いけれど生命がない、ただ先生のが活きておる、と申しておりました」(22)と楠秀丸が回顧している。

すでにのべたように鑑三のもとには新潟の真宗僧から心のこもった手紙が来た。ともにうなずけることであろう。では満之をしてこのように生きさせた精神主義とは何であったか。この点について少し触れておきたい。

明治三十四年一月、満之を中心に雑誌『精神界』が創刊された。ちなみにその四カ月ほど前、鑑三は『聖書之研究』を創刊していた。

『精神界』創刊号に満之は「精神主義」と題して次のように書き出している。

吾人の世に在るや、必ず一つの完全なる立脚地なかるべからず。もしこれなくして、世に処し、事を為さんとするは、あたかも浮雲の上に立ちて技芸を演ぜんとするものの如く、その転覆を免るる事あたわざること言を待たざるなり。しからば吾人は如何にして処世の完全なる立脚地を獲得すべきや、けだし絶対無限者によるの外あるあたわざるべし。この如き無限者の吾人精神内にあるか、精神外にあるかは、吾人ひとえにこれを断言するの要を見ず。何となれば彼の絶対無限者は、これを求むる人のこれに接する所にあり。内とも限るべからず、外とも限るべからざればなり。吾人はただこの如き無限者に接せざれば、処世における完全なる立脚地あるあたわざることを云うのみ。しかしてこの如き立脚地を得たる精神の発達する条路、これを名づけて精神主義という。(23)

今留意しておくべき点は、まず人間が生きていくためには完全な立脚地が必要であり、その立脚地は相対的な有限なものであってはならない。絶対無限者でなければならない。この無限者は人間の精神の中とか外とかという理論的なものではなく、求め信じる者には自ら接してきてくれるものである。このように絶対無限者に触れ合って生きていくところに生きる立脚地をもたねばならない。その精神が発達していく条路を精神主義という、とするのである。このように精神主義は、自己の精神内に充足を求め、常に無限者と接して生きていくから、自己以外のものとも共に生きるのであって、外物を除外しない。さらには相対有限なものを追いかけないので精神主義は完全な自由主義である。この自由主義は妄想や欲望を超えるものであるから、あらゆるものに自己を従属させることができる。自由と従属が同時に可能になる。さらにそれによって現実の世界に生きながら自由になり得る。このことは観念的に頭の中で考えるのではなく、日々実行されるべきものであって、これは実行主義でもある、という。

精神主義については賛否両論がおこった。単に宗教界のみならず一般の人々、特に知識階級、学生たちに広く影響を与えた。反論、非難も多かった。観念的であるとか、消極的であるとか、あるいは自力主義であるとされることが多かった。

ある時、満之は皆に向かって「我々が精神主義を唱えて、諸方の高教誡に感謝の至に堪えぬことであるけれども、我々は何等をも主張するのでなくただ自己の罪悪と無能とを懺悔して、如来の御前にひれふすばかりである。要は慚愧の表白に外ならぬ」[24]と言っている。徹底して懺悔し、自己を絶対の無限者に委ね尽くした強靭な信念は、頭で考えた理論や、物を追う欲に根ざした思想の前に動じることはなかった。

明治三十五年、不幸が一気に満之を襲った。六月に十一歳の長男信一、十月に三十六歳の妻やす子が病没した。結核が感染したのであろう。同月二十二日には先にのべたように真宗大学学監を辞任する。残酷な現実の中で満之の精神主義は試練を受けることになる。暁烏は回想している。六月五日に、長男の信一さんが曙町の浩々洞でなくなられた。奥さんは同年十月五日、学校のストライキ最中に大浜でなくなられました。この時の先生の境遇は、外界より見ると悲惨の極でありまして、実に目も当てられぬようでありました。一方では愛子の如く心をかけ給いし真宗大学の騒擾、一方では最愛の妻子の病死、常人ならばこれに圧倒さるべきに、先生はこの間にあって深く御慈悲を味わっておられました。六月五日に信一さんが死なれた時、私等は昼食を食べておった。先生も一緒であった。原子君が信一さんの看病をしておったので、皆が六畳の食堂で御飯を食べておると、突然原子君が、先生信ちゃんが死にましたと言って来た。私等は驚いて飛んで行った。先生は平然として、食いかけの飯を喫し了って後に病室に来られた、そうして驚いている私たちに、種々指図なんかせられた。間もなく、近角、荻野の二君が見舞いに来られた時、先生は自若として珍しい病気だから解剖にしてもよいと思いますがな、というておられた。[25]

このような満之の態度をどう受け取るか、さまざまな解釈が成り立つであろう。冷たい、残酷、消極的等々。しかしそれらの見方は、彼に言わせれば相対的な有限の世界に立っていることになるだろう。人間である以上有限と無限の世界の狭間に立って苦しむのは避けられない。その狭間で有限の世界に引き戻されるか無限の世界にしっかりと目を向けるかである。「解剖にしてもよいと思いますがな」という言葉の中の、「がな」にこめられた人間としての満之の叫びを読み取っておくべきであろう。

すべてを失った満之は、十一月五日、今度は自分の死の準備をするために大浜に向かった。近角に「今年はみんな砕けた年であった。学校は砕ける、妻子は砕ける、今度は私が砕けるのであろう」[26]と言ったという。翌年四月九日には、三男広済も失った。わずか一年のうちに三度葬式をしたことになる。そして二カ月後には自らも世を去るのであるが、最後まで誠実に生きようとした。五月十七日の日記には、「自由なるものを自由にせずして苦しみ、自由ならざる者を自由にせんとして苦しむは、これ吾人の罪過と云わざるべからず。この罪過を犯さざるを善と云い、この罪過を犯すを悪と云う」[27]とある。

善や悪というものも彼の場合は決して観念によって思考されるようなものではなかった。最後まで自分の生そのものを凝視しぬき、その生に一致させるべき、自由や善を選択し、自己の生として実行すべき決断をした。そしてそうさせる無限者・如来の中に自己を投入した。その投入し切った自己の中にあらゆるものを包容した。病気も死もである。彼は人に説くためにものを考えたのではない。

精神主義を訴えながら、それでも精神主義からはずれていかざるを得ないおのれのありのままの姿を、いつわることなく死ぬまで見つづける。五月二十九日の日記には、「本日快鬱。特に他人の行為の少しく憍傲なるものを我に対する大なる圧迫と感じ、憤懣的苦悶に堪えず。しかしてこれを客観妄と知るといえども、その情的怏鬱は容易に消却せず[28]」と告白する。正直に無限なる仏の前に自分を自分をさらけだし、苦しみながら、仏に抱かれ、抱かれて救われつつ、血を吐き苦しむ自分を見つめる。翌三十日には絶筆「我が信念」を脱稿している。六月三日の最後の日記には「血をはいた病の床にほととぎす[29]」と書き記している。

この日は大きな喀血があった。四日には、「言い残すことはないか」の言葉に、ただ一言「何にもない[30]」と答えただけであった。何もかも無限者の懐に投げ入れた者の言葉であったのであろう。

六日午前一時、満四十年に満たない短い生涯を終った。ちょうどこの月は、鑑三が日露戦争反対論を展開し始めた月であった。

第三章　両者における宗教の近代化

一　内面的近代化

すでに序説で指摘したが、親鸞は「ただ仏恩のふかきことをおもふて、人倫のあざけりをはぢず」と断言し、王法、俗権に対し如来への信のみを選択した。また蓮如は権力の弾圧に対し「王法為本」と「信心正因」を提示しながら、「内心ニハ他力ノ信心ヲフカクタクハヘ」ることを訴え、究極において信心を選択すべきことを説いた。さらには中世末期、キリシタンたちはデウス「御一体」への信仰を選択し殉教していった。しかし近世に入ると江戸幕府の宗教政策によって、個人の主体的な選択の態度は弱体化していった。もちろんこれは選択という限られた角度から見た場合にすぎないが、この点は近代に新たな問題を提起していた。

明治に入り、特にプロテスタントの流入によって、この点は次第に指摘されることになったが、しかし長年の王法との癒着や護国的発想は、個人の内面的な信仰の選択というより、王法や護国を盾に破邪顕正運動をするような傾向に走った。しかしながらこのような態度から脱却しない限り、日本の宗教は真の近代化を果たせなかったのではないだろうか。鑑三や満之は宗教近代化にとってどのような役目を果たすことになったのか。先の章で考察した諸点を土台にし、本章では内面的近代化と実践的近代化の両面から考えていきたい。

まず内面的近代化、すなわち彼ら自身の内面においていかなる近代的な変革がおこったか、この問題の考察から進めたい。満之は伝統的な真宗教学を学びつつも近代西洋哲学の世界に沈潜し、きわめて観念的な思索の世界に入ったが、やがて自己の実存がそれによってはいかにしても救われがたいことに気づき、自己自身の省察と実験によって新たなる信の世界に入っていく。鑑三はピューリタン的な行為主義の厳しい実践に邁進するが、やがてそれが自己中心主義、利己主義に他ならぬことに気づき、挫折を通して新たなる信仰に入っていった。このような彼らの内面の軌跡をたどりつつ、近世的な在り方とは異なった内面的な宗教近代化の姿について、選択の問題を軸にし、考えてみる。

満之は東京大学でフェノロサやブッセから最新の近代西洋哲学を学んだ。大学三年度の雑記には「法とは無限界なり。人とは有限界なり」(1)と記されている。彼が「有限・無限」という概念を多用するのは周知のことであるが、ちなみに「哲学は、道理心の無限に関係する区域」(2)、「宗教は有限無限の調和也」(3)、「倫理と云うものは、人と人との関係上に存在するものゆえ、いずれも皆な相対有限なるものである」(4)とされるように、重要な問題への終局の判断がこのような概念でなされている。今はまずこの有限・無限の概念を彼がどのように使用し、思考するかを見ながら、彼における回心以前の見方について考えてみたい。

彼はいう。「けだし万有の活動は無量なりと雖も、到底有限より無限に向うの転化か、無限より有限に向うの転化に過ぎざるなり」[5]。また当時思想界で盛んであった進化論が導入され、有限から無限への過程が善であり、無限から有限への過程が悪であるとされ、前者が進化、後者が退化であると規定されている[6]。さらにはこのような思考法にしたがって、たとえば仏教の還滅門が進化、流転門が退化であると考えられていく。すなわちこのように、満之においてはすべてが有限・無限の概念の枠に組みこまれ、分類され、説明される態度が顕著である。「無限真如と、有限万法とは、同体並立のものにして、決して前後別立のものにあらざるなり」[7]のように仏教的世界観が、さらには「南無者有限也、阿弥陀仏者無限也、故南無阿弥陀仏者有限無限之一致也」[8]というように浄土教に対してもこのように律せられていく。有限・無限の概念は、それ自体西洋だけのものではないが、満之においてはむしろ西洋的な意味で使用され、それが仏教的な概念と結合されている。「無限真如、有限万法」という見方もそうである。またたとえば仏教の因縁果についても「もし強いて絶対相対、無限有限の関係を転化開発的に説かんとせば、吾人は因縁果の理法に随い、真如と無明と因縁相結んで、万法の果を生ずと謂うべきのみ。この真如とは絶対無限なり、万法とは相対有限なり」[9]と解釈している。このように西洋的概念の使用、論理の操作によって仏教の解明に進む過程に、西洋の哲学への追究が見られ、さまざまな思考と対決し、受け取り、選択していく。しかしここに注意しておかなければならない点は、このような彼の態度の底にある信仰への姿勢である。

次の文を考えてみたい。「けだし無明とは如何なるものなるや、絶対の相対に転ずる不可思議を表するものにして、畢竟吾人（有限）固有の不能を表するものなり。この如き不能は大覚の位地に至らざれば消滅せざるなり。固より真如と万法が異時の因果を為し、真如先ずあり、しかしてその真如滅して万法生ぜりと云うにはあらず。真如万法は同体の表裏、否な同体の性相なりと信ずと雖も、その間の関係如何。吾人は到底これを解明する能わざるなり」[10]。無限と有限、真如と万法は同体であるが、その関係自体の在り方はわからないというのである。今はその関係自体の問題には触れないが、このような考え方は先にも引用したように、彼の関心が有限なものから無限への関係の覚知と一致という点にあることを示し、その点に立ってヘーゲル等への注目がなされている。しかし留意しなければならない点は、そのような有限な人間から無限なるものに至ろうとする過程に見られる彼自身の態度である。どのようなものであっても無限に対すれば無に等しいと言う。「人には種々の差別ありとも、これを無限に対すれば自身の能力は0を以て表さるるなり」[11]、すなわち個々の有限な人間を一人一人の実存の場に立って見ているのではない。無限に対した有限なるものの一つのものとして見ているのである。そしてたとえば自力門、他力門での救済の在り方を考えようとする。

自力門は心外無別法を根基とするものなるが故に、無限を覚信するに於ても、各自の心内に無限性を認知するなり、……他力門にありては、吾人は各自の有限微劣なる覚知を根基とするが故に、無限は固より吾人以外にありと認信するなり。これすなわち現実無限、あるいは果体無限を覚信するものなり。然り而して、自力門の信者は、心内の無限性を認信すれば、その無限開発の疑なきに安心し、他力門の信者は、心外に無限体を認信すれば、その救済摂取の疑なきに安心するなり。[12]

すなわち自力門は自己の心の中に無限体を、他力門は心の外に無限体を認め摂取を疑わぬというが、このように彼にはすべてを有限・無限の関係に置き、しかも実存的な個人というよりも、有限なる一つの個体として個人を見ているに過ぎない。したがってそこに最重要視されるのは知性、理性であり、それに違背するものは否定される。先に引用したように南無は有限であり、阿弥陀仏は無限であり、南無阿弥陀仏は有限無限の一致であるとしながらも、「凡智もまたこれ智なればこれに背反するところは信じ難かるべし。かの弥陀久遠の方便摂化はあに凡智に背反すと云うべけんや。ただ凡智の信受に苦しむところならん[13]」とするのである。「弥陀を立すること、ゴッドを立するが如くすべからず。何となれば、かくする時は哲学にて破らるべければ也。もし哲学にて破られじとせば、弥陀を真如とせざるべからず[14]」とされるゆえんである。このように回心に至る前段階においては、徹底して理性的、哲学的な態度を貫徹しようとする。

したがってここで少なくとも二つの点に注意しておきたい。まず第一に近世の幕府公認の、しかも王法の下に屈従して現世をあきらめ、死後往生を説くような従来の態度に迎合する態度ではなく、徹底して仏教、真宗の教えを理性的思索の俎上に乗せ、それを超えようとする点では一つの宗教近代化の姿を示している。しかし第二に、そのような態度はあくまで自己の思索を土台にしているのであって、端的に哲学的、観念的な土台であるということに注意せねばならない。「宗教の完美なるものは、哲学の基礎によらざるべからず、哲学極に達するものは、必ず宗教に転化するの理甚だ知り易きなり[15]」といわれる点である。この点では井上円了らと揆を一にすると言える。しかしそのような態度は、本人の個人としての実存そのものを俎上に乗せた信仰の選択ではない。哲学とは本質的に異なった宗教独自の体験から生まれて来なければ、真の意味で宗教の近代化にはならないであろう。

しかし満之の態度はやがて大きく変わることになる。京都に帰って禁欲生活を始め、肉体が病に犯されるようになると、人間の赤裸々な有限性を厳しく知らされるようになる。そこには近代的な理性の到底及び得ないものがあることを強く自覚せしめられるようになった。自信に溢れた理性的自我は次第に崩壊し始める。観念によって求めた宗教の意味は、まったく別の次元から求められることになる。「世の人は、肺病と云う病気は、不治症の最も恐るべきものとして、嫌忌しますが、私はこの病気になったのが、非常な良縁であったので、もしこの病気にならなかったならば、これ程迄に宗教の真髄を味わい、これ程迄に如来の光明を認むることが出来なかったかも知れないのであります(16)」と後に語っている。この点については鑑三に触れた後で改めて考えてみたい。

鑑三は、満之のように選ばれて教団のために学問をするという立場には立っていなかった。したがって宗教を学問的に究めようとするところから出発してはいない。幼少の時から神道に対して敬虔な宗教心をもち、神々を信じていながら、思いもかけない契機からキリスト教徒になった。ただ一神に忠誠を尽くしきろうとした。武士的な忠義心から神と自己を主君と従者の関係と見、神の命令に従い、自己を律しようとした。すなわち主君の命令を神の律法に置きかえ、おのれを道徳的に律し、それを天職となそうとしたのである。満之が哲学的理性によって仏教を再確認しようとしたのに対し、鑑三はきわめて道徳的、倫理的にキリスト教の本質に迫ろうとした。

当時キリスト教はまさに偏見の対象であった。「余はこの未信教国に生れ余の父母兄弟国人が嫌悪したる耶蘇教に入れり、余の始めてこの教を聴し頃は全国の信徒二千に満たず、殊に教会は互に相離れ遠かりければこの新来の宗教を信ずるものは実に寥々寂々たりき、しかれども一たびその大道を耳にしてより、これを以て自己を救い国を救う唯一の道と信じたれば、社会に嫌悪せらるるにも関せず、余の親戚の反対するをも意とせず、幾多の旧事の習慣と情実を破りて新宗教に入りし」(17)。鑑三にとっては、迫害に打ち勝ち、キリスト教徒として神の命令を受け入れ生きぬくことが最大の使命となった。したがって農学校を卒業し官吏の道を歩むことになっても、それは納得できる天職とは思えなかった。神の命令に服すべき自分の道と当時の堕落した官吏の命令に従うべき自分の道とは自ずから相容れなかった。鑑三の厳格なピューリタン的倫理観は、封建性を色濃く残した国家体制や地縁、血縁に結びつき、個人の自立的選択を拒む家制度などとも厳しく対立せざるを得なかった。さらに一人の女性と破婚し、その間にできた子を不幸にすることになったことに、彼は自責の念をつよくもった。満之の青年期が、主として古い仏教理解をいかにして新たなる視点から見なおすかに費されたのに比べ、鑑三の青年期は、古い伝統的倫理観からいかに新たなるキリスト教的倫理観に生き、しかもそれを日本人の精神的基盤の上に定着させるべきかの問題に費されることになった。

鑑三はキリスト教の倫理におのれを照らし、自己と闘った。しかし彼自身「真空」と名づける虚無感に落ちこんでいく。この真空を埋めるため、遂に彼はアメリカに渡ることになった。この心境を鑑三は次のようにのべている。

しかし私の霊魂の中の真空は、このようなわずかの経験によって消すことはできなかった。それのみか、それ自身空虚な感傷的キリスト教が、その真空を、前よりも一そう大きく、またいちじるしくした。願い求めた満足を、国内で発見できなかった私は、かのラセラスにならって、わが国と国柄を異にする他国——キリスト教国まで、霊魂の探求をひろげようと思いついた。(18)

感傷的キリスト教とは、欧化主義に乗って西洋文明やその雰囲気のみを求めて教会に集まり、教会を社交の場として利用しようとする、主として東京の一部のキリスト教徒たちであった。罪の意識に打ち伏せられ、しかしながら天職を求め、しかも日本の伝統的な精神の意味を倫理的主体となって求める鑑三には、このようなキリスト教徒を許容することはできなかった。札幌の素朴で熱心な教会で育てられ、強い道徳観をもち、いかなる慈善や奉仕が天職であるかと問い続ける鑑三には、そのような態度は許すことができなかったのである。

すでに第一章でのべたように、アメリカに渡った鑑三は、エルウィンの養護院で働くことになった。自己の天職を求める修養者の彷徨の旅の一時であるが、次のように告白している点に注意しておきたい。

私が札幌に於て学んだ基督教は教会普通の基督教であった。すなわち聖い道徳と強い活動を教える基督教であった。……しかしながら私にまだ霊魂の平和はなかった。私は孜々《しし》として品性の完成を計る熱心なる修養者であった。私は自から己を潔うして神の子と成らんと欲した、そして修養を積むにしたがって私は随分善き基督信者であると思うた。しかしながら私の心の底に深い平和と歓喜とはなかった。[19]

善きキリスト者と思いながら、なぜ平和と歓喜がなかったのか。実はここに鑑三の内面における根本的な苦悩があると思えるし、近代日本人としてキリスト教を日本人のキリスト教にしていく根源的な問題が考えられる。すなわち単に伝道されてキリスト教徒になるにとどまらず、一日本人の中の日本的霊魂が主体的に苦悩し、主体的な信仰を選択していく実存的な苦しみの真只中にいるからである。「私は善行の功績を挙げて私が基督信者たるの実を世に示さんと欲した。私の当時の理想は慈善家と成る事であった。貧民救助、醜業婦救済が私の生涯の目的であった。私はこの目的を懐いて私の理想の国たりし米国に行いた、そして専ら慈善事業の視察並に練習に従事した。人は私の熱信を褒めた。私もまた救主の御足の跡を践みつつあると思った。しかしながら私の霊魂の深いところに歓喜と満足とはなかった。私は義務の念に駆られ自己に鞭打ちつつ慈善事業を学んだ。私は苦しい基督信者であった[20]」。実は慈善という善行に名を借りて偽善を行なっていた自分であることに気づいたのである。自分が救われんがために、善行として慈善を行なおうとしていたのである。「私の動機は自己本位だった」のであり、それは「利己主義」に他ならなかったという。「利己主義は、どんな形をとってあらわれようとも、悪魔のものであり、罪であることを学ばねばならなかったのである。完全な自己犠牲と全面的な自己忘却にほかならぬ慈善の要求に応じようと努力するにつれ、生来の利己心は、あらゆるおそろしい罪悪となって立ちあらわれる。わがうちなる暗黒に圧倒され、打ちひしがれて、私は言いようもない苦悩に身もだえした[21]」。善への志向、幼児からの儒教的倫理観に基づいた道徳、天職と信じて行なったすべての善行は、実は自己が「天国を嗣ぎたい」、善人となりたいという利己主義のためのものであった。それまでのすべての価値観が崩壊する。封建的な価値観に対決し、新たなる西洋の学問を学び、キリスト教の教えを実行してきたその近代的自我が崩壊することになった。封建的な価値観を超えようとする点で近代化への指向はあっても、それは善行によって救われようとする自然的な自己肯定であって、超自然の光に照らされたキリスト教的な救いを経た真の近代化とはならない。

満之は主として理性の場に近代的な宗教の姿を求めて、それが得られぬことに気づく。鑑三は意志的、行為的な場にキリスト教の意味を求めて挫折した。しかし両者とも自己が築きあげた近代的自我が崩壊し、それを否定せざるを得ないことに気づいたことは、挫折を通した新たなる近代的自己の形成に通じることになる。実はそこに独自な角度から信仰を選択し宗教を近代化する態度があるのではないかと思えるが、さらに満之にもどって考察を進めていきたい。

満之は明治二十三年頃から厳しい禁欲生活に入り、結核との闘いになったのであるが、これは死まで続き、観念的な思索から有限な自己の姿の省察と凝視に進むことになる。自信に満ちていた近代的自我そのものを省察の対象にするようになる。「五師の高風を追慕のため、座禅、誦経、減食（布施米三合）、一食、念仏の義を按定す」[22]。したがって彼が「実験」と言うように、理性による論理的思索ではなく、自己の有限な分限への省察に全関心が集約される。「実際は汝自らこれを実験せざるべからず」[23]。宗教を哲学的に理解しようとし、有限と無限の一致に宗教の理想を置いた態度とは根本的に異なる。有限なる我が身の姿を省察するとき、「相対は絶対なる能わず、有限は無限なる能わず、差別は平等なる能わず。絶対と相対とは別体たらざる可からず。無限と有限とは別体たらざる可からず。差別と平等とは別体たらざる可からず。差別と平等とは別体たらざるべからざるなり[24]」という事実に遭遇する。楽観的な理性主義によれば無限と有限は別体ではないが、激しく自己の実存を省察しぬくとき、有限なる我が身が無限とはほど遠い存在であることに気づかざるを得ない。

哲学的論理で有限と無限を論じること自体を次のように指摘するようになる。「哲理はこの如き反説の両立を許さざるものなるが故に、二者を討究して終に一致に帰せしめんとし、その論弁停止する所なし[25]」。ここに至って哲学的な追究方法から離れる。このような経緯をたどることによって、井上円了らとは異なった道を歩むことになる。「宗教はこれを宗教的に解決すべきのみ[26]」。ややもすると哲学と混同されてきたそれまでの仏教を、純粋に宗教の立場においてとらえるようになる。またこれは仏教を哲学的であるとすることによって、キリスト教に対する優位を証明せんとする態度をも捨てさせることになる。ここにまた明治十年代、二十年代の仏教側が取った態度に対し、宗教固有の立場を選択し、表明する態度が考えられるし、この点は宗教の純粋性を指摘するという点で、間接的に宗教近代化の問題に関係すると思われる。このような態度は、自己に対する激しい省察と実験より生まれてくるものであった。自己の姿を見つめつつ、その自己の行なう論理操作の不完全さを身に実感するようになる。論理そのものではなく、論理を操る自己の不完全さに気づかされるのである。「道理は不完全のものなるが故に、吾人をして不安ならしむるものなり[27]」、「宗教上のことを知力を以て決定しようとするのは、到底充分には出来ない[28]」。

自力的修練、省察、実験を通して次第に他力的な信仰に進む。

吾人は他力を信ぜば、益々修善を勧めざるべからず。（これ信者の胸中に湧起する自然の意念たるべし。）しかして修善を勤めんとせば、また従来の自力的妄念の紛起するを感知せん。これかえって愈々他力を信楽するの刺激なるべし。この如く信仰と修善と交互に刺激策励して、以て吾人を開発せしむるもの、これすなわち絶対無限なる妙用のしからしむる所、あに讃歎に堪うべけんや。[29]

近世においてなされてきたように他力の教理を無条件に受け入れるのではなく、誠実な自力の修善を通しながら他力の在り方を体得していくのである。ここにまた独自な近代的な他力の実感の仕方が考えられる。すなわち封建的、宗教的権威への盲従ではなく、近代的自我を通して自ら把捉し、自ら選択していくのである。親鸞や蓮如の言葉に対しても自ら追体験しながら「深い宗教的信念の実験から来た言葉であると、ありがたく感じて居るのであります[30]」という態度になる。満之には鑑三のような急激な回心はないが、我が身の激しく深い省察によって次第に有限なる我が身がすでに無限なるもの、すなわち如来、阿弥陀仏に深く包まれているという自覚となる。概念としての無限が、深い人格性をもつ仏の姿として実感され、有限な衆生のために仏となったその仏として自覚されるようになる。有限なるものが、その有限性によりさらに無限から離れつつあることへの自省から、逆に「吾人の精神が無限大悲の光明懐裡に摂取せらるる[31]」、「ただ夫れ絶対無限に乗託す[32]」という自覚になる。有限な自己が無限へと接近するのではなく、すでに無限の懐裡中にあり、その光明の中に安心し、満足し、無限に乗託する態度になる。

これを我が一身の行為につきて云わば、彼の人事を尽して天命に安んずるの事に過ぎずといえども、我はむしろこれを、天命に安んじて人事を尽す、と云わまく欲す。[33]この自由とは、完全なる無限の自由で、仏心を我に得ている以上は、仏心が無限であるから、私共もまた完全なる無限の自由で、決して何等の束縛も感ぜぬのであります。[34]

このような態度は有限と無限を観念的に相対させるのではなく、無限の光の中に有限が包まれ、人格的な無限者が有限者を信ずるその信を得、有限なる者はその「はからい」を捨て、仏の誓願への至心な信楽によって安心を得るとする態度でもある。「この如き正念の本体はこれ阿弥陀仏なり。阿弥陀仏の一心正念より出ずる徳音に促されて、吾人に一心正念の発動するもの、これすなわち宗教の神髄なり」[35]。有限なる自己から無限に近づかんとした回心以前の姿は、無限の仏からの働きに促される姿となった。ここに近代的自我の激しい省察と実験により崩壊したその自己が、新たなる光に包まれた自己になる。そこには厳しい自己との対決、新たなる信仰の選択、自己を賭けた決断が見いだされ、身をもっての宗教の近代化の姿が考えられる。いわゆる死後往生に対して、「来世の幸福のことは、私はまだ実験しないことであるから、ここに陳ぶることは出来ぬ」[36]と言い切った言葉には、近代人に納得のできる説得力があり、伝統宗教の場とは異なる主体的な選択に裏打ちされた近代性が考えられる。

鑑三はエルウィンの養護院で「慈善、すなわち『人を愛する』事業は、『自分を愛する』傾向が徹底的に根絶されぬかぎり、わがものとはならぬ」[37]ことを発見した。それまでは自分を愛するその自分が善悪を判断していたのである。すなわち鑑三は神のいう善悪でなく、自愛の心をもつおのれの判断力に従って善悪を考え、善を求めんとしていたのである。ここに彼は根本的な過ちを自覚するのであるが、この自覚は人間の理性による善悪観から宗教的な善悪観に転換させる契機を与えた。

では単なる理性によらない宗教、特にキリスト教的な善悪観とはどのようなものであろうか。鑑三が大きな影響を受けたルターもこの問題に苦しんだが、そのルターに影響を与えたアウグスティヌスがこの問題を究明しているので、ここで少し触れておきたい。このキリスト教的な善悪観は、近世に至るまでの日本の伝統的な善悪観とも質的に異なるものである。したがってこの善悪観を見ることは、鑑三がキリスト教を日本に定着させようとして非常に苦労した、その苦労の根拠を理解することにもなると思える。

アウグスティヌスの善悪観について考える場合、彼のプロティノスに対する見方を見ておかねばならない。三世紀ギリシャの哲学者で新プラトン派の祖といわれるプロティノスは、善と悪を次のようにとらえた。「善の本性の内に存するものと悪の本性の内に存するものはすべて相反する(38)」。このような見方の裏には善と悪が相反するものとして考えられているのである。「要するにもし何か悪の実体があり得るとすればそれは悪の実体である。その実体は我々のロゴスが根源悪として悪自体として発見したものである(39)」。善と悪は相反するものであって、悪は善に対して実体として区別されている。とすれば肉と霊、善と悪をともに同時に有している人間個人の苦悩よりも、実体として善と悪を思考し、区別し、悪を捨て、肉を捨て、霊を浄化すれば、悪から離れ得る在り方を予想させる。すなわち善と悪を実体とし、相反するものとして思考し、同一の人間の内にともに存するがゆえの苦悩自体に関心を集約させることなく、むしろ知性界に自己を置けば苦悩自体が消去されるごときである。「知性界にあるものは、不死なるものであるからである[40]」。言い換えれば、徳あるものとなって自身を自己の肉体から引き離すことにプロティノスの関心があると考えられるのである。このように理性によって厳格に善と悪を二分する発想によれば、人間は善人と悪人に区別されることになる。

これに対しアウグスティヌスは「私の魂は善と悪の二つの実体を説く説の中に入りこんで、落ち着くこともできず、多くの関係のないことを語ったのだった[41]」と打ち明け、「我々の心はあなたの中に安らうまでは落ち着かなかった[42]」と神に向かって告白した。なぜか。「悪についてその起源をたずね求めていたが、それは実体ではない。それというのは、もし実体であるとすれば、悪も善いものであるということになってしまうからだ[43]」。このような態度をとらせる根本的な根拠として、実は彼の心の根底には人格としてのキリスト教の神が存在しているのである。内的な人格的な交わりの態度、つまり善と悪を観念的に区別する以前の発想がある。「あなたには悪はまったく存在しない。あなたにとって存在しないだけでなく、あなたが創造したもうたすべてのものにも悪は存在しない[44]」と彼が信じたからである。彼と神の関係は単に理性、観念を媒介としたものではない。このような境地に至るとき、それは実体としての悪ではなく、悪たる人間は信仰によって救われるべきである。なぜならば、「あなたは我々をあなたに向かって創りたもうたがため[45]」であり、したがって神との人格的な交わりの中には、悪は神の前に実体として思考されるべきものではなく、「善の欠如以外の何ものでもない[46]」ことになるからである。したがってこのような内的状況にあっては、罪と呼ばれるものは、知性界から離脱することではなく、神から離れることであり、救いは知性界に上昇することではなく、神と信仰によって結びつくこととなる。「私の魂にとって安らうところを、私はあなたの中以外には見いだし得ないのである。私はばらばらになった自身を結び合わせ、あなたから少しも離れないようにしよう[47]」。

このようなアウグスティヌスのプロティノスからの離脱は、ルターの回心にも大きな影響を与えたと同時に、鑑三の回心にもその根底で関係する。すなわち自己が善人になるために自己の判断によって善悪を決め、善人であろうとすることは、人間を創造し今一度神のもとに眼を向けさせ、神のもとに安らぐように望む神の意志を無視し、ただ自己の知的判断を愛しているにすぎないからである。したがって鑑三が「自分を愛する」傾向が根絶されない限り真の慈善はあり得ないといったのも、キリスト教的慈善においては当然のことでもあった。このようにキリスト教においての悪は神の意志に背反し、神から離れることである。鑑三が法然や親鸞に深い共感を寄せていたのも、観念の念仏、おのれの「はからい」を捨てて阿弥陀仏の仏意すなわち意志、本願の働きに関心のすべてを集約させた彼らの信仰を知っていたからである。また鑑三が満之と類似した道を歩んだのも、このような観念を超えた信仰に生きるという類似性があったからでもある。

ではこのような自分を愛する自己愛、自己主義が悪であることに気づいた鑑三は、いかにしてキリスト教の信仰に至ったのであろうか。日本的な伝統の中に生まれ育った彼の魂を、キリスト教の宗教性に転換させたものは何であったのか。実はここに宗教近代化の原点の一つがあると思えるが、満之が自己の省察によって阿弥陀仏の人格信に気づいたのに対し、鑑三にはシーリーの影響が大きかった。彼に出会うまで鑑三はただ自己の理性で考え、自己の意志で行為をしてきた。

「先生に於て見るべきは学識でも威厳でも活動でもなかった。嬰児の如き謙遜であった。先生は神学と哲学とに於て偉大であったが、その偉大は少しも外に現われなかった。先生がその偉大なる人格と学識とを全部主イエスキリストに献げているを見た。これを見し私の基督教観は一変した。私はその時新たに初めて基督教に接したように感じた」[48]。すでに札幌農学校以来キリスト教に接してきた鑑三をして、このように感じさせたものは何であったのか。シーリーは鑑三に言った。「君の為す所は、小児が植木を鉢に植えてその成長を確かめんと欲して毎日その根を抜いて見ると同然である。何故にこれを神と日光とに委ね奉り、安心して君の成長を待たぬのか」[49]。このシーリーの言葉は、鑑三が神の側からの働きかけ、すなわち神の愛、神の犠牲に眼を向けることなく自己の意志、自己の理性のみを愛してきたことを指している。「先生のこの忠告に私の霊魂は醒めたのである」[50]。理性が納得したのでもなく、意志がうなずいたのでもない。霊魂が覚醒させられたのである。私はここに、日本におけるキリスト教近代化の原点を見る。つまり明治という近代に西欧からもたらされた、単なるキリスト教およびキリスト教文明を受け入れることをそのまま近代化であるとするのではなく、このようなキリスト教的回心によって日本人の霊魂が覚醒されたということに見たいのである。そしてまた彼が身を賭けて回心に至ったことに、まず何よりも日本における宗教の内面的近代化の一面を見ておきたい。

　私はこの時初めて信仰の何たるかを教えられた。信仰は読んで字の如く信ずる事であって働く事でない。私は修養または善行によって救わるるのでない、神の子を信ずるによって救わるるのであるとは、シイリー先生がはっきりと私に教えてくれた事である。かくて先生は福音を以て私を生んで呉れた。

先生は私の霊魂の父である。[51]

ここに修養や善行によって救われるのではなく、信仰によって救われるという日本人としての霊魂をもちながら、しかもルターに類する信仰を得ることになると同時に、道は異なってもやはり修養をしぬいて他力の信に達した満之との共通性も考えられる点に留意しておきたい。『余はいかにしてキリスト信徒となりしか』には、この回心がおこった日のことを「わが生涯におけるきわめて重大な日。……キリストはわが負債をことごとく支払い給うて、われを、始祖の堕落以前の清浄と純潔とにつれもどし給う[52]……」とのべている。

宗教の近代化の問題に関して、右の文に続いて書かれた次の文が重要な問題を提起していると思われる。「『哲学的』の傾向を持つ諸君は、この一文を、軽蔑とまでは行かずとも、一種のあわれみの情をもって読まれるであろう。この世に新しい科学があらわれたことによって、ルーテルや、クロンウェルや、バンヤンの宗教は、今や一篇の『伝説』と化したと諸君は言う。また死んだ救い主が人に生命を与えるとの信仰は『理性にそむく』とも言う。それでは私は諸君と議論しない。『全能なる神の前に責任を感ずる霊魂』などということに、おそらく諸君は一度も苦しめられたことがないのだろう[53]」。欧化主義にのって西洋から取り入れられた科学的、哲学的理性にしたがってキリスト教的超自然的な教えを単に非理性的と決めこむ思想的な浅さを指摘するとともに、神の前に自身の罪の責任を感ずる苦しみのなさをも指摘している。法然や親鸞ら一部の人を除き、圧倒的な強力さをもった一神の前での、単独者としての悪の自覚が希薄な日本人、王法や国家権力に従属しがちであった、特に近世日本人に対して、個人の厳格な責任意識の欠如を指弾している。これは間接的に、宗教の主体的選択の意識の無さを指摘しているとも考えられるが、さらに彼は続けてのべる。「諸君の野心は、人生と呼ばれるこの短い生活を超えてひろがったことがないのだろう。また諸君の全能なる審判者は、社会と呼ばれるあの月並なものであって、その『よろしい』という一語が、諸君の求める平安をすべて与えるのだろう。まことに、かの十字架にかかり給いし救い主は、あこがれ望むべき永遠と、己が心の奥を審く宇宙の霊とを持つ男女にのみ必要なのである。かかる人にとっては、ルーテルと、クロンウェルと、バンヤンの宗教は、伝説ではない。真実中の真実である[54]」。王法や国家権力を超えた価値観を求めず、社会的な評価を気にし、それのみを自己の判断の基準にする愚かしさを指摘し、それを超えた世界を提起しようとしていると言えよう。そして単なる哲学的、科学的理性による合理性を超えた「真実」の世界に住むことを鑑三は訴えていると解釈される。すでに引用した言葉であるが、鑑三は日本人の大困難は「基督教的文明を採用してその根本たり、その起因たり、その精神たり、生命たる基督教その者を採用しないのであります[55]」とのべた。キリスト教文明のみを借用し、キリスト教精神に対しては、個人の主体性と責任において対決することをせず、信ずるにせよ信じないにせよ、きびしい選択を怠っている自称近代知性人を糾弾しているのである。ここに、土台のない近世的自我意識に、王法や国家権力を突き破る宗教的選択と決断を迫る意識が読み取れるのではないだろうか。

さて以上、主として両者の内面の軌跡をたどりながら、彼らにおける内面的宗教近代化の意識を考察してきた。鑑三は自己の内なる日本人としての意識を無視してキリスト教に走ることなく、身をもって日本人の精神的伝統を消化しつつ、しかもいかにして日本人のキリスト者になるべきかを自ら提示し、単なる先進国キリスト教文明の受け売り、あるいはキリスト教団の傀儡となることを拒否した。ルターを師とし、シーリーを生きた真のキリスト者と見、表面的な近代的自我を否定して、信仰の中に生かされる新たなる自己を示した。また満之は近代的自我をただ単に否定したり肯定したりすることなく、しかもこれと闘い抜き、その深みにおいて自我を否定して他力の信に至った。これは自我との闘い、否定を通すことなく権威的信仰を受け入れていた近世の宗教的態度を超え、近代人として新たな角度から親鸞を近代に再生させることにもなった。ひとまずこのような態度に、主として内面的な宗教近代化の側面を見ておきたい。

次に両者のさまざまな宗教的実践の諸相を考察したい。端的な哲学等とは異なり、宗教は実践の中に生きた生命をもつものであるし、両者は単に哲学者でも学者でもなく、自らそれを否定したからである。

二　実践的近代化の諸相

非　戦

明治三十六年六月三十日の『万朝報』に、鑑三は「戦争廃止論」を書いた。しかしすでにその月の六日に満之は没していた。翌三十七年、日本はロシアに宣戦を布告した。したがってこれ以後三十年近くを非戦の運動に捧げる鑑三に比べると、満之の戦争に対する見方に深刻な切迫感はあまり感じられないが、しかし一つの見識はもっている。まず満之の所論を取り上げて考えていきたい。

ややもすると権威に追従し、戦争に同調しがちであった日本の仏教徒の中にあって、満之は確固たる「不諍の心」つまり争わぬ心を主張した。

「争闘は悪いことである、戦争もよいことでない(1)」と言い切る満之は、争い、戦争の根本的な原因を人間の競争心に求めた。「そもそも競争の情に駆らるるのは、智慧が充分でないからである」。なぜか。「ただ自分の目前に見ゆる一面のみの智慧を以て、他の一面の智慧を排斥せんとするから、紛争を免るることが出来ぬのである。世間の議論や説明に相違があり、衝突があるのは、畢竟これと同様である。しかして議論や説明の相違衝突から、実際の闘争や戦争やが起りて来る(2)」と考えるのである。ここに争いの原因を見いだした満之は、その解決のために二つの方法を提起する。

第一の方法は完全なる智慧に達するのである。吾人が完全なる智慧に達すれば、吾人は敵対万物の妄情を脱却して、万物一体の真理に安住することができる。吾人にして万物一体の真理に安住することを得れば、吾人は天地を以てわが体とし、万物を以て我が相として、決して吾人に敵対する所の外物他人を見ぬようになる故に、吾人は常に不諍の心に安住することが出来る(3)。

満之の考え方の根底には、万物は一体であるという強い信念があった。万物一体とは「宇宙間に存在する千万無量の物体が、決して各個別々に独立自存するものにあらずして、互いに相依り相待ちて、一組織体を成すものなること(4)」である。したがって天地はわが体であり万物はわが相となる。一つとしてわが敵はないことになる。むしろ天下の一切について自分に責任があることになる。したがって争いの心つまり不諍の心をもってはならないことになる。天下とともに楽しみ、天下とともに憂えるのでなければならない。

しかし満之によれば、実際は人間の智慧は有限であって、この第一の方法を体現することははなはだ困難なことである。そこで彼は次のような方法を提示する。

有限の智慧を基礎として不諍の心に安住せんには、第二の方法を取らねばならぬ。その方法は如何と云うに、吾人が自己の智慧を尽すも、到底及ばざる所多きを確認するのである。吾人が真個に我が智慧の及ばざる所あるを確認する以上は、吾人は決して吾人の所見を以て、他人を降伏することあたわざることあるを許容せねばならぬのみならず、吾人は他人の論説動作に対して、充分なる寛容主義を取らねばならぬ。しかして充分なる寛容主義の実行は他力無限を信じて充分なる満足を感ずるものにあらずば、決して為しあたわざることである。第一の方法は吾人を無限大にして不諍の心に安住せしむるのであり、第二の方法は吾人を無限小にして不諍の心に安住せしむるのである。(5)

完全な智慧をもつことのできない人間の世界においては、互いに有限な者同士が許し合い、寛容な態度をもち合わねばならないという。このような相互の寛容主義は、無限の他力の働きかけを信ずる信仰から生まれるというのである。有限な自己の分限を自覚し、無限な他力の力に抱かれるとき、真に互いを許し合い、不諍の心の中に安住できるというのである。自己は本来万物と一体であり、完全な智慧を体得すれば敵味方の区別などまったくないのであるが、その智慧がもてないこと、そのことを謙虚に自覚し、その小さな智慧で敵味方を作り敵を降伏させようとするのではなく、無限な仏の力によって智慧を開かれ、不諍の心に安住せしめられる、その思いをもてという。

彼は「不諍心」を、さらに具体的な言葉である「和合の心」と関係させて当時の社会に訴える。一歩立ち入って考えてみよう。

満之は和合主義に対立するものとして生存競争を指摘し、この生存競争を西欧思想のマイナスの面であると指摘する。

> なるほど、今日、日本の現状は生存競争の主義に支配せられている、と云うてもよろしいかもしれぬが、しかしこれは一時のことである。吾人が西洋文明の長所を学ぶために、覚えず知らず、彼の悪主義までも吸収したのである。しかるに今日、この点に於て反省自覚して、吾人は競争主義を捨てて、和合主義を取らねばならぬことが分った以上は、吾人は決して通義だの輿論だのということに頓着すべきでない。断然として和合主義を発揚すべきである。[6]

このような満之の態度には、ただ西洋思想を模倣する単なる欧化主義ではなく、西洋思想を理解し、それに仏教的万物一体観を対決させ、近代日本人にとってあるべき姿勢を選択する態度が見られる。では和合主義とは具体的にどのようなものであろうか。

> 生存競争だの優勝劣敗だのと云う主義は、人間をして禽獣世界、昆虫世界に堕落せしむる主義であるのである。このことを明らかにせずして、和合の心を修養せんとすれば、常に妨害を免れないことであるから、和合の心を修養せんとするものは、第一にこの事を熟知せねばならぬ。これを簡短に云えば、生存競争の主義は「人を見れば敵と思え。」と云うのであるのに、和合の主義は「人を見れば仏と

思え。」と云うのであるから、二者全く氷炭相容れざるものであることを知らねばならぬ。(7)

我欲に基づく低次元の競争主義によって人を敵と思うのではなく、万物一体の思いによって他人も無限な仏の一つの姿であると見、区別、差別、敵対の意識を捨て、ひいては四海兄弟、万国同胞の見地に立てというのである。この主義は社会のさまざまな次元に通じるという。

すなわちここに吾人が某なる一人に対して和合の心に住するには、吾人と某とが同範囲内に立ち得べき所に、その同胞主義を思うのである。もし某が家族中の一人であれば、吾人は家族同胞の観念によりて、和合の心に住し、もし某が同郷の一人であれば、吾人は郷党同胞の観念によりて、和合の心に住し、もし某が同学の一人なれば、吾人は学海同胞の観念によりて、和合の心に住し、もし某が同信仰の一人なれば、吾人は信仰同胞の観念によりて、和合の心に住し、如何なる人物に対しても、吾人はただちにその人物と吾人とが、同範囲内に立ち得べき所に、同胞主義の観念によりて和合の心に住すべきである。この如き同胞主義の観念は、畢竟万物同体の原理に由来するものにして、その範囲は広く万物に及ぶものなりといえどもその実際は吾人現在の必要に応じて、大小種々の範囲に発現するを見る。(8)

満之によれば、西洋近代思想のマイナスの面である優勝劣敗や生存競争は、現実世界を戦場とみるのであり、これには同調できないとする。家族、地域社会、団体、集団など、どのような場であろうと、すべてが同胞であるという思いに立つべきであるというのである。万物一体の仏教的世界観に立った精神共同体的な考え方であると言えるであろう。「和合心あれば社交心あり。社交心あれば同情心あり。同情心あれば慈悲心あり。大慈悲心はこれ仏心なり」(9)と訴えていく考え方は、実際に日露戦争や第一次世界大戦に遭遇して非戦を訴えた鑑三に比べれば、やや観念的ではあるが、その基底においては宗教者としてやはり鑑三に通じるものがあると言える。

さて鑑三の非戦論についてはすでに第一章で触れたので詳しい点は割愛するが、鑑三も満之と同じように、当時の戦争の病根を西洋近代文明のマイナスの面に見いだした。

> 人類の最善、これを称して文明という、いわく政治、経済、殖産、工業と、しかしてそのおわる所は戦争なり、国民は文明に進むと称して実は孜々《しし》として戦争の準備を為しつつあるに過ぎず、神を目的とせざる労働の結果はすべてかくの如し。[10]

神を目的とすることなく、人間を中心にすえ、単に我欲を満たすために競争することは、他でもなく戦争を準備していることであるという。人間としての分限を忘れ、おのれの欲望のみを求め、人を見れば敵とする、と指摘した満之の思いに通ずるものがある。神を目的としなければならないという鑑三、他力の働きかけを自覚しなければならないという満之には、当時の思い上がった近代人への共通の警告がある。鑑三は言う。「近代人は堕落せるアダムと同じく、自身神とならざれば止まないのである[11]」。

もちろんこのように共通して時代を非難したといっても、両者の発想の基盤は異なる。鑑三の場合は、創造者ヤハヴェに対する人間の思い上がり、原罪をになう人間の悔い改めの無さを非難するのであり、満之は慈悲に満ちた万物一体の真理を看過し、真の智慧を会得する努力の無さを非難しているのである。それぞれキリスト教と仏教という背景の違いは当然ある。しかし両者が近代人の精神的病巣を見、神への畏敬、和合心という宗教的な発想を選択、提起して訴える在り方は、宗教近代化の実践の顕著な一面を見せている。平和を説きながら競争し戦争を引き起こしている近代人の特性を見抜き、宗教を新たな視点から提示していると考えられる。満之はいう。吾人が愛だの、慈悲だの、同情だのと云うことを思うならば、吾人はその前に競争を斥け、不諍を進むるの心を養成せねばならぬではないか。愛だの、慈悲だの、同情だののために競争すると云うは、訳の分らぬことである、自家撞着のことである。(12)

教育の問題

鑑三は明治四十三年、当時の教育について次のように書いている。「艱難に勝つの能力を供せずして、艱難を避くるの方法を授く、これを今日我国に於て行わるる教育となす、かくの如くにして勇者は養われずして才子は作らる(13)」。

満之は明治三十二年、次のように言った。「艱難は汝の試金石なり。艱難に遭い、しかして挫せず屈せず、ここに汝の純金たるを証すべし(14)」。

まず鑑三の見方について考えてみよう。彼は文部省に対して次のように訴えている。

教育の目的は人を作るにある、そして人たるは学者たり、智者たり、成功者たる事でない、おのれに足りて他に求むるの必要なく、窮乏の内に在るも感謝満足の生涯を続け得る者である。我が文部省はその国民教育に於てかかる人を作り得しか。善き国民を作らんと欲して善き人を作り得ざりしが故に、善き国民を作り得なかったのではあるまいか、当局諸彦《しょげん》の熟考を乞う。(15)

当時の日本が真に善き人間をつくることなく、国家優先の考えによって国家に有用な人間をつくることにのみ教育の目的をすえたことを非難するのである。ただ富国強兵に向かって独走した日本が見落とした教育の欠陥を、たとえば次のように指摘し、本来の教育のあり方を考えようとする。「今や金は兵力を支配し、政治を支配し、文明を支配する、今や金なくして国家は一日も立つことが出来ない、故に実業教育はしきりに奨励される(16)」。

では金以上のものとして何があるか。「しかれども世には金を以てするも獲るあたわざる者が多くある、また金を獲るの一点より見るも金は金を獲んと欲して獲ることの出来る者でない、金を獲るに金以外の勢力が要る、知識は確かに金以上の勢力である(17)」。

いかに金が必要であっても、その金を得るためには知識が必要である、という。その知識とはどのようなものであろうか。「知識は勢力である、知識は富を作り幸福を増す、知識は天然を征服しこれを利用する、知識は最大の富源である、富はこれを山と海とに於てのみ探るべきでない、またこれを人の脳裡に於て求むべきである、国民の知識を開発して、荒蕪をひらくに勝るの利益がある(18)」。

しかし知識のみを教育の基礎とするとき、次のようなあやまちに陥ることがある、という。「知識は誇り易くある、また誤り易くある、知識は脳を開くも未だ以て心を拓《ひら》くに足りない、知識は非社交的である、独りおのれを以て足れりとする、知識を教育の基礎となして多くの利己主義の人を作らざるを得ない(19)」。

知識はただ人間の脳においてのみ問題にされるとき、傲慢と利己主義の道具になる場合がある。心において問題にされねばならないというのである。「ここに於てか知識の上に道徳が必要である、……富者の驕奢と智者の傲慢を破るために必要である、国に道徳が欠乏してその富は少数の富者の手に止まり、その知識は少数の学者の専有する所となる、道徳は直接にまた間接に富と知識とを増すために必要である、道徳は知識の領域を広め、富をその根底に於て涵養する、道徳は知識に勝りて深くして堅固なる力である[20]」。

道徳があって初めて富と知識は生かされる。富国強兵に走る人々に心の深みを示す。しかしその道徳も、生きた信仰の生命と一体でなければ維持できないという。ここに彼の独自性があると言えよう。「道徳といえどもまた独り自からおのれを維持し得る力でない、道徳もまた人の力であれば、人と共に有限である、道徳をそれ自身に放任してついに枯渇せざるを得ない、道徳は硬き規則と化し易くある、偽善と変じ易くある、道徳をして固き律法とならざらしめんがために、道徳以上の者が要る、それはすなわち信仰である[21]」。

道徳は人間の力によるものであるが、人間は有限であるために完全には維持できない。この論理の運びは満之にも通じるものであるが、では、どのように信仰が道徳を維持するというのであろうか。

信仰は人を無限の神につなぐものである、しかして神は道徳、知識、実力の本源であるが故に、彼に連りて人は能力の本源につらなるのである、ここに於てか彼は規則を以ておのれを縛ることなくして道徳を維持するを得、愛の泉をおのが心の中に発見して、強いてみずから努むることなくして生命の水を他に供給し得るに至る、しかして道徳はおのずと彼より湧出《わきい》ずるに止まらず彼の心霊は自由を得てその結果として彼の智能までが著しく発達する[22]。

無限の神に顔を向けるとき、愛の泉が心の中に発見され、その生命の水に潤おわされ、道徳は単に規則としてではなく、あふれるように湧き出、心は自由にされ、知能も発達するという。さてこの段階に至るとき、信仰は生きた学問へと人々を導き、生きた人間をつくり、社会を豊かにするという。「信仰は単に信仰として止まらない、ただちに自由研究の精神として現われ、科学と哲学の発達をうながす、殖産これが故に起り、事業これが故にあがる、信仰の杖を以て堅き心の磐を叩いて、その中よりすべての善き物は出来《いできた》るのである[23]」。

信仰といっても決して狭いものではない。真の信仰を得れば、その信仰が堅い心を叩き、人間を教育し、自由な研究のエネルギーとなり、さらには殖産をおこし、事業を進めるというのである。このように鑑三は教育の基礎に宗教的な信仰を選択し、適用させようとする。ここにまた宗教の実践的近代化の態度が考えられる。意に反して不敬事件の犠牲になった鑑三の筋金入りの教育観は、魂のこもった教育そのものの意味を考えさせることになる。

満之の教育観については、すでに第二章でのべた京都中学、真宗大学での苦闘の教育を振り返ってみればわかるであろう。彼にとって、信仰・道徳・学問および教育は一体であった。たとえば科学と宗教、知識と信仰を別物であると考えようとした当時の傾向にも、重要な問題を提起した。

学問と宗教、知識と信仰とは、また互いに相融和して、決して相反発すべきものにあらざるなり。故にこの間にありて衝突を生ずることあるは、けだしこの二個の場合によるものなり。一は吾人が学問上の知識を以て、宗教上の信仰を左右し得るものと誤解するの場合にして、一は吾人が宗教上の信仰に基き、学問上の研究を制限せざるべからずと誤解するの場合これなり。二者共に宗教的信仰に熟達せざる者の誤解に外ならずといえども、一は多く学者の方面より出ずる誤解にして、一は多くの宗教者の方面より出ずる誤解なり。学問のみを知りて宗教を知らざるものは前者に陥り易く、宗教のみに従うて学問に従わざるものは後者に陥り易し。[24]

この文章は、知識と信仰の関係についてのべられたものであるが、信仰が学問を生きたものにし、教育の発達をうながすものであると主張する点は、鑑三と共通すると言える。

二人はそれぞれ異なった宗教を信じたのであるが、宗教的信仰を通して大いなる世界と生命の泉によって心を清め、魂を自由にし、心を強めることにより、単なる才子ではなく艱難に勝ち得る人間を形成し、さらには真の知能を伸ばし、正しく学問に接するように教育しようとした。西洋の教育をただ模倣するのではなく、キリスト教あるいは仏教の信仰を選択し、その教育を生きたものにしようとした姿が、両者に読み取れるのではないだろうか。

独　立

鑑三は詩人シラーの「勇者は独り立つ時最も強し[25]」という言葉に深い共感を示し、引用している。

また満之は「独立者は常に生死巌頭に立在すべきなり[26]」とのべた。

二人はこの言葉によって何を言いたかったのだろうか。彼らは、いわば他力の信仰に徹した人であった。一般に他力的な信仰に入る人間は甘えや依頼心が強いと言われるが、それは誤解である。少なくとも二人は、まず徹底して自己の甘えや依頼心を拒否し、自己からの独立を目指した。真の信仰と真の独立は表裏したものである。「独り立つ」とか「独立者」と言った背景に、私は次のことを読み取りたい。すなわち自分が自分から独立すべきだ、ということである。

満之は言う。「吾人はまず第一にすべからく内観するの必要あることを唱道するものなり」[27]。この内観とはどのようなことを言うのか。

満之は内観主義と外観主義を指摘する。内観とは自己の目を自己の内に向けること、外観とは自己の目を自己の外に向けることである。そして彼は、まずだれしもが内観すべきことを強調する。内観し自己を自覚することなくして目を外にのみ向ければ、欲望に駆られて外物だけを求め、真の自己を独立させることにはならないからである。

外物はこれ無限無数ならずや。無限無数の外物こもごも来りて前に現ず。一を得れば二来り、二を得れば三来り、三を得れば四来り、外物の来現決してとどまる所なし。しかして吾人の欲望は、彼等を逐うて止む時なし。吾人は断じてこの誘惑を脱せざるべからず。しかして吾人はこれを誘惑と云う。外物に対する内観の自覚確立せざるを以てなり。内観の自覚確立せざるが故に、外物は常に内観に対して優勢を占む。これ誘惑の状態なり。[28]

本人が本来のあるべき姿を求め現実の自己と戦う以前に、親や社会に無難な価値観を植えつけられてしまうのも、目を外にのみ向け真の独立を妨げられていることである。まず自己の内を内観しなければならない。内観によって自己を自覚したとき、外物によって乱されることはない、というのである。

内観の自覚にして確立せば、外物の来現は決して誘惑たらざるなり。何となれば、内観の自覚確立せる時には、外物如何に麕至《くんし》するも、吾人は決して彼等に乱動せられざればなり(29)。麕《のろ》という動物が群がるように、いかに外物が集まってきても、内観による自覚の態度があれば、それに乱されることはないという。したがって内観を最重要のこととする。

内観主義を立つるの要は、畢竟自家の本位本分を覚知するに外ならず。故にこの自覚を開悟せずして、外観の事に従うは、これ自家を知らずして、原野に彷徨するものたるなり(30)。

外界の原野に彷徨する前に自身の心を知れというのである。自己を自己から独立させ、本来あるべき自己に高めるためには、原野に独り立っておのれの足場を固めなければならない。鑑三も真の意味での孤独に徹することを勧める。真の意味とは、他に惑わされずにおのれの心を見つめ、たずね、そして友となることである。「孤独とは何であるか、孤独とは心を友とする事である(31)」。

もちろんこの孤独とは、単に自分の殻に閉じこもることではない。安易に外界の友を求めて自分を失うことを諫めている。「この世では孤独でも宜しい、孤独の方が宜しい、真正の友人と偽りの友人とを判別し難いこの世に於ては多く友をもとめるのは多くの危険を冒す事である(32)」。真の孤独を知り、おのれのあるべき自己を知ったとき、高い自己に至り、自己以外のすべてが友となる。

我は孤独である、しかし孤独ではない、我にも我の友がある、しかり我は孤独であればこそ、かくも多くの友をもつのである、……そうして心を友とする者は天下宇内すべて心を友とする者を友とする者である。[33]

他人から要求される自己像ではなく、まず本人が、自己にとって本来あるべき自己像を形成すること、そのためにまず孤独において自己の心を友としなければならない。そこにおける自己追究でなければならない。ある意味で自己否定を通した自己発見が必要である。これは満之のいう内観主義にも通じるものである。安易な自己肯定、安易な自己への妥協に傾く人々に問題点を提起する。

さらに鑑三は青年たちに次のように言うが、社会の改良、救済を叫ぶにしても、まず自己の心を見つめ、洞察し、自己を改良してからでなければならない。

青年各自が自己を改良し、自己を修養し、自己を研究して真の人間となれば、それがすなわち大なる社会改良であるではないか、それがすなわち非常なる社会救済であるではないか、とにかくに今の青年は、本を忘れて末に走り易い悪い癖がある。[34]

では、自己の孤独に徹し、自己の中に本来あるべき高い自己を見いだしたとき、どうすればよいのか。概して青年は頭の中の「自己像」で止まってしまう場合が多い。「学生は心的平衡を失える者なり、脳と口とに重くして手と足とに軽き者なり、故に平衡を失し易くして転倒し易し」[35]。

自己の確信する高い姿に気づいたとき、信念をもって今ある現実の自己をその理想像に近づける努力に入らねばならない。思索は思索に終わることなく、実現への努力がその後に続かねばならない。これを鑑三も満之も「実験」と言う。もちろんこの語は、すでにのべたように自然科学的な実験という意味ではない。自分の体験を通しておのれの血となし肉とする精進をいうのである。特に宗教的な場合はそうである。鑑三は言う。

彼等は主として読書の人にして労働の人にあらざればなり、彼等は脳裏に宗教を了解せんとして、生涯にこれを実験せんとせざればなり。(36)信仰は実験なり、神の自顕の実験を味わわざる者は万巻の書を読むとも、基督に顕われたる神の真理を受くるあたわず。(37)

真摯な信仰の実験に徹しているまさにその孤独なときにこそ、人間は最も強くなるのである。なぜなら他人や社会の目が彼の視野からまったく捨てられるからである。恐れる何ものもすでになくなる。「勇者は独り立つ時最も強し」と鑑三が言ったのも、このような意味がその背景にあるのではないだろうか。神の前に独り立つとき、神以外何も恐れず、神の意志であればどのようなことでもなし得る。この言葉とともに「クリスチャンは独り在る時最も神に近し」とものべられている。

満之が明治二十三年頃から厳しい禁欲生活に入ったことはすでに何度かのべたが、それも単に頭の中であるべき自己を求めたのではなかった。精神と肉体を賭けた自己全体の闘いであった。あるべき自己を考えたとしても、その自己に自分がならねば意味がない。そうなる道には単独者としての自分しかいない。独りで立つ意志がなければならない。だれかが代替してくれるものでもない。おのれの肉体が妨害してもそれに動じてはならない。おのれの生死を賭けたぎりぎりの状況に立たねばならない。「独立者は常に生死巌頭に立在すべきなり」というのは、このようなことを言うのではないか。「宜しく信念を発得すべきなり。信念を発得せば、苦悩を脱却し得べきなり。脱却し得べしと云うも、得べからずと云うも、言語に過ぎず、実際は汝自らこれを実験せざるべからず[38]」。

このような態度は、孤独に耐えた血の実験による自己の選択でもあったし、近代的知性を通し、しかもそれを超えようとする主体的な宗教体験でもあった。この自己の実験からにじみ出るものを提起する姿は、また宗教近代化の実践的一側面でもあると考えられる。

自由

「自由」という言葉ほど人間にとって魅力的な言葉はないであろう。しかし現に今、自分が自由になるにはどうすればよいのか、という問題ほど解答が出しにくい問題もあまりないであろう。一般に、自由とは他人から束縛を受けず自分の思うままにふるまえることをいう。しかしそれが単なる自分の欲望から出ているのであれば、すでにその欲望に自分の自由が縛られ、他人と衝突し、自由であり得なくなる。自由になろうとしながら、ますます自由とは反対の方向に進むことになる。

鑑三は言う。「ここに完全に自由を得るの途がある。それは法律によるにあらず、社会の進歩を待ちてにあらず、また自から闘って得るにあらず、これを万物の主宰者なる神より賜わるにある[39]」。

また満之は主張した。「吾人の精神が無限大悲の光明懐裡に摂取せらるるにあらずば、この満足と自由とを得るあたわざることを断言せんとするものなり[40]」。

一般に言われる自由に対して、二人はどのような「自由」を訴えようとするのだろうか。「神から賜わる自由」とか「無限大悲の光明の中に摂取されて得る自由」とはどのような自由なのだろうか。

満之は言う。「人自ら独立自由を欲す。しかれども、執着あるいは我をして、その執着あるいは愛着の目的に服従せしめ、これがために使役せられしむ(41)」。人間はだれしも執着する心をもっており、この心に使役されている。だからこのような執着心に駆られて自由、独立と叫んでも、それは完全な自由とはならない。満之によれば、執着心をもち有限者として存在することは否定しがたい事実である。だから有限者はその立脚地を絶対無限者におかねばならないという。無限者の懐の中に抱かれている有限者である、と常に自覚しなければならないというのである。無限者に抱かれていると自覚することによって、初めて有限なままに無限たり得、不自由でありながら自由であり得るという。このように自覚せしめられた歓びは、すすんで他人に服従する態度となる。一般に人は自由を好んで服従を嫌う。だがこれは自分のみを愛しようという執着心に基づく。無限者である仏の慈悲に包みこまれたとき、本人の精神は歓んで絶対的な服従の精神となるというのである。『精神界』で精神主義を主張したことは周知のことであるが、「今精神主義によりて云う所の自由は、完全の自由なるが故に、如何なる場合に於ても、常に絶対的服従と平行するを以て、自由に自家の主張を変更して他人の自由に調和することを得て、決して彼の自由と衝突することあらざるなり(42)」という。

この調和とは妥協ということではない。元来、仏教的な万物一体観が満之の発想の根底にあった。おのれの存在は他の存在でもあり、おのれの不自由は他の不自由でもあった。執着心を離れ、絶対的に他に服従することは他に妥協することではなく、おのれを自由にすることでもある。他人の自由に和し、しかも同時にそこにおのれの自由を得るのである。この服従は主体性を放棄することではなく、逆に無限なるものの内に主体性を見いだすことになる。

「自己も完全なる自由を有し、他人も完全なる自由を有し、しかして彼の自由と我の自由と衝突することなきもの、これすなわち精神主義の交際というべきなり[43]」。このような自由は、慈悲に満ちた絶対無限者である仏の懐にあって体感されるものであり、単に自分の心のみを問題にする「唯心論」でもないし、もちろん物質主義などとも根本的に違う。「精神主義の目的は物質主義を去り、動物主義を去り、社会主義を去り、国家主義を去り、個人主義の中にも、肉体主義、不足主義、競争主義を去りて、精神主義、満足主義、自由主義に就くにあり[44]」。あくまでも「無限大悲の他力的感動」の中に生まれ、「自由自在に活動する」慈悲に満たされた、しなやかで、しかも静寂で堅固な自由である。「種々様々の事変は、泰山のくずるる如く、わが身の上に圧し来るとも、われはうろたえるということはない。常に寂静なる安住処にたちて、しかもその上で自由自在の働きを為し、苦しみなく悩みなく、自分の事業を努めることができる[45]」。

富国強兵へと独走する時代にあって、満之は競争主義や物質主義の狭い枠から精神の独立と自由を守ろうとした。しかも現実から逃避することなく、同時にとらわれることなく、現実に和する自由を主張したと言える。「いわゆる天下と共に楽しみ、天下と共に憂うるの見地に到達せざるべからざるなり[46]」。

また鑑三は言った。「自由とは何か。自由はもちろん気まま勝手でない。気ままの人は自由の人にあらずして、その反対に束縛の人である。彼は己が気ままの外は何も為し得ないのである。善と知りても善を行い得ず、義務に会うとも義務を果たし得ないのである。ただ自分の欲するがままを為し得るのであって、赤子と同じくいわゆる『境遇の子供』である(47)」。ただ本能にしたがって気ままに生きるのは、自由ではなく、かえって束縛されて生きていることだ、というのである。では真の自由はどこにあるのであろうか。「神より来らざる自由は、自由にして自由にあらず、……故に完全に自由ならんと欲せば、吾人は完全に自由を有する神に到らざるべからず、すなわち吾人は神に依りてのみ真正の自由あるなり(48)」。それは「神とは彼自身に於て完全なる者(49)」だからである。

具体的に鑑三に問おう。人が現実の世界で自由に生きることとはどのようなことか。「自由は神がおのおのに賜うた職責を何の妨害《さまたげ》を受けずして尽すことであります、この職責をまっとうするのが各人の天職でありまして、各人に於てこの天職を認め、これを尊重し、その成功を扶けるのがその人の自由を重んずることで、またその人に対する私共の大なる義務であります(50)」。

無限にして自由な神が各人に与えた使命をまっとうするところに、各人の自由があるというのである。神の人間への愛に応え、神の意志におのれを捧げ尽くすところに生まれる自由である。同時に、「自由は自身のまったからんことを欲するが如く、他のまたまったからんことを欲す(51)」るものでなければならない。そこにはおのれの本能の追求ではなく、おのれを空しくして他人の自由を完成しようとする真の積極性が望まれている。「故に人の自由を奪う者はその人の霊魂を殺す者であります、我が安楽を計らんがために人の自由を奪う者はその人の霊魂を殺すものでありります、たとえその人が子であろうが、家来であろうが、神の眼の前には少しも変りません、そうして自由圧抑の罰は愛心の消滅であります、……努むべきは人の自由の承認であります[52]」。

すでに序説でも問題にしたが、ルターは『キリスト者の自由』の冒頭に「キリスト者はすべてのものの上に立つ自由な君主であって、何人にも従属しない」、「キリスト者はすべてのものに奉仕するしもべであって、何人にも従属する」とのべた。キリスト者はおのれを神に委ね、神より賜った信仰に生きているから、すべてにまさって自由である。と同時に、自由を与えられたキリスト者は歓んですべてのものに奉仕し、従属し得るという意味である。完全な自由は完全な従属とともにある。したがってこのような従属は決して主体性の放棄ではない。従属を通して他人を自由にし、自身も自由にされるのである。自由にされた人間は自己に勝ち、自己を治め、他人のしもべとなって真の自由へと高められる。

さらに鑑三は言う。「自由は気まま勝手を行うの意にあらず、自由は自ずからおのれを治むるの意なり、自由はおのれを神に委ね、しかれども強いられて委ぬるにあらず、自から求めて委ぬるなり、自由は自から択んで人の僕たるも、しかも終まで自主たるを失わず[53]」。封建体制が打破され、近代的な自我が主張されるにともない、我欲の肯定、物質主義、競争主義、人間中心主義への動きが活発化していた当時である。自己との厳しい対決を通し、無限なる仏、完全なる神におのれを委ねきり、しかも他人のしもべとなることによって自他ともに真の自由に至ろうとした二人の自由観の選択は、それぞれの宗教的な背景の違いはあっても、時代と人心を見極めて宗教的な自由を訴える宗教近代化の態度を示すものである。

病と宗教

宗教は端的に哲学でも思想でもない。今、現に生きている一人一人の人間を救うものでなければならない。であれば病に苦しみ死に直面する人間にも光明を与えるものでなければならないであろう。このような人々に、二人はいかなる態度を示しているのであろうか。

満之は死の三日ほど前に、正岡子規の句をまねて「血をはいた病の床にほととぎす」とうたった。まだ四十歳であった。その数カ月前には、知人に「病気に抵抗するには及びません。柔よく剛に勝つと申すことは、病気を取扱うにも至極良い心得です[54]」と語っている。不治の病にかかっていながら、どうしてこのような心境になり得るのか。また鑑三は「疾病は確かに大なる恩恵である[55]」と言った。彼らの心の奥には一体どのような腹のすわりがあるのか。

まず鑑三にたずねてみよう。「疾病もまた神の使者である、信者の信仰の目を醒さんための神の使者である[56]」。病が神の使者であるとはどのようなことであろうか。「愛の父はしばしば疾病を下し、彼等を一時的無能者たらしめ、働らくをやめて、頼らしめ給うのである、天国は活動を以ては獲られない、信頼によって与えらる、そうして信頼をおこすためには疾病は健康に優りて遥かに有力である[57]」。

病はその人が働くのを一時的に休ませ、その目を醒まし神に向けさせ、信頼をおこさせるためのものだというのである。このような病のとらえ方は、病を消極的、受動的に受け取るのではなく、きわめて積極的にとらえ直すことになる。肉体が弱ることによって精神が弱るのが一般であるが、鑑三は次のようにのべる。

疾病は肉体の疾病である、故に精神の静養である、疾病によって我等は静養を余儀なくせらるるのである、この点から見ても疾病は確かに大なる恩恵である、……我等は自己について考えること至って少なく、朝起きてより夜眠るまで他人のことについてのみ思わねばならぬ地位に立つ者である、しかるに一朝疾病に撃たれて床に臥するや我は我が責任より免《ゆる》さるるのである。この時我が時は我がものとなり、我は自己について考え、我が神と特に親しく交わるに至る、足立たず、手動かず、咽喉鳴らざる時に我が休息の時は至る、人は病後の静養を語る、しかれども我が静養は病中に行わる、病癒えて後に我は起きて直ちに我が業につく、「静養のための疾病」、キリストの僕の疾病とはかくの如きものである。(58)

病は肉体の病であって、これは精神の静養であり、大なる恩恵であるととらえるのである。さらには社会的な責任から解放され、自己を考え、神と親しく交わることによって病はまさに高い次元での静養となるというのである。ここには、信仰によって肉体的苦痛を高い精神の静養にまで引き上げ、これを深い感謝にまで高める鑑三の見方がある。とかく病気にかかると人間は弱気になり、健康な人をうらやみ、弱くなった自分を見つめる勇気を失いがちである。しかし鑑三によればこのような時間こそ実は最も貴いのだと言うのである。神を知っておのれを知らされる時だからである。「感謝、感謝、何事も感謝、健康も感謝、疾病も感謝、生も感謝、死も感謝、そはすべての事は神の旨に依りて招かれたる神を愛する者のために悉く働きて益をなすを我等は知ればなり（ロマ書八章二十八節）、昼は太陽を仰ぎ、夜は月と星とを仰ぐ、健康の時に外に拡がり、疾病の時に衷に穿《うが》つ、強き時にこの世に勝ちて、弱き時に天国を与えらる、故に、もし自己一人のために計らんには疾病は健康よりも貴くある」[59]。

明治三十九年冬、鑑三は病にかかったが、病の癒えたとき、「我が信仰に一大進歩」があったと気づき、「喜んで」次のようにうたった。「雪の間を病の床に打臥して覚むれば嬉し愛の春雨」[60]。

さてキリスト教を土台にした鑑三のこのような病の見方に対して、仏教を土台にした満之の見方はどのようなものであったか。

満之は明治三十六年四月発行の『精神界』に「喀血したる肺病人に与ふる書」を載せている。当時は死病とまで言われた結核の患者に、自分の闘病経験と病をどう受け入れるべきかについての日頃の思索を書き送ったものである。その内容は三条に分けられている。「第一条　人生の義務責任について安心すべき事」、「第二条　医薬飲食看護等の事に安心すべき事」、「第三条　最後の救済について安心すべき事」。以下、順に見てみる。

まず第一条では次のようにのべる。病にかかった者が苦しむことに、社会に対して義務が果たせないということがある。精神的にも肉体的にも金銭的にもである。そこで満之は「病気療養のためには、断じて世間の義理人情のために悩まさるることなきように注意することが必要である」[61]という。つまり世間に不義理をするとか、世間のために尽くすことができないことを思い悩むな、と云うのである。「語を換うれば、道徳不道徳の思想を超越したる天地に、その心を安んぜよというのである」。この道徳という言葉は、いわゆる倫理道徳という意味での道徳ではなく、人間関係の義務といったものである。

　ではそれを超越した天地とはどのような境地を指すのであろうか。その前に第二条を見ておこう。「医薬や滋養や、看護などと云うことは、ただ幾分その効能のあるのみの者で、決して大層な妙用のあるものではないと云うことである。もちろん肺病には妙薬はないと云うことは、医者の方からも公言して聞かすことではあるが、病人自身に、その事を充分記憶して忘れぬようにすることが必要である(62)」。もちろん満之の場合は結核という病気であり、明治という時代である。そのまますべての病に妥当するわけではない。しかし医師や薬や看護の面からだけ病を見るのではなく、病人本人の心の有り様を問題にしていることに留意しておかねばならない。

　さて第三条で満之は、とかく人間は病気になると世間に気兼ねをして卑屈になりがちであるが、健康人に並び立って人間として意義ある存在になれ、という。「肺病人も他の健康者と同様に、人間社会に並び立って、一種の意義を以て生存することを得ることである。その意義と云うのは、外のことではない。社会の組織上に、種々の差別はあれども、畢竟、人生の根本問題たる一大事件を解決して、各々にその境遇に応じて、これを実現することである(63)」。病を得たことによって、かえって人生の根本問題を解決し人間社会に意義ある存在となれというのである。病に敗けて社会に背を向けてはいけない。鑑三も病気を絶好の精神の静養ととらえ、神の恩恵と考えた。

　満之によれば、人生の根本問題とは、人生とは何か、生すなわち「我らが活動しているその活動の根本」とは何か、を問うことであった。病気に敗けてこの問題を避けるのではなく、この機会にこの問題を真正面から積極的に問いただせというのである。「この問題についての思念が明白であれば、それが生活作用のすべての方面に大なる気力を与えて、心身を快豁ならしむるに反して、もし、この問題についての思念が曖昧であれば、生活作用をすべての方面に於て、鈍渋ならしむる次第であるが、病気の時、特に喀血状態などの時は、この影響はすこぶる大なる者である(64)」。すなわち病を機に、人生の根本問題を考える宗教的なものを追究しなければならない、その精神的な意欲が心身に気力を与えるというのである。とかく宗教は消極的なもの、ひいては病に当たって縁起の悪いものであるとされがちであるが、それは決して宗教の本来の姿ではない。

満之は指摘する。「宗教の道に入らざる青年が、肺病のために早くたおるる原因の一つは、確かにこの関係であるようである。特に、青年は宗教に冷淡なものが多く、その両親なども病気にかかりたる者に、にわかに宗教の話でも聞かすれば、あるいはもはや生存の見込みが少なくなったから、このような話を聞かさるるのであると思わしむるようでは、病勢を盛んならしむるように思うて、両親などはなるべく、そんな縁のないように注意することあるがために、病人は徒然であるから、世事人情等について余計な心労に陥り、ついに両親の慈愛のために、かえって病勢を増進せしむる都合となり……(65)」。この問題は現代の癌告知などの問題にも深く関わるであろう。告知の是非もさることながら、それ以前に一人一人が、人間の根本問題である生とは、病とは、死とは何か、を責任をもって考えておくことが必要である。つまり癌であることを知って動転する前に、深く人間の生、病、死などの根本問題に対決し、生き方を選択し、確固たる信念を形成する努力をすべきである。それができるとき、かえって病を包容するゆとりも生まれてくる。「柔よく剛に勝つ」と言う言葉もこれと無縁ではないであろう。満之もこの点を指摘し、既成の宗教が、一人一人の人間が今現に生きている事実そのものよりも、老人の死にばかり焦点を当てることを非難する。

これは畢竟するに、人生観の決定、すなわち宗教の要義を等閑にするより起る一弊である。もちろん、今日までの宗教の勧め方では、宗教は老人には必要なるも、青年には必要でないかの如く聞こゆるような説きぶりもあったようなれば、……宗教は決してそう云うものではなく、大体が、人生とは何ぞやという問題について、その決定を為さしむるものである。(66)

このようにして、病から逃げるのではなく、病をあきらめるのでもなく、宗教を個人個人の主体的な生の基盤に位置づけることによって、病を積極的に生きる姿勢を提示する。主として死後往生を説き、病に立ちむかう積極的なものに結びつけられない傾向があった近世的宗教教団に、二人は近代的な宗教的実践の方法を提示したと考えられる。

死と宗教

鑑三は明治二十四年、不敬事件のさなかに妻かずを失った。彼女は鑑三の肺炎の看病と事件の心労が重なって床にふし、夫のことを祈りながらこの世を去った。まだ二十三歳の若さであった。さらに同四十五年には愛する娘ルツを失った。数え歳の十九歳であった。

また満之は明治三十五年六月に長男、十月に妻を、さらに翌年四月に三男を失い、わずか一年の間に三つの葬式を出した。そして同年六月には自らも血を吐きながら、わずか四十年の生涯を終わらねばならなかった。彼らにとって死は頭だけで考えるような観念的なものではなかった。

愛する人々が目の前で死んでいくのである。では彼らは、「死」という人間にとって絶対に避け得ないものを、どのように受け入れていったのであろうか。

鑑三は娘ルツがこの世を去っていくのを見守りながら、後に次のようにのべている。「彼女の肉体を焼燼しつつありし疾病は同時に彼女の霊魂を完成しつつありしなり、無邪気なりし彼女は六ケ月間の病苦によりて成熟せる信仰的婦人となれり、疾病は彼女の肉を滅して彼女の霊を救えり、故に余輩は言う、『祝すべきかな疾病』と。殊に医師より死の宣告の下りし後のルツ子は信仰的に立派なりき[67]」。病が霊魂を救い完成するとはどのようなことなのか。死というものにどのような意味が考えられているのか。彼は言う。「生は美しくある、しかし死は生よりも美しくある、生のための死ではない、死のための生である、美しく死んだ者が生をまっとうしたのである[68]」。

このような表現はとかく誤解されやすい。死のための生というと、死のために生を手段とすることであって、生を軽んじ、生に対して消極的だと受け取られるからである。しかし死を生の完成ととらえることは、生を極限まで生かすことであり、生の否定ではなく、生を大きくしかも高い次元で肯定することではないだろうか。このようなとらえ方を理解するには、キリスト教の「死」のとらえ方を見ておかねばならないだろう。

鑑三は大正三年に「死すべき時」という文を書いている。

信者は神の僕である、主人より特殊の要務を委ねられたる者である、故に彼はこの要務を果たすまでは死すべきでない、しかして彼はその時までは決して死なないのである、……彼のかかりし疾病の軽重を問うに及ばない、彼になお天職の完成せざるものがあれば彼は死なないのである、しかれども彼がもし既に果たすべきの事を果たしおわりしならば彼は死ぬるのである、……彼は心に言うべきである、我は長く生きんことを欲せず、我はただ我主の用を為さんと欲すと。(69)

ここにキリスト教的な生と死のとらえ方の特色があると思える。キリスト教徒は神のしもべであるから、生も死も神から委ねられた使命と考える。もはやそこには自然的な生や死は考えられず、長寿への願いや延命は問題にならない。神の意志を果たすか否かが問題となる。「信者は神の僕であると同時にまた神の愛子である、……信者のこの世にあるは疵《きず》なき汚《しみ》なき者となりて主の台前に立たんとするその準備を為すがためである、しかしてこの準備の成るまでは彼は世を去らんことを欲せず、しかしてまた神は彼をして世を去らしめ給わないのである、しかれども準備既に成り、彼の新郎《はなむこ》なる小羊を迎えるの飾り整いし暁には彼はいつこの世を去りてもよいのである、問題は長寿短命のそれではない、完備不備のそれである、新郎を迎えるの準備なりて新嫁《はなよめ》は一刻も早く彼の懐に赴きたくおもうのである」(70)。したがって、「信者は自身で画然と彼の死期を定むることは出来ない、彼は果して彼の天職を成しとげしや否や、また彼は果して天国に入るの準備をまっとうせしや否やを確定することは出来ない」(71)のである。それは「全く愛なる神の摂理によって型成せられし者なるを信ず」べきであって、信者は「彼の生涯の結末に於て神が彼を運命の潮流に委棄し給わざるを信ず」(72)るのである。

鑑三によれば信者の生涯は神の摂理によるのであって、死もまた神の愛の内に決められるのであり、神は信者を運命の流れの中に棄てておくようなことはしない、というのである。神はその信者にとって最も死ぬによい時に死なしめたもうというのである。すなわち死もまた神の手に委ねるべきものである。「彼は彼の神が死すべき時に彼をして死なしめ給う事を信ず、すなわち恩恵の手のうちに導かれ来りし彼は死すべき時ならでは死せず、また彼の死する時は彼の死すべき時であることを信ず、神に依り頼む彼は万事を彼に任かし奉るのである、まして人生の最大事なる死に於てをや、彼の生涯の指導について誤り給わざりし彼の神は、彼の生涯の最大事件なる死の時期を択ぶに於て決して誤り給わないのである」[73]。神にすべてを委ね尽くし、神によって死の時期が択ばれるというのである。このような信仰は現代の人々からすれば、生きる主体性を放棄する態度であると映るかも知れない。しかし強力な神の意志との出会いと対話の体験から生まれているものであり、何の努力もせずに主体性を放棄することとはまったく異なることである。自然的な生と死を超えようとする強い主体性の追究であると考えられる。

したがって、死は一般的にいわれるものとまったく異なる意味をもち、次のように受け入れられる。「故に信者は安心して死に対すべきである、必ずしも生を求めずまた必ずしも死を願わず、生くるも主のため、死するも主のためである、死すべき時に死するは大なる恩恵である、もしいたずらに生をねがって死すべき時に死なざれば不幸これより大なるはない、死すべき時に遇うの死は光明に入るの門である、死は最大の不幸なりというは信者のいうべき事ではない、彼はただ死すべき時に死なんことをねがうのである、その時よりも早からずその時よりも遅からず」[74]。鑑三においては、死は不幸と歎くものではなく、光明に入る門として受け入れられたのである。

満之は明治三十一年の日記に、「死」と題して書いている。「生死は人界の最大事件。如何なる人事といえども、一死これが終を為さざるはなし。故に吾人もし死に対して覚悟する所あらば般百の人事決して吾人を苦しむるものなし。何となれば彼の般百の人事は皆一死以て終うべければなり。これ死に対する観察の人界に必要なる所以なり[75]」。死と直面して生きてきた満之にとって、死は生の終わりとしての単なる一事件ではなかった。強く積極的に生きるために是非とも真正面から直視し、解決すべき根本問題であった。そして次のように死を見きわめようとする。「死に対しては吾人は無能なり、吾人はこれを防止するあたわず。吾人は死せざるべからず。……生死は吾人の自由に指定し得るものにあらざるなり。生死は全く不可思議なる他力の妙用によるものなり。……しからば吾人は生死に対して喜悲すべからず。生死なおしかり。いわんやその他の転変に於てをや。吾人はむしろ宇宙万化の内に於て彼の無限他力の妙用を嘆賞せんのみ[76]」。彼によれば、死は人間の能力を超えたものであって、この点を明確に自覚せよという。人間には如意つまり自分の意志で左右できるものと、不如意なものつまり人間の意志ではどうにもならないものがあり、死は不如意なるものであることを知れという。だから死については悲喜することをやめ、人をして生死させている宇宙の本源、すなわち人間を包み、しかもこれを超えた無限の他力に目を向けよという。その他力に自己の死を委ねることによって死を超えるように、というのである。このような信仰を通した思索は、なお残された五年の間に一層深められていく。

明治三十六年五月三十日、死の一週間前に脱稿した絶筆「我が信念」の中に、彼の死に対する信念が明確に打ち出されている。無限の他力という表現は明確に如来と表現されている。この如来への信仰の中に、虚心に死を受け入れることができるようになった根拠が示されている。

私の信念はどんなものであるかと申せば、如来を信ずることである。その如来は私の信ずることの出来る、また信ぜざるを得ざる所の本体である。私の信ずることの出来る如来と云うのは、私の自力は何等の能力もないもの、自ら独立する能力のないもの、その無能の私をして私たらしむる能力の根本本体が、すなわち如来である。私は何が善だやら、何が悪だやら、何が真理だやら、何が非真理だやら、何が幸福だやら、何が不幸だやら、何も知り分かる能力のない私、したがって善だの悪だの、真理だの非真理だの、幸福だの不幸だのと云うことのある世界には、左へも右へも、前へも後へも、どちらへも身動き一寸することを得ぬ私、この私をして虚心平気に、この世界に生死することを得しむる能力の根本本体が、すなわち私の信ずる如来である。私はこの如来を信ぜずしては、生きても居られず、死んでいくことも出来ぬ。私はこの如来を信ぜずしては居られない。この如来は、私が信ぜざるを得ざる所の如来である。(77)

内観省察を尽くして何一つ知り尽くすことのできなかった満之を生死させているのが、如来であった。であれば、この如来を信じ、身を任せ切るとき、虚心に生死すること、つまり生きもでき、死にもできるのである。このような境地に至れば、死は何か、死後はどこにいくのか、などの問題は自から消え去っていく。虚心坦懐に「来世の幸福のことは、私はまだ実験しないことであるから、ここに陳ぶることは出来ぬ」(78)と言い切れるのである。死後のことを憶測しているようでは如来に身を任せていることにはならない。根本本体であり無限の慈悲である如来は、一切の責任を負う存在であると満之はいう。「無限大悲の如来は、如何にして私にこの平安を得しめ給うか。外ではない、一切の責任を引き受けて下さるることによりて、私を救済し給うことである」[79]。

さてこのような境地に到達した満之は、直後に迫った死を次のように受け入れることになった。私はただこの如来を信ずるのみにて、常に平安に住することが出来る。如来の能力は無限である。如来の能力は無上である。如来の能力は一切の場合に遍満してある。如来の能力は十方に亘りて、自由自在無障無礙に活動し給う。私はこの如来の威神力に寄托して、大安楽と大平穏とを得ることである。私は私の死生の大事をこの如来に寄托して、少しも不安や不平を感ずることがない。「死生命あり、富貴天にあり。」と云うことがある。私の信ずる如来は、この天と命との根本本体である[80]。

ちなみに、この「死生命あり」というのは、『論語』に出てくる「死生有命」のことであり、死ぬも生きるも天命であるということであるが、満之は生も死もすべて天と地の根本本体である如来に委ね切った。自分でできることを委ねることは卑劣な態度であるが、人間として不可能なことを見きわめ、これを委ね切ることは勇気のいることであろう。満之は如来に自己を委ねることによって、真正面から死を受け入れたということができる。

さて満之のいう如来（仏）は、鑑三のように「要務」を委ね、その要務によって摂理の内に死の時期を決めるというキリスト教の神とは確かに異なる。しかしそれは、仏教とキリスト教という背景の違いによる。「万事を神に任せ奉る」と言った鑑三と「死生の大事をこの如来に寄托する」と言った満之の心には、深い類似性が考えられる。いずれにしても「死」と正面から対決し、神の意志、仏の仏意を選択し、その意志にしたがって死を受け入れ超えようと決断した態度を確認しておきたい。このような態度の中には、死を宿命としてあきらめる近世によく見られた態度ではなく、死を主体的にとらえ積極的に受け入れようとする視点があると思える。

青年と宗教

明治三十六年、鑑三は『聖書之研究』に「青年に告ぐ」という講演用の原稿をのせている。その中で次のようにのべている。「神を識りキリストを信ずる時は青年時代である(81)」。また同時に「有為の青年は政治に入る、法律に入る、文学に入る、実業に入る、しかしながら滅多に宗教に入って来ない、彼等は宗教界は不用人物の捨場所であると思うて居る(82)」とも指摘している。すでに見たように、彼のもとに集まった優秀な青年たちの中からも、あるいは作家となりあるいは実業家となり、彼のもとを去っていった者が多くいた。「そうしてたまたま有為の信者の青年があると思えば彼等は如何《どう》成り行くか、彼等の多くはあるいは文を以てあるいは富を以て、神と国家とに貢献すると称して、段々と宗教を離れ、終には宗教を愚弄し、今は立派なる俗人と化し去った(83)」。

ではこのような青年たちに向かって、なぜ鑑三は「神を識りキリストを信ずる時は青年時代である」と説こうとするのか。

神を識りキリストを信ずる時は青年時代である、勿論老年に入りたればとてこれを信ずることは出来ないと云うのではない、神は万民の神であるから彼を信ずるに老幼の区別は無い、しかしながら老年時代に起った信仰は多くは偏った不完全なる信仰である、神は永久に青春なる者である、彼はある意味に於ては潔白無垢の少女の如き者である、彼の心を知り、彼の愛を味わうには、温かき、軟《やわら》かき、

しない易き青年時代の心を要する、神は正義の外何も知らない法律一方の老爺ではない、彼に青年の熱情がある。(84)

鑑三が信じたキリスト教の神ヤハヴェは特に強烈な人格的な神である。つまりきわめて人間的な神であったとも言える。であれば人間として最も情熱に満ち、熱い血が流れ、感じやすくしかも無垢であり、柔軟な心をもった青年期が、その神と出会い、対話し、愛の心に触れやすい時であるということになる。それゆえ鑑三は、神に触れるのは青年期が最もよいというのである。さらに彼は聖書を引いて言う。「汝は他の神を拝むべからず、それはエホバはその名をねたみと言いてねたむ神なればなり（出エジプト記三十四の十四）。嫉妬の悪しき半面は嫉怨であるが、その善き半面は熱愛である、故にエホバの神はいい給うた、その日には汝は我を再びバアリ（我主）と称ばずしてイシ（吾夫《わがつま》）と呼ばん（ホセア書二の十六）と、神を我が恋慕の夫と解し彼に我が全愛を奉らんとするが如き熱情は青年時代に於てでなければ起るものではない、老年時代に起った信仰は多くは堅い、硬い信仰である(85)」。

一方満之は、弟子安藤州一によると、次のように語ったという。「今の青年は、いたずらに成功を急ぎ、いまだ学業の半途に達せざるに、早くも卒業後に於ける衣食の問題を苦慮す。その理由を問えばすなわちいわく、いつまでも親の恵みを受くるが苦しきなり、人の助けを借りるが窮屈なりと。男児もとより独立の志しなかるべからずといえども、しばらくの恩恵を忍んで、終生の大業を成すあたわず。学業の半途にありて早くもパン問題を憂う。これ畢竟、心中狭小にして、遠大の思想乏しきが故なり(86)」。

彼のいう遠大の思想とは何か。「今の世、学士と称し、大家と称し、豪傑と称するもの頗る多し。しかれども、もしその身より、礼服と、学位と、妻子と、パンとを奪い去られて、なお自若として動かざるもの、果して幾人かある[87]」。「我れもし今少しのパンを得るに到らばわれまさに安慰なるべしと。これ皆大なる誤りなり。自己以外の物を如何に変動したりとて、大安慰を得べきものにあらず。一難去れば一難来たり、一弊去れば一弊来る[88]」。

ほかでもなく、自己以外の外物を追うのではなく、自己の内にあって自己を自若とさせる精神の立脚地を求めよというのである。それを求めるべき青年期に外物のみを追うことを非難しているのである。「精神主義は自家の精神内に充足を求むるものなり。故に外物を追い他人に従いて、ために煩悶憂苦することなし。……その充足はこれを絶対無限者に求むべくして、これを相対有限の人と物とに求むべからざるなり[89]」。自己を内観し省察し、おのれを知ることが、謙虚に敏感に、しかも鋭利にできるのは青年時代である。おのれの身が有限であることを知り、大いなる無限に眼を向け、その働きかけに気づき、熱き思いを抱き得るのも青年時代である。ひとたび無限なるものとともに生きるとき、柔軟に自由に精神の有り様を変え得るのも青年時代の特性である。「かの外物は精神の模様に従い、自由にこれを変転せしめ得べきことを信ずるなり[90]」。

自己の精神が無限なるものによって自由にされ、浄らかにされるにしたがって、自己の外の世界も浄らかに生きてくる。この精神の確立こそ青年のなすべき最も必要なことであるというのである。一見消極的な見方のようにみえるが、パンのみを求める心を克服し、心を解放することであって、消極的な態度ではない。「故に精神主義は決して隠遁主義にあらず、また退嬰主義にもあらざるなり。協同和合によりて社会国家の福祉を発達せしめんことは、むしろ精神主義の奨励する所なり[91]」。

青年時代は心身が最も盛んなときである。同時にさまざまな欲求が起きてくるときでもある。それを良い情熱に転換するとき、鑑三が言うように神の愛に対して「温かき、軟かき、しない易き青年時代の心」となり、満之が言うように外物のみを追わず、無限者に眼を向け、精神の解放と飛躍の一歩を踏みだすことになる。宗教の在り方を問いただすことによって、両者は近代の青年に重要な問題を提起していると言えよう。

教会観と寺院観

鑑三も満之も時代に向かって宗教の必要性を強調したが、同時に教会や寺院に対する新しい見方を生んだ。

鑑三は、「無教会」という教会の在り方を説いた。無教会というと教会を否定する言葉[92]のように響くが、そのような意味ではなかった。彼自身、自分は「教会荒しでは無い積りである」と言っている。

その真意はどこにあり、またそれは宗教の近代化に対してどのような提言をしたのだろうか。「教会に入りて救わるる人もあろう、また教会を出て救わるる人もある、目的は人を救うにある、もし教会なくして人が救われ得るならば無教会もまた必要である、教会は人のためであって、人は教会のためではない[93]」。

教会は存在そのものが究極なのではなく、人が救われるために存在すべきものであるという。このような見方は、彼の信仰体験によると同時に、当時の一部の教会内部の実情にもよる。「ただちに教会そのものについて視るを得べし、その教師の嫉妬と反目と排擠《はいせい》とを見よ、その信者の奪合《とりあい》を視よ、その教会員の不義と不正と不実と不信とを視よ」(94)。教会員が自己が救われること、さらには人を救うことに全関心を集約しない限り、教会はただ形のみとなり、生命を失う。そのとき教会は俗人の道具になりさがり、宗教的な意義はなくなってしまう。これはキリスト教にとどまらず、仏教の寺院であってもそうであろう。であれば、教会は絶対的なものではなく、常に生きた「霊的団体」でなければならない。朽ちた「結晶」であってはならない。朽ちた教会を破壊し、常に生命を生み出す生命体としなければならない。「教会は生物の体軀と均しく永久に壊ちて永久に築くべき者である、教会もまた生物と均しくその恐るる所は結晶である、無教会主義はその一面に於ては結晶せる教会の破壊である、他の一面に於ては生ける教会の建設である」(95)。

鑑三は死んで結晶となった教会を否定したのであって、信仰に満ちたものは、見えるもの、見えないものすべてが同時に教会であった。宗教機関の施設や制度、組織のみが救いの媒介なのではない。

神は教会を以て世を救い給うと云う、しかり、神はまた政府を以て世を救い給う、学校を以て世を救い給う、著述を以て世を救い給う、美術を以て世を救い給う、神が世を救い給う途《どう》は一にして足りない、神が世の救済を教会にのみ委ね給いしとは余輩には如何しても信じ得られないのである、神は人類の神であれば普く人類に臨み給うに相違ない、聖職ととなえらるるある階級の人を経るにあらざれば我等に臨まざるような神を我等は信ぜんと欲するも能わないのである。[96]

形式的な教会にしばられたキリスト教を解放しようとする根拠がここに考えられる。神は教会を通してだけではなく、政治、学校教育、著述、美術などを通して人間に臨んでおられるというのである。問題は聖職者と俗人という区別ではなく、どんな職業であっても、今現に神の救いに接しているか否かということにある。むしろ教会は一人一人の心の中にあるといっても過言ではないだろう。したがって神を堅く信じる心があれば、必ずしも宗派や教会にこだわることもない。ここに近世のいわば上から押しつけられた宗教形態を打破し、個人の信仰とその自覚をすべての基幹にすえようとする近代化の意識が顕著に見られる。またさらに「各自その所属の教会を去るの必要は更にない、聖公会、長老教会（日基）、浸洗教会等再臨を公表する教会については殊にしかりである、唯信ぜよ、信じて堅く立てよ、汝の今在る地位を離るるの必要更に有るなし」[97]と指摘するが、このような態度は、宗教間の争い、宗派間の争いに深い示唆を与えるものである。どのような職業をもち、どのような宗教、宗派に属していても、最も大切なことは生きた信仰である。宗教間の争いを回避し、生きた深い信仰を理解し合い、尊敬し合う鍵がここにある。たとえば鑑三は、当時の堕落した東本願寺に対しては痛烈な非難の矢を放ったが、親鸞自身の信仰に対しては深く共感し、尊敬を払っていた。鑑三は教会を否定するのではなく、あくまで一人一人が自分の中に新たな教会を形成していく、その大切さを説いているのである。これは必ずしも聖職者のみによるとは限らない。政治、教育、著述などにたずさわりながらでもよいというのである。世の中が多様化し始めた近代の日本を見抜いた注目すべき態度であると思える。

このように自由で独自な教会観をもった鑑三の態度は、原始仏教の僧伽《そうぎゃ》を理想とした満之の寺院観とも通じるところが見られる。

元来満之は閉鎖的な寺院の出身ではなく、在家の出身であった。そのために比較的客観的で自由な見方ができた。「世の中で、不信心の第一は坊主、その次は坊主に近い在家の人、坊主に縁の遠いものほど厚信のように見える」[98]と言い放つこともできた。西方寺で人一倍苦しんだように、寺院制度のマイナスの面もよく知っていた。では彼は寺院というものについてどのような考えをもっていたのだろうか。

仏教学者常盤大定は、満之とともに送った浩々洞の生活を振り返ってのべている。「先生を中心とする洞の生活は、あたかも古代の僧伽を目前に見るが如くに感ぜられた。仏教の僧団にはいうべからざる美わしい長処を含むのであるが、そのうるわしさを現代に実現したのが洞の生活であったと思う」[99]。ちなみに満之は宗門改革の運動には邁進したが、寺院制度そのものの革新についてはあまり触れていない。四十年の生涯はそこに至るにはあまりにも短かった。もう少し命が与えられれば、この古代の「僧伽」の形態から新たな寺院観が生まれたことであろう。そもそも親鸞は自身を非僧非俗と呼び、国家権力に従属する仏教を拒否した。門下の集団においても僧俗や階級の区別をせず、同信の人々を同行、同朋と呼んだ。したがって門弟も寺院を建立することなく、一般の家よりも少し大きい程度の道場を造ったにすぎない。公的な寺院に対して、道場は信によって結ばれた私的なものであったと言える。実は満之は、密かに浩々洞をこの道場として意味づけていたのではないかと考えられる。同信同行の僧伽としてである。

改革の失敗、西方寺での苦悩、真宗大学における寺院子弟への失望を通し、満之は江戸幕府以来の檀家制度の弊害を感じぬいていた。檀家制度は元来信仰を中心に作り出されたものではなかった。蓮如による講組織とは異なり、宗門改制度を介して家単位に寺院と結びつけられ、寺院は檀家を確保することによって寺を経営し、儀礼を行なうものとなった。もちろんその中での宗教的な活動はあり、それによって真宗教団の確固たる基盤が形成されたのだが、しかし親鸞の遺志を犠牲にする弊害も大きかった。満之には親鸞の遺志への回帰の念が強かったのである。すなわち確固たる信仰を得、それを人に伝えるところに、教団も寺院もはじめて成立の基盤をもつのである。だからこそ悪化する結核と闘いながらも、宗門子弟を養成すべき真宗大学開校に参画し、開校の挨拶で、「我々に於て最大事件なる自己の信念の確立の上に、その信仰を他に伝える、すなわち自信教人信の誠をつくすべき人物を養成するのが、本学の特質であります」[100]と訴えた。「教団とは決して組織や制度ではない。端的にそれは人であり、信仰のあるところに教団はある」[101]といわれるように、深い信仰のある人間を中心として初めて寺院もその存在意義をもつものである。時の権力によって強いられた愛山護法ではなく、深い信仰を得た人を中心とした寺院への愛、その信仰を護ろうとする意志のもとに寺院は生まれ変わらねばならない。おのれの心と対決し、おのれにとって真なる信仰を選択し、信に生きる決断をした人々の集まりとならねばならないと考えたのであろう。その個人的な自覚の中にこそ近代的な寺院が生まれてくるのであり、満之の僧伽的集団もそれであった。彼が『阿含経』の世界に沈潜したのも、原始的かつ原点的な仏教集団、寺院というものへの純粋な思索の意図があってのことであるとも推察される。

明治三十三年に満之は浩々洞を始め、三十六年死去する。鑑三は同じく三十三年七月、青年たちを集めて第一回夏期講談会を開催し、翌三十四年には『無教会』を創刊、さらに翌三十五年には角筈聖書研究会を毎日曜日に自宅で開催するようになる。満之の浩々洞と鑑三の聖書研究会は、東京の求道に燃える青年たちを二分するほどの影響力をもっていたといわれる。形と権力にとらわれた教会と寺院を離れ、しかも信仰の核心に迫ろうとする自発的な精神的集団であった。個人個人の信仰の実験と自由な近代的個我を通した求道の仕方であった。ドグマの押しつけ、教理の強制から始めるのではなかった。経済を学ぶ者には経済を学びながら、法律を学ぶ者には法律を学びながら求道心をみがかせた。いわば自発的求道心を軸にして信仰を深め合う精神的共同体であったと言える。彼等の教会と寺院観の原点はこのようなところにあったと思える。暁烏敏は「あの折のことを今思い出しても涙の出るような嬉しい気がする」[102]と書いている。多田鼎は「この家は、我等のこの世に於る浄土なりき。……番茶を喫しつつ、先生の講話をうけたまわりしその折の清興、今も忘るるあたわず」[103]とのべている。

結び——宗教の近代化と国際化——

現代は国際化の時代であるといわれている。事実、現代文明、特に科学技術の各国への浸透は目覚ましいものがあるし、政治的、経済的な接触も盛んである。しかし人間の深い内面的な対話、たとえば宗教間の対話などを通した国際化は必ずしも成功しているとは言えない。それはそれぞれの宗教を信ずる個人個人あるいは諸民族がその心情を傾け尽くして形成してきたものであり、主観性の濃い内容に立っているからである。しかし諸宗教のそれぞれの背景の異質性を確認しつつ、その信仰内容の類似性、共通性に目を向け、真の対話の糸口を見いだすことは、現代においてきわめて必要なことになっていると思える。では具体的にどのような方法があるのだろうか。

鑑三の親友、新渡戸稲造はたとえば次のように言っている。「良き国際家は良きナショナリストでなければならぬ。そしてその逆もまたしかりである。言葉自体にその含みがある。自分の国に忠実でない人が、世界の原則に忠実だと信頼されるわけがない。自分の国に奉仕してこそ、国際主義の大義に最もよく奉仕できるのだ。他方、ナショナリストも、国際心を備えてこそ、最もよく自分の国の利益を進め、名誉を増すことができるのである[104]」。

鑑三はすでに明治二十七年に『地理学考』の中にのべている。「我等は日本人たるのみならずまた世界人（Weltmann）たるべきなり、……真正の愛国心とは宇宙のために国を愛するを言うなり、しかしてかくの如き愛国心のみが最も国を利するの愛国心なり[105]」。

宗教の国際化にあたっては、まず何よりも自己の信ずる宗教の深みに入っていくことが必要であり、しかもその宗教の深い生命に触れつつ、さまざまな世界の宗教を尊敬し理解し合うことが前提にならねばならないと思う。真の国際家、あるいは世界人になるためには、よきナショナリストとなり真正の愛国者とならなければならないと彼らが言うように、まずはおのれが真であると確信できる宗教の奥底に入っていかねばならない。しかしその宗教のみが正しいと断じてはならないであろう。むしろ一つの宗教を深めることによって他の宗教の意味、その良さ、深さ、生命が理解されるようにならなければならない。すでにのべたように、鑑三はキリスト教の深みを知って法然や親鸞の信仰の深みに触れ得た。法然や親鸞の信仰の深みを知って、さらに彼はキリスト教の信仰を深めていった。

では現実に立ちかえって、現代日本人の宗教に接する態度はどうであろうか。統計的に見ると日本人の多くは同時に複数の宗教を信じていることになる。今その可否をのべることはしないが、少なくとも日本人は他宗教に対して排他的ではないことを確認しておき、まず日本人のとるべき宗教の国際化の方向について考えてみたい。

まず今のべた排他的ではない面を、真にプラスの面での「包容性」に方向づける必要があると思う。神道においてはあらゆるものは本来清明であるとされていたし、仏教ではあらゆるものが本来清浄であり、悉く仏性をもち、一切平等であるとされていた。であればどのような宗教の中にもそれぞれの真実があると認識し、尊敬の念をもち合うということも、比較的容易にできるはずである。したがってさまざまな宗教を寛容に受け入れ、理解することも可能であろう。日本人としてはめずらしく何事にも厳しく取捨選択した鑑三も、「世には自己の宗教を宣伝せんと欲していたずらに他宗の攻撃を事とするものありといえどもそれは我等の為すあたわざるところである、我等はすべての正直なる信仰を尊敬しなければならない」[106]と言っている。さまざまな辛酸をなめ、信仰の深みに生きる姿勢から生まれ出てきた寛容性であろうし、法然や親鸞や日蓮の篤い信仰に触れて出てきた言葉であると思える。満之は「如何なる種類の書なりとも、実験ある人の書は、皆な読むに価す。いわんや実験の信仰を述べたるものに於てをや」[107]と指摘し、たとえばトルストイが「余は石を変じてパンと成すあたわず、されどパンに忍ぶことを得る」[108]と言ったことに深く共鳴している。このように他の宗教に寛容になり、理解と尊敬の態度をもって包容することが、まず第一に必要である。

さて次に、理解と尊敬をもって受け入れた諸宗教と、各個人が真剣に「対決」しなければならないと考える。よく日本人は、精神の場での厳しい対決の姿勢、主体的な個人による実存的対決の姿勢が足りないと言われる。集団になると強いが、個人の強靭な妥協のない対決は確かに弱い。単なる尊敬に終わるのではなく、尊敬に価すると思うなら真摯にそれと対決し、受け入れるべきものを判別すべきではないか。鑑三は仏教と儒教を尊敬しながらも、「しかしながら仏教及び儒教は基督教と同一であると言う事は出来ない、尊敬と判別とは自ら別問題である、尊敬すべきはこれを尊敬し判別すべきはこれを明白に判別するを要する(109)」と言い切っている。満之が最も信奉した書物は『阿含経』『エピクテタス語録』『歎異抄』の三冊で、いわゆる彼の三部経といわれるものである。当時まであまり顧みられなかった『歎異抄』を取り上げたことをさることながら、エピクテタスは西洋のストア派の哲学者であり、『阿含経』は原始仏教の自力的なものである。エピクテタスは異思想の人であり、『阿含経』は自宗派の聖典ではなかった。しかし満之は自己の実存を賭けてこれらの書物と対決している。「余が『阿含』を読誦して特に感の深かりしは、喀血襲来の病床にありしがためか、しからば教法の妙味に達せんとせば、生死巌頭の観に住すること尤も必要たるを知るべし(110)」。真宗信徒であれば、真っ先に浄土三部経をあげるべきであろうが、彼は自己のすべてを賭けてこれらの書と対決している。教団に入れば教団に支配され、集団に入れば集団に支配される傾向が、現代でも日本には強いが、真摯な対決が必要であると思う。

対決とはいっても敵視ではない。誠実な「対決」は狭量な「敵視」とは根本的に異なるからである。

次に真摯な対決をしたならば、自己の良心を賭けて、自己にとって最も真実であると確信できるものを「選択」する態度が必要であると思える。一宗教に自己を賭けることは、調和とか妥協によってもたらされるものではないと考えられるからである。鑑三は明治三十六年、雑誌『新仏教』の記者に向かって次のように語っている。

私はあらかじめ断って置かねばならぬのは、全体今時異宗教者の会合すなわち仏教家が基督教者に遇うとか、基督教の者が仏教家をでも訪《おとな》うような事がある時は、大抵の者は仏耶両教を甘く調和してとか、あるいは仏耶両教の粋を抜いて、これを基礎として更に両教を超越したものを作る事が必要で、それがすなわち将来の宗教として、勢力を得べきものであるなどと申して、お茶を濁したり、またあるいは互いに接近しようと云うような傾きがありますが、私は決してそう云う曖昧な握手は好みませぬ。また好加減《いいかげん》な、自己の所信を模糊の中に葬る事は出来ませぬ。(三)

これは良心による選択を通さない曖昧模糊とした態度に対する確固たる批判である。これは単なる排撃の態度ではなく、宗教を最も純粋な態度で受け入れようとする態度である。寛容で包容的な態度を保ちつつ、しかも自己の信ずるものに対しては主体的に選択する態度が考えられる。満之はエピクテトスやソクラテスやキリストの影響を受けながら、確固として他力の信仰を選択する。「余は、エピクテタスの主義に従う、しかも他力本願の信仰は動かざるなり。余は、ソクラテスを尊信す、しかも如来の救済を疑わざるなり。余は、キリストの山上の聖訓を喜ぶ、しかも大悲の誓約の誤らざることを信ず」[112]。包容したさまざまの思想、信仰の厚い生命を共感し、理解しながら、しかも自己の良心にしたがって主体的に選択する態度がよく示されている。選択によって他を拒否するのではなく、他の思想や信仰によって自らの選択が深まるのである。狭い対決と選択は自らを狭くするが、包容的な対決と選択は自らを深め、自らを高めるものとなるのではないだろうか。

さて自己の全存在を賭けて選択したならば、自己の責任において「決断」しなければならない。日本人は常に人目を気にし、集団の中で孤立することを恐れる。しかしそれを恐れず、むしろ周囲を高めようとするのが、思想や信仰をもつ者の使命であろう。曖昧な決断は決断の質を低下させ、真摯な決断は決断の質を高める。鑑三は、仏教とキリスト教の出会った場合を想定し、次のように比喩している。「ちょうど釈迦と基督と出遇ったようなもので、決して野卑拙劣な争いはありませぬ。しかしまた、好加減な曖昧な折合いもしますまい」[113]。自己の信念の場に妥協はあってはならない。満之はキリストの教えを喜びながら、「キリスト、偉人なりといえども、思想過激、円熟の境に至らざりし」[114]と言った。

さて、最後に全力を尽くして選択、決断をした場合、他の宗教に対してどのような態度をとるべきであろうか。まず選択し信じることを決断した宗教を、出来るかぎり深めるべきであろう。そしてその信仰体験を徹することによって他の宗教の意味と善さを同時に理解し、「包容」する態度が必要であると思える。鑑三はのべた。

我れ基督教を信じ、彼れ仏教を信ずればとて、我と彼とは未だ全く宗旨を異にする者なりととなえるを得ず。それは彼が阿弥陀を拝するは、我れ我が神を拝するの心を以てするや未だ以て測り知るべからず。人は多くの場合に於て、異名を附して同物を拝するものなれば、その崇拝物の名の異なるの故を以て、宗旨争いをするは愚の極といわざるを得ず。(115)

宗派や宗旨の枠ですべてを判断すべきではないし、逆に似たものを寄せ集めて宗教の個性を奪うべきでもないと思われる。真の包容は真の選択を生み、真の選択は真の包容力を生むであろう。満之が、実験のある人の本は読むに価し、実験の信仰を述べたものはさらにそうであると言ったのも、このことに通じるだろう。

先にものべたように元来日本人の精神的伝統の中には、あらゆるものに生命が宿り、魂があるとする考え方があった。さらには生きとし生けるものには仏性があると考えてきた。それゆえさまざまな宗教にもそれぞれの意味と生命が宿ると考えることもできるはずであり、これは日本人の温かでやさしいプラスの面である。しかし、それらを受け入れ、各人の深い精神レベルでの真摯な対決と選択と決断の段階まで深めていかなければ、単に無批判に受け入れ、安易な妥協と折衷に終わる、日本人のマイナスの面に陥ってしまう。柔軟で寛大な包容力を生かし、しかも個人の責任ある誠実で深い精神による諸宗教との対決、選択、決断を通し、そして再び包容する姿勢が必要であろう。包容性と選択性は単に矛盾するものではない。包容性が深まれば真の選択に進み、選択が深まれば真の包容力になるからである。

さまざまな分野で国際化が叫ばれて久しい。しかし宗教の分野での国際化は困難をきわめている。それは宗教というもののもつ宿命的な一面でもある。しかし、鑑三や満之の宗教近代化の訴えに耳を傾け、その上に立って日本人の精神性をプラスの方向へ向けるとき、現代および将来に向かって人々が果たすべき役割はきわめて大きく、意義のあるものになると考える。

注

序　説

(1)「仏教復興の方法」(『内村鑑三全集』6、岩波書店、一九八〇) 三九〇頁 (以下『内村鑑三全集』は「全集6」のように略す)　(2)『和語灯録』大正蔵第八三巻、二三七頁　(3)『選択本願念仏集』日本思想大系10 (岩波書店、一九七一) 一五八頁　(4) 同、一六二頁　(5) Von der Freyheyt eynisz Christen menschen, WA. 7, S. 21.　(6)「日本国の大困難」(全集11) 一四七頁　(7)「わが信念」(『清沢満之全集』第六巻、法藏館、昭和三十八年) 二三一頁 (以下『清沢満之全集』は (全集六巻) のように略す)　(8)『興福寺奏状』日本思想大系15 (岩波書店、一九七一) 三三頁　(9) 同、四一頁　(10)『教行信証』(金子大栄編『親鸞著作全集』、法藏館、昭和三十九年) 三四〇頁　(11) 同、三四二頁　(12)『歎異抄』、同、六七八頁　(13)『御文』日本思想大系17 (岩波書店、一九七二) 五三頁　(14) 同、六〇二頁　(15)『どちりいなーきりしたん』日本思想大系25 (岩波書店、一九七〇) 一五頁　(16) 同、一四頁　(17) 同、一六頁　(18) 湯浅泰雄『日本人の宗教意識』(名著刊行会、昭和五十六年) 二六〇―二六一頁　(19) 同、二六一頁　(20)「三条教則批判建白書」現代日本思想大系7 (筑摩書房、一九六五) 六一―六二頁　(21) 同、六二頁　(22) 同、六四―六五頁　(23) 同、六五―六六頁　(24) 同、六九頁　(25) 同、六五―六六頁　(26)『仏教活論序論』現代日本思想大系7・前掲、七一頁　(27) 同、七七頁　(28) 同、八九―九〇頁　(29) 同、七三頁　(30) 同、七四―七五頁　(31)「読書余録」(全集16) 五〇九―五一〇頁　(32) 同、五一〇頁

第一章　一

(1)『余はいかにしてキリスト信徒となりしか』(山本泰次郎・内村美代子訳) (角川文庫、一九六三) 一二頁　(2) 同、一二頁　(3) 同、一三頁　(4) 同、一五頁　(5) 同、一六頁　(6) 同、一五頁　(7) 同、一六頁　(8) 同、一七―一九

頁　(9) 同、一九頁　(10) 同、二一頁　(11) 同、一一頁　(12)「余の従事しつゝある社会改良事業」(全集9) 四七二頁　(13)『余はいかにしてキリスト信徒となりしか』一九―二〇頁　(14)「回顧と前進」(全集15) 三七三頁　(15)「余の従事しつゝある社会改良事業」四七二―四七三頁　(16) 同、四七三頁　(17) 鈴木範久『内村鑑三』(岩波新書、一九八四) 一六頁　(18)『余はいかにしてキリスト信徒となりしか』二〇頁　(19) 同、二一頁　(20) 同、二二頁　(21) 同、二五頁　(22) 同、二九頁　(23) 同、二三頁　(24) 同、四〇頁　(25) 同、五八頁　(26) 同、九八頁　(27) 同、九七頁　(28)「余の従事しつゝある社会改良事業」四七四頁　(29)『余はいかにしてキリスト信徒となりしか』一〇三頁　(30) 同、一〇五―一〇六頁　(31) 同、九七頁　(32) 書簡一 (全集36) 一一四―一一五頁　(33) 同、一一五―一一六頁　(34)『余はいかにしてキリスト信徒となりしか』一〇九―一一〇頁　(35) 同、一一四頁　(36)「流竄録」(全集3) 六二頁　(37)『余はいかにしてキリスト信徒となりしか』一五七頁　(38) 同、一三五頁　(39) 同、一三五―一三六頁　(40) Eyn kurcz form der zcehen gepott, Eyn kurcz form des Glaubens, Eyn kurcz form deß Vatter unszers, WA. 7, S. 212.　(41) 書簡一 (全集36) 一七一頁　(42)「流竄録」七三頁　(43) 同、七四頁　(44) Spranger, E.: Psychologie des Jugendalters, Verlag Quelle & Meyer, Leipzig, 1927, S. 300.　(45)「流竄録」七五頁　(46)『余はいかにしてキリスト信徒となりしか』一六八頁　(47)「クリスマス夜話＝私の信仰の先生」(全集29) 三四三頁　(48)『余はいかにしてキリスト信徒となりしか』一八四頁　(49) 拙著『親鸞とルター』(早稲田大学出版部、一九八七) 一九一頁参照　(50) Roland Bainton: Here I Stand, Abingdon, Nashville, p. 53.　(51) Resolutiones disputationum de indulgentiarum virtute, WA. I, S. 576.　(52) Vorrede auff die Epistel S. Pauli an die Römer, WA. Die Deutsche Bibel, 7, S. 10.　(53) Karl Holl: Luther, Gesammelte Aufsäße zur Kirchengeschichte, I, Verlag von J.C.B. Mohr, 1932, S. 119.　(54)『余はいかにしてキリスト信徒となりしか』一九七頁

第1章　二

(1) 書簡一 (全集36) 二九四―二九五頁　(2)「日本人の研究」(全集13) 一九六―一九七頁　(3)

「「北越学館設立ノ主義ト目的ニ関スル」意見書」（全集1）一七二頁　（4）同、一七二頁　（5）「内村北越学館教頭の演説」（全集1）四一九頁　（6）「予の宗教的生涯の一斑」（全集10）四一六―四一七頁　（7）同、四一七頁　（8）同、四一六頁　（9）前掲「意見書」一七一頁　（10）書簡一（全集36）三〇二頁　（11）「日本人の研究」一九七頁　（12）同、一九七頁　（13）書簡一（全集36）三二七頁　（14）同、三三一―三三二頁　（15）山路愛山「現代日本教会史論」、日本の名著40『徳富蘇峰　山路愛山』（中央公論社、昭和五十九年）所収、四一二頁　（16）「読書余録」（全集16）五〇九―五一〇頁　（17）同、五一〇頁　（18）同、五一〇頁　（19）『基督信徒の慰』（全集2）四頁　（20）同、七頁　（21）同、三二頁　（22）同、三六頁　（23）「文学博士井上哲次郎君に呈する公開状」（全集2）一二七頁　（24）同、一二八頁　（25）『求安録』（全集2）一三七頁　（26）同、二四九頁

第一章　三

（1）『内村鑑三英文論説翻訳篇・上』（亀井俊介訳、岩波書店、一九八四）一〇二―一〇三頁　（2）同、一一〇頁　（3）同、八五頁　（4）同、一八二頁　（5）同、一八三頁　（6）同、一二七頁　（7）同、一八八頁　（8）同、一七三頁　（9）同、九四―九五頁　（10）同、九八頁　（11）「失望と奨励」（全集6）四頁　（12）同、三頁　（13）「宗教と科学」（全集6）九七頁　（14）同、九八頁　（15）同、九五頁　（16）「仏教復興の方法」（全集6）三九〇頁　（17）同、三九〇頁　（18）「桑門諸氏の同情」（全集6）三〇〇頁　（19）「日本を救ふの基督教」（全集7）六〇頁　（20）『回想の内村鑑三』（岩波書店、一九五六）所収、一八―一九頁　（21）同、二二頁　（22）『大津順吉』（『志賀直哉全集』岩波書店、一九八三）第二巻、二四二頁

第一章　四

（1）「宣言」、『聖書之研究』（全集8）所収、二八二頁　（2）「新決断」、同、（全集9）九頁　（3）「洗礼晩餐廃止論」、同、五六頁　（4）「無教会論」、『無教会』（全集9）所収、七一頁　（5）同、七三頁　（6）「鉱毒地巡遊記」（全集9）一五八頁　（7）同、一五九頁　（8）「理想団は何である乎」（全集9）三六六頁　（9）「謹んで敬友黒岩涙香君に白す」（全集11）四二九頁　（10）「戦争廃止論」（全集11）二九六頁　（11）同、二九六頁　（12）

同、二九六―二九七頁　（13）「平和の福音」（全集11）四〇五頁　（14）同、四〇五―四〇六頁　（15）同、四〇八頁　（16）同、四〇九頁　（17）同、四〇九頁　（18）「教友会の設立」（全集13）三八〇―三八一頁　（19）「貞操美談路得記」（全集2）三〇二頁　（20）「ルツ子の性格」（全集19）五九頁　（21）同、五九―六〇頁　（22）書簡二（全集37）四六八―四六九頁　（23）同、四七〇―四七一頁　（24）同、四七七―四七八頁　（25）同、四八二―四八三頁　（26）「先生の涙」、『追想集内村鑑三先生』（岩波書店、昭和九年）所収、一三〇頁　（27）書簡二、前掲、四八八頁

第一章　五

（1）「欧洲の戦乱と基督教」（全集21）一二八―一二九頁　（2）同、一二九頁　（3）「米国の参戦」（全集23）二三五頁　（4）同、二三四―二三五頁　（5）「近代人」（全集20）二三九頁　（6）同、二三九頁　（7）同、二三九―二四〇頁　（8）「文明の最後」（全集21）一八三頁　（9）「文明＝砲煙」（全集21）一三六頁　（10）「我が信仰の祖先」（全集21）四二〇頁　（11）同、四二〇頁　（12）同、四二〇頁　（13）「我が信仰の友」（全集21）三四四―三四五頁　（14）「信仰の秘訣」（全集23）五一頁　（15）「信仰の三階段」（全集24）一四〇―一四一頁　（16）同、一三八―一三九頁　（17）同、一三九―一四〇頁　（18）同、一四〇頁　（19）同、一四一頁　（20）同、一四一頁　（21）「再臨の高唱」（全集24）三三三―三三四頁　（22）「再臨信仰の実験」（全集24）四四六頁　（23）同、四四七頁　（24）「羅馬書の研究」（全集26）二五―二六頁　（25）「背教者としての有島武郎氏」（全集27）五二六頁　（26）同、五二六頁　（27）同、五二九―五三〇頁　（28）同、五三〇頁　（29）同、五三〇頁　（30）同、五三〇頁　（31）同、五三〇―五三一頁　（32）同、五三一頁　（33）『日記』（全集35）五四一頁　（34）同、五五八頁　（35）同、五五八頁　（36）内村祐之「父の臨終の記」（全集35）五七六頁　（37）藤本武平二「先生の臨終に侍して」（全集35）五七三頁　（38）「父の臨終の記」五七七頁　（39）塚本虎二『塚本虎二著作集』（聖書知識社、昭和六十年）続第一巻、二八八頁　（40）「父の臨終の記」五七九頁　（41）同、五八〇頁

第二章　一

（1）「宗教論」（全集二巻）七五九頁　（2）「慎独

斎記（第二）」（全集一巻）二四六頁　（3）「保養雑記」（全集五巻）三八頁　（4）『臘扇記』（全集七巻）三五一頁　（5）（全集一巻）五九五頁　（6）『当用日記』（全集七巻）四八八頁　（7）『宗教哲学骸骨』（全集二巻）五頁　（8）（全集一巻）五一七頁　（9）同、五二八頁　（10）同、五三二頁　（11）同、五三四頁　（12）同、五三四頁　（13）同、五三五頁　（14）同、四八五頁　（15）同、五三七頁　（16）同、五三八―五三九頁　（17）同、五三九頁　（18）同、五三九頁　（19）同、五四八頁　（20）同、五四一頁　（21）同、五四一―五四二頁　（22）同、五八三頁　（23）同、五七九―五八〇頁　（24）同、六二〇頁　（25）同、六一四頁　（26）同、六一四頁　（27）「学問の分類」（全集一巻）一七四頁　（28）「宗教哲学断片」（全集三巻）三六八頁　（29）（全集一巻）六一八頁　（30）『病床日記』（全集三巻）五一一頁　（31）「社会及び生理的の不平均」（全集一巻）三六七頁　（32）同、三六八頁　（33）「哲学の功用」（全集一巻）三八三頁　（34）（全集一巻）六三二頁　（35）「宗教心を論ず」（全集一巻）一八八頁　（36）『宗教哲学骸骨』、前掲、一七五頁　（37）「因果論断片」（全集一巻）一八二頁

第二章　二

（1）（全集三巻）六〇五頁　（2）同、六〇四頁　（3）同、六〇四頁　（4）（全集一巻）五九三頁　（5）（全集三巻）六〇八頁　（6）（全集一巻）五九三頁　（7）（全集三巻）六〇九頁　（8）『予備門日記』（全集一巻）四五〇頁　（9）（全集三巻）六〇四―六〇五頁　（10）同、六一三頁　（11）同、六一二―六一三頁　（12）同、六一〇頁　（13）同、六一〇―六一一頁　（14）同、六二四―六二五頁　（15）同、六〇五頁　（16）同、六二三―六二四頁　（17）「岡崎御学館の儀に付き（控）」（全集三巻）四六一―四六二頁　（18）（全集三巻）六二四頁　（19）『宗教哲学骸骨』、前掲、六頁　（20）同、一一頁　（21）同、一二頁　（22）同、一二―一三頁　（23）同、二七頁　（24）同、三二頁　（25）同、三七頁

第二章　三

（1）（全集三巻）七五五頁　（2）同、六八八頁　（3）同、六九〇頁　（4）「三条教則批判建白書」、前掲、六六頁　（5）『仏教活論序論』、前掲、七七頁　（6）「罪と其根絶」（全集32）、一九三頁　（7）「不動の心」（全集六巻）二五〇頁　（8）同、

二五〇—二五一頁　(9) 同、二五一頁　(10)『余はいかにしてキリスト信徒となりしか』一一頁　(11)『当用日記』四八八頁　(12)『余はいかにしてキリスト信徒となりしか』一三二頁　(13)『臘扇記』(全集七巻) 四六〇頁　(14)『宗教座談』(全集8) 一七二頁　(15)『保養雑記』(全集五巻) 三五頁　(16)「モーセの十誡」(全集25) 一八一頁　(17)(全集三巻) 七〇四頁　(18) 下村寅太郎『若き西田幾多郎先生』(人文書林、昭和二十四年) 九二頁　(19) 同、一〇七頁　(20) 同、一四四頁　(21)『清沢先生の信仰』(『暁烏敏全集』第八巻、涼風学舎、昭和五十二年) 四六八頁　(22)(全集三巻) 六八九—六九〇頁　(23) 同、六九一頁　(24)『持戒手記』(全集三巻) 四八五頁　(25)『清沢先生の信仰』四六八頁　(26)(全集三巻) 七五〇頁　(27) 同、七五三—七五四頁　(28)『保養雑記』五七—五八頁　(29) 同、六八頁　(30)『当用日記』四七五—四七六頁

第二章　四

(1)『内村鑑三英文論説翻訳篇・上』、前掲、九四—九五頁　(2)(全集五巻) 九九頁　(3)『清沢先生の信仰』、前掲、四七一頁　(4) 同、四七一頁　(5) 同、四七一—四七二頁　(6) 同、四七二頁　(7)(全集五巻) 一〇六頁　(8) 同、一〇八頁　(9) 同、一〇八頁　(10) 同、一〇八頁　(11) 同、二五一頁　(12) 同、二五四—二五五頁　(13) 同、二五五—二五六頁　(14)「本山教学資金積立法」(全集五巻) 二六〇—二六一頁　(15)(全集五巻) 一四〇頁　(16) 同、三六二頁　(17)(全集四巻) 一七八頁　(18)『内村鑑三英文論説翻訳篇・上』、前掲、九五頁　(19)『清沢先生の信仰』四七二—四七三頁　(20)「真宗大谷派の生命は猶ほ存するか」(全集五巻) 三八四頁　(21)「教界時言の余白を藉りて、哲学館出身大谷派僧侶諸君に檄す」、同、三九三頁　(22)「宗教改革の時機」、同、四一五頁　(23)(全集五巻) 六一五頁　(24) 同、六二二頁

第二章　五

(1)「転迷開悟録」(全集七巻) 八三頁　(2)『臘扇記』(全集七巻) 三七一—三七二頁　(3) 同、三八〇頁　(4) 同、三六二頁　(5) 同、三八六頁　(6) 同、三九〇頁　(7) 同、四〇九頁　(8)『教学報知』二五一号(全集八巻) 二〇八頁　(9)(全集八巻) 三五四—三五五頁　(10) 同、四九〇—

四九一頁　(11)同、四九三―四九四頁　(12)同、四九三頁　(13)同、五三九頁　(14)『清沢先生の信仰』、前掲、四七七頁　(15)同、四七七―四七八頁　(16)(全集八巻)五四〇頁　(17)『清沢先生の信仰』四七五頁　(18)(全集八巻)二七三―二七四頁　(19)同、二四二頁　(20)同、二四三頁　(21)同、二五七頁　(22)同、二六八―二六九頁　(23)「精神主義」(全集六巻)二頁　(24)(全集八巻)二八八頁　(25)『清沢先生の信仰』四七八―四七九頁　(26)(全集八巻)五六五頁　(27)『当用日記』(全集七巻)四八三頁　(28)同、四八四頁　(29)同、四八六頁　(30)『清沢先生の信仰』四八二頁

第三章　一

(1)(全集一巻)三六一頁　(2)『宗教哲学骸骨』(全集二巻)四頁　(3)同、一二〇頁　(4)『倫理已上の根拠』(全集六巻)一八八頁　(5)「応報論」(全集三巻)三六四頁　(6)(全集一巻)三六四頁　(7)『宗教哲学骸骨』二七頁　(8)「南無阿弥陀仏」(全集三巻)四一八頁　(9)『宗教哲学骸骨』二七頁　(10)「応報論」三七〇―三七一頁　(11)『宗教哲学骸骨』一四三頁　(12)同、三五頁　(13)「信願要義」(全集三巻)四〇〇頁　(14)『宗教哲学骸骨』一七五頁　(15)「宗教心を論ず」(全集一巻)一八八頁　(16)「精神主義」(全集六巻)八二頁　(17)『基督信徒の慰』(全集2)二三頁　(18)『余はいかにしてキリスト信徒となりしか』一〇九―一一〇頁　(19)「クリスマス夜話＝私の信仰の先生」(全集29)三四二―三四三頁　(20)同、三四三頁　(21)『余はいかにしてキリスト信徒となりしか』一三五―一三六頁　(22)『保養日記』(全集五巻)五八頁　(23)『当用日記』(全集七巻)四八八頁　(24)「宗教と道徳との関係」(全集四巻)一三七頁　(25)同、一三八頁　(26)「精神主義」(全集六巻)一七頁　(27)「真理と宗教」(全集四巻)五一頁　(28)「信仰問答」(全集六巻)一六七頁　(29)『臘扇記』(全集七巻)三八六頁　(30)「宗教的信念の必須条件」(全集六巻)一四二頁　(31)「精神主義」(全集六巻)四一頁　(32)同、四九頁　(33)(全集七巻)七五頁　(34)「精神主義」(全集六巻)八〇頁　(35)同、九頁　(36)「我が信念」(全集六巻)二三一頁　(37)『余はいかにしてキリスト信徒となりしか』一五七頁　(38)Plotin: Ennéades, Société D'Édition《Les Belles Lettres》, Paris 1960, I 8.6.　(39)Ibid., I 8.3.　(40)Ibid.,

I 8. 7.　(41) Augustinus : Confessiones, Société D'Édition《Les Belles Lettres》, Paris 1969, I, p. 165　(42) Ibid., p. 2　(43) Ibid., p. 163　(44) Ibid., p. 163　(45) Ibid., p. 2　(46) Ibid., p. 54　(47) Ibid., II, p. 289　(48)「クリスマス夜話＝私の信仰の先生」、前掲、三四三頁　(49) 同、三四三頁　(50) 同、三四四頁　(51) 同、三四四頁　(52)『余はいかにしてキリスト信徒となりしか』一六八頁　(53) 同、一六八頁　(54) 同、一六八―一六九頁　(55)「日本国の大困難」(全集11) 一四七頁

第三章　二

(1)「不諍の心」(全集六巻) 二六六頁　(2) 同、二六八頁　(3) 同、二六九頁　(4)「精神主義」(全集六巻) 五頁　(5)「不諍の心」二六九頁　(6)「和合の心」(全集六巻) 二七四―二七五頁　(7) 同、二七四頁　(8) 同、二七六頁　(9)『臘扇記』(全集七巻) 三八一頁　(10)「文明＝砲煙」(全集21) 一三六頁　(11)「近代人」(全集20) 二三九―二四〇頁　(12)「不諍の心」二六七頁　(13)「今の教育」(全集18) 三〇頁　(14)「有限無限録」(全集七巻) 二五頁　(15)「教育の目的」(全集32) 六五頁　(16)「教育の基礎としての信仰」(全集18) 四一頁　(17) 同、四一頁　(18) 同、四一頁　(19) 同、四一―四二頁　(20) 同、四二頁　(21) 同、四二頁　(22) 同、四二頁　(23) 同、四二頁　(24)「知識と信仰との融和」(全集六巻) 三四八―三四九頁　(25)『基督信徒の慰』(全集2) 一五頁　(26)『臘扇記』四六二頁　(27)「精神主義」二八頁　(28) 同、二七―二八頁　(29) 同、二八頁　(30) 同、二八頁　(31)「孤独」(全集9) 二三五頁　(32) 同、二三五頁　(33) 同、二三五頁　(34)「青年腐敗の原因及び其の救治策」、『内村鑑三談話』(岩波書店、一九八四) 所収、四九頁　(35)「学生の信仰」(全集14) 三二二頁　(36) 同、三二二頁　(37)「実験の宗教」(全集12) 四五一頁　(38)『当用日記』(全集七巻) 四八八頁　(39)「完全なる自由」(全集30) 三三六―三三七頁　(40)「精神主義」四一頁　(41)「有限無限録」二八頁　(42)「精神主義」四頁　(43) 同、四頁　(44) 同、四〇頁　(45)「一念」(全集六巻) 一〇二頁　(46)「精神主義」一一頁　(47)「自由の解」(全集28) 三六七頁　(48)「自由の神」(全集6) 七八頁　(49) 同、七六頁　(50)「家庭の建設」(全集11) 二二八―二二九頁　(51)「自由の神」、前掲、七七頁　(52)「家庭の建設」(全集

11）二三〇頁　(53)「自由の尊厳」（全集17）一〇〇頁　(54)（全集八巻）五六〇頁　(55)「病中の感」（全集14）四五五頁　(56)同、四五四頁　(57)同、四五四―四五五頁　(58)同、四五五頁　(59)同、四五五頁　(60)「病後の歓喜」（全集14五五頁　(61)「喀血したる肺病人に与ふる書」（全集六巻）二〇四頁　(62)同、二〇六頁　(63)同、二〇八頁　(64)同、二〇九―二一〇頁　(65)同、二一〇頁　(66)同、二一〇頁　(67)「祝すべき哉疾病」（全集19）二九頁　(68)「生涯の決勝点」（全集19）三二頁　(69)「死すべき時」（全集20）二七〇頁　(70)同、二七一頁　(71)同、二七一頁　(72)同、二七一頁　(73)同、二七一頁　(74)同、二七一―二七二頁　(75)『臘扇記』四一九頁　(76)同、四一八―四一九頁　(77)「我が信念」（全集六巻）二三〇―二三一頁　(78)同、二三一頁　(79)同、二三三頁　(80)同、二三三―二三四頁　(81)「青年に告ぐ」（全集11）二四六頁　(82)同、二四七―二四八頁　(83)同、二四八頁　(84)同、二四六頁　(85)同、二四六―二四七頁　(86)（全集八巻）四九三―四九四頁　(87)同、四八八頁　(88)同、五〇〇頁　(89)「精神主義」（全集六巻）二一―三頁　(90)同、三頁　(91)同、三頁

(92)「無教会主義の利益」（全集24）二八四頁　(93)「教会対無教会」（全集19）四三九頁　(94)「無教会主義の証明者」（全集17）二一三頁　(95)「無教会主義の前進」（全集14）四八九頁　(96)「教会対無教会」、前掲、四三九頁　(97)「無教会主義の利益」、前掲、二八四頁　(98)（全集八巻）二八六頁　(99)（全集八巻）二九七頁　(100)（全集八巻）三五五頁　(101)寺川俊昭『清沢満之論』（文栄堂、昭和四十八年）一〇四頁　(102)（全集八巻）二六〇頁　(103)（全集八巻）二三二頁　(104)「国際心あるナショナリスト」（『新渡戸稲造全集』第二十巻、教文館、昭和六十年）六二九頁　(105)『地理学考』（全集2）三六三―三六五頁　(106)「基督教と仏教及び儒教」（全集23）二二四頁　(107)（全集八巻四五五頁　(108)同、四五六頁　(109)「基督教と仏教及び儒教」二二四頁　(110)「転迷開悟録」（全集七巻）八三頁　(111)「将来之宗教」『内村鑑三談話』、前掲、九一頁　(112)（全集八巻）四八六―四八七頁　(113)「将来之宗教」九七頁　(114)（全集八巻）四八二頁　(115)「宗旨ちがひ」（全集6）二〇〇―二〇一頁

参考文献

『内村鑑三全集』全四十巻（昭和五十五―五十九年　岩波書店）
『内村鑑三英文論説翻訳篇上・下』（昭和五十九―六十年　岩波書店）
山本泰次郎・内村美代子訳『余はいかにしてキリスト信徒となりしか』（昭和三十年　角川文庫）
鈴木俊郎編『追想集内村鑑三先生』（昭和九年　岩波書店）
鈴木俊郎編『回想の内村鑑三』（昭和三十一年　岩波書店）
塚本虎二『内村鑑三先生と私』（昭和三十六年　伊藤節書房）
関根正雄編著『内村鑑三』（昭和四十二年　清水書院）
矢内原忠雄『内村鑑三とともに上・下』（昭和四十四年　東京大学出版会）
品川力編『内村鑑三研究文献目録（増補版）』（昭和五十二年　荒竹出版）
亀井俊介『内村鑑三』（昭和五十二年　中公新書）
森有正「内村鑑三」、『森有正全集』（昭和五十四年　筑摩書房）第七巻所収
鈴木範久『内村鑑三』（昭和五十九年　岩波新書）
鈴木範久編『内村鑑三談話』（昭和五十九年　岩波書店）
暁烏敏・西村見暁編『清沢満之全集』（昭和二十八―三十二年　法藏館）
『清沢文集』（昭和三年　岩波文庫）

『清沢満之』(昭和三年　観照社)
西村見暁『清沢満之先生』(昭和二十六年　法藏館)
田村圓澄「清沢満之」、家永三郎編『日本仏教思想の展開—人とその思想—』(昭和三十一年　平楽寺書店)所収
吉田久一『清沢満之』(昭和三十六年　吉川弘文館)
柏原祐泉『日本近世近代仏教史の研究』(昭和四十四年　平楽寺書店)
寺川俊昭『清沢満之論』(昭和四十八年　文栄堂書店)
峰島旭雄「浄土教の宗教哲学—清沢満之—」、比較思想史研究会編著『明治思想家の宗教観』(昭和五十年　大蔵出版)所収
金子大栄『清沢先生の世界』(昭和五十三年　文明堂)
脇本平也『評伝清沢満之』(昭和五十七年　法藏館)

比較年譜

西暦	年次	内村鑑三年齢・年譜		清沢満之年齢・年譜		関係事項
一八六一	文久元年	一	高崎藩士内村宜之の長男として江戸小石川に生まれる。母はヤソ			
六二	二	二				
六三	三	三		一	尾張藩士徳永永則の長男として名古屋黒門町に生まれる。母はタキ	
六四	元治元年	四		二		
六五	慶応元年	五		三		
六六	二	六	高崎に移る	四		福沢諭吉『西洋事情』
六七	三	七		五		大政奉還。王政復古の大号令
六八	明治元年	八		六		神仏分離令。五カ条の御誓文。切支丹禁制の高札
六九	二	九	石巻に移る	七		
七〇	三	一〇		八	手習塾に通う	
七一	四	一一	高崎に帰る	九		廃藩置県。岩倉具視ら欧米視察に出発
七二	五	一二		一〇	愛知県第五義校に通学する	島地黙雷ら渡欧。三条教憲発布。大教院設置。石川舜台ら渡欧

七三	六	一三	東京の有馬学校に入る	一一		切支丹禁制の高札撤去。明六社創立
七四	七	一四	東京外国語学校（後の東京大学予備門）入学	一二	愛知外国語学校入学（一二月愛知英語学校と改称）	板垣退助ら民撰議院設立の建白
七五	八	一五	この頃病気のため一年間休学	一三		大教院解散。新島襄同志社創立
七六	九	一六		一四		札幌農学校開校、クラークが指導
七七	一〇	一七	札幌農学校入学。「イエスを信ずる者の誓約」署名	一五	愛知英語学校廃校。愛知県医学校入学。九月退学	西南の役。東京大学開設
七八	一一	一八	M・C・ハリスから受洗、洗礼名ヨナタン	一六	京都に行き得度を受ける。法名賢了。東本願寺育英教校入学	日本基督教伝道会社設立
七九	一二	一九		一七		
八〇	一三	二〇		一八		『新約聖書』の日本語訳完成
八一	一四	二一	首席で農学校卒業。開拓使御用掛になる	一九	東京留学を命ぜられる	
八二	一五	二二	札幌独立教会設立	二〇	東京大学予備門第二級に編入学	伊藤博文ら憲法調査のため渡欧
八三	一六	二三	退官し上京。津田仙の学農社農学校の講師。農商務省の嘱託	二一	東京大学文学部哲学科入学	伊藤博文帰国。鹿鳴館開館式
八四	一七	二四	三月浅田タケと結婚。一〇月破婚。渡米	二二	フェノロサのヘーゲル哲学の講義に感銘を受ける。哲学会に加わる	神仏教導職を廃する
八五	一八	二五	エルウィンの精神薄弱児養護院の看護人となる。アマスト大学入学	二三		

八六	一九	二六	同大学総長シーリーの感化により回心を体験	二四		
八七	二〇	二七	同大学卒業。ハートフォード神学校入学	二五	哲学科卒業。大学院にて宗教哲学専攻。『哲学会雑誌』編集に当たる。第一高等中学校、哲学館に出講。東京に両親を迎える。上洛し新法主に進講	徳富蘇峰『国民之友』創刊。哲学館創設。井上円了『仏教活論』等を刊行
八八	二一	二八	同学校を退学し、帰国。新潟の北越学館に赴任するが間もなく辞職	二六	京都府立尋常中学校校長。高倉大学寮出講。清沢やす子と結婚し、愛知県三河大浜西方寺に入る	三宅雪嶺ら『日本人』創刊。福田行誡没
八九	二二	二九	東洋英和学校、水産伝習所等で教える。横浜かずと結婚	二七	「純正哲学」を『哲学館講義録』に載せる	大内青巒ら尊皇奉仏大同団結成。帝国憲法発布
九〇	二三	三〇	第一高等中学校嘱託教員になる	二八	校長を辞し、禁欲生活に入る。『歎異抄』等に親しむ	教育勅語発布。第一回帝国議会
九一	二四	三一	不敬事件。同校解職。妻かず死去	二九	新法主の学問所である岡崎学館の組織改革を建議し、学館主任となる。母タキ没。禁欲生活に激しさを増す	この頃キリスト教攻撃され、教育と宗教の論争がおこる
九二	二五	三二	大阪泰西学館に赴任。岡田しづと結婚	三〇	本山が両堂再建等による負債整理に追われて教学をおろそかにすることを批判。『宗教哲学骸骨』出版	『万朝報』創刊。東本願寺本堂上棟式挙行、負債に悩む
九三	二六	三三	『基督信徒の慰』。「文学博士井上哲次郎君に呈する公開状」。熊本英学校に赴任。『求安録』。京都に	三一	シカゴ万国宗教大会で英訳『宗教哲学骸骨』好評を博す。大谷尋常中学開設にあたり、沢柳政太郎を	井上哲次郎『教育と宗教の衝突』。シカゴにて万国宗教大会開催

九四	二七	三四	移る。『貞操美談路得記』長女ルツ生まれる。『伝道之精神』。『地理学考』。「後世への最大遺物」講演。「流竄録」。「日清戦争の義」	三二	校長に迎え学制改革に努める 結核の診断が下され、兵庫県須磨垂水で転地療養。新学事体制は発足したが、中学生のストライキのため頓挫。沢柳解職	日清戦争始まる
九五	二八	三五	"How I Became a Christian"	三三	帰洛。南条文雄、村上専精ら十二名とともに宗務の根本方針を教学に置くべきことを建言。『在床懺悔録』。この頃清沢姓を名のる	日清講和条約調印。三国干渉
九六	二九	三六	名古屋英和学校に赴任	三四	稲葉昌丸ら五名の同志と共に京都白川村に教界時言社を設け、宗門改革を唱える。『教界時言』発刊	
九七	三〇	三七	『万朝報』英文欄主筆になる。東京に移る。『後世への最大遺物』。長男祐之生まれる	三五	大谷派革新全国同盟会結成。主唱者として除名処分。同盟会解散。	足尾銅山鉱毒事件おこる。
九八	三一	三八	万朝報社を退社し、『東京独立雑誌』創刊	三六	『阿含経』に親しむ 『教界時言』廃刊。除名処分解かれる。家族と共に西方寺に帰る。	キリスト教の教勢次第に不振となる
九九	三二	三九	女子独立学校校長となる。角筈に移る	三七	『エピクテタス語録』を読む 『臘扇記』結稿。新法主の招命により東京に出、以後新法主補導の任。『有限無限録』等を執筆	仏教清徒同志会結成。改正条約の実施
一九〇〇	三三	四〇	『宗教座談』。『東京独立雑誌』廃刊。第一回夏期講談会開催。万朝報社再入社。『聖書之研究』創刊	三八	真宗大学建築係。暁鳥敏らと共同生活を始め、浩々洞と名づける	宗教法案否決。仏教清徒同志会『新仏教』創刊
一	三四	四一	『無教会』創刊。足尾鉱毒問題解	三九	『精神界』を発刊し、「精神主義」	村上専精、大乗非仏説

			決期成同志会に加わる。堺利彦らと「理想団」を組織。第二回夏期講談会		等多数の論文発表。真宗大学学監。浩々洞にて日曜講話	を唱え僧籍剥奪
二	三五	四二	日英同盟締結に反対。第三回夏期講談会。小山内薫、志賀直哉ら角筈聖書研究会に参加	四〇	長男信一没。妻やす子没。学校騒動のため真宗大学学監を辞任。西方寺に帰る	日英同盟調印
三	三六	四三	日露非開戦論を訴える。開戦に傾いた万朝報社の客員を辞す	四一	最後の上洛。三男広済没。五月三〇日絶筆「我が信念」脱稿。六月六日没	幸徳・堺らが反戦論、内村は非戦論を唱える。YMCA設立。『平民新聞』創刊
四	三七	四四	『聖書之研究』で徹底的な非戦論を唱える。母ヤソ没			日露戦争
五	三八	四五	各地に『聖書之研究』読者の団体「教友会」が生まれる。会誌『教友』発刊			日露講和条約調印。YWCA設立
六	三九	四六				新渡戸稲造第一高等学校校長
七	四〇	四七	父宜之没。角筈から柏木に移る			
八	四一	四八	今井館竣工。『聖書之研究』第百号記念会			
九	四二	四九	「柏会」(会員に塚本虎二・藤井武等)発足			伊藤博文暗殺。賀川豊彦神戸新川に転居
一〇	四三	五〇	「ルーテル伝講話」を開講			『白樺』創刊。大逆事件の大検挙。日韓併合
一一	四四	五一				西田幾多郎『善の研究』

一二	明治四五 大正元年	五二	長女ルツ没。復活の信仰を把握。「白雨会」(南原繁等)結成	内相原敬が神仏基三教合同の懇談会を開催。
一三	二	五三	アメリカの排日法案に反対し、『万朝報』で批判	カリフォルニア州排日土地法案成立
一四	三	五四	「欧州の戦乱と基督教」と題して講演し、非戦論を訴える	第一次世界大戦勃発。日本、ドイツに宣戦布告
一五	四	五五		
一六	五	五六	「柏会」解散。「エマオ会」(矢内原忠雄等)生まれる	
一七	六	五七	ルーテル宗教改革四百年記念講演会で「宗教改革の精神」と題して講演	米国が対独参戦。ロシアに革命
一八	七	五八	中田重治、木村清松と共に再臨運動を全国に展開	米騒動。第一次世界大戦終る
一九	八	五九	大日本私立衛生会講堂で毎日曜日聖書講演会、盛大。六月に再臨運動を終える	ベルサイユ条約調印。
二〇	九	六〇	『モーセの十誡』	国際連盟発足
二一	一〇	六一	「ロマ書」講義。『ルーテル伝講演集』	原敬暗殺。志賀直哉『暗夜行路』
二二	一一	六二	「ロマ書」講義六十回をもって終る。「キリスト伝の研究」講演、一三年まで四十六回	
二三	一二	六三	有島武郎の心中自殺を非難し、	有島武郎心中。関東大

			「背教者としての有島武郎氏」を『万朝報』に寄稿		震災
二四	一三	六四	アメリカ排日法案に小崎弘道、植村正久らと共に反対。『羅馬書の研究』		排日移民法成立
二五	一四	六五	前年に続き「ガラテヤ書研究」講演、全十四回		植村正久没
二六	大正一五 昭和元年	六六	「十字架の道」講演、全十三回。シュヴァイツァーの事業に寄付金		
二七	二	六七	宗教法案に反対		
二八	三	六八	六回目の北海道伝道旅行をするが、大いに疲労。『十字架の道』		最初の普通選挙
二九	四	六九	心臓肥大と診断される。「創世記の研究」講演		
三〇	五	七〇	三月二十八日没		

あとがき

「信」（信仰）を得ることがいかにして可能になるか、これを問うのが本書の目的であるが、一口に「信を得る」といっても、信という行為にはさまざまな形態がある。

家内安全、恋愛成就、入試合格などの自分の幸福や願いがかなうように神や仏を信じる、あるいは祖先の霊の供養のために神仏を信じるといわれることがある。このような場合、信じる主体は概して人間の側にある。

しかし、このような信仰とは大きく異なった形態がある。たとえば仏教における親鸞は「如来よりたまはりたる信心」と言い、キリスト教のM・ルターは信仰を神の賜物であるととらえた。つまり両者にあっては、信じるという行為は単に人間の行為ではなく、仏や神から賜るものだというのである。わたしはこのような信仰の形態に関心をもち、数年前、親鸞の「信心」とルターの「信仰」についての比較研究を公にした。幸い、いろいろな助言や批評をいただき、多くを学ぶことができた。と同時に、時間的にも空間的にももっと近くにいて、いわば肉眼で見えるような宗教者を取り上げ、現代的な角度から信仰をさらに深く考えてみようと思うようになった。

そのようなときに、信仰を求めて真摯に生きぬいた内村鑑三と清沢満之がわたしの視野の中に現れた。鑑三は深くルターに傾倒し、満之は親鸞の教えを近代に再生させようとした人物である。鑑三は文久元年（一八六一）、満之は同三年、ともに佐幕藩の武士の家に生まれ、維新から近代に移る激動の時代を生き、思いもよらぬ契機によって、それぞれキリスト教、浄土真宗の教えに接することになった。その両者の生涯をたどっていくと、少なくとも次のような二つの共通点が見つかった。

第一に両者とも宗教家になるべく育ったのではなく、鑑三は札幌農学校で半強制的にキリスト教に、満之は学問を続けるために真宗教団に入ったのであるが、二人の生来の責任感の強さは、徹底して真実の信仰を得るべき求道の道に進ませた。しかしその際、伝統的に伝えられてきた教えをそのまま受け入れたのではない。その教えを、主として西洋思想によって形成された近代的自我と徹底的に対決させ、自己において真であると信じ得る信仰を「選択」していった。鑑三は外国人宣教師に追従することを拒否し、満之は古い形の信仰あるいは伝統に妥協する教団には真っ向から反抗した。妥協を嫌い、不敬事件により国賊、不敬漢と呼ばれた鑑三も、またあまりに厳しい自力的修養のために結核に冒され血を吐き、教団から除名された満之も、自己の力で真実の信仰を求め、ルターや親鸞の信仰に近づいていった。そこには自己の全存在を賭けて新たな角度から信仰を選択するという共通の態度がある。

親鸞は古代から中世に至る時代の、しかも比叡山という聖域の中で形成された自我から出発した。ルターは中世のドイツ、しかも修道院といういわば閉鎖社会で形成された自我から信仰を求めた。しかし鑑三と満之は、近世から近代に移行し、人間中心主義が涵養されつつあった時代に、俗塵の真っ只中で信仰を求めたのである。いわば非宗教的な人間中心の時代にいかにして信仰を得、時代と対決し、時代に生かすかという状況に生きたのである。鑑三は神道や仏教によって形成されてきた日本人の魂に、いかにしてキリスト教的精神を植えつけるか、満之は御用宗教化していた近世真宗教団の中に、いかにして非僧非俗の生き方を貫き俗権に抗した親鸞の信を再生させ、近代化するか、の使命を負ったのである。このような宗教の近代化という使命に第二の共通点がある。

この二つの共通点を手がかりに彼らが信を得る過程を究明しようと思ったのである。したがって本書では、両者が「宗教の近代化」をどのようになしとげたか、それを可能にした彼らの信仰の「選択」の態度はどのようなものであったかを問いつつ、いかにして信を得るかという問題を追究してみた。読者諸賢の御高教を仰ぎたい。

なお本文中の引用文については、古い漢字や仮名づかいは適宜書き改め、読みやすくした。

こうして本書を執筆するに至るまでには、多くの方々に御教示を賜った。特に植田重雄、鈴木範久、寺川俊昭、故仁戸田六三郎、福井康順、脇本平也の先生方には心より謝意を表したい。

最後になったが、出版の機会を与えていただいた法藏館主西村明氏、編集の面倒をおかけした稲本義彦氏には、改めて感謝申し上げたい。

平成二年七月

加藤　智見

著者略歴

加藤　智見（かとう　ちけん）

1943年、愛知県に生まれる。
1966年、早稲田大学第一文学部卒業。
1973年、早稲田大学大学院文学研究科博士課程修了。
早稲田大学、東京大学、同朋大学講師を経て東京工芸大学教授。
東京工芸大学名誉教授。真宗大谷派光専寺元住職、学道塾を主宰した。
2017年８月逝去。

著書　『親鸞とルター』（早稲田大学出版部 1987)、『いかにして〈信〉を得るか—内村鑑三と清沢満之』（法藏館 1990)、『ココロの旅からタマシイの旅へ—宗教の理解』（大法輪閣 1993)、『蓮如とルター』（法藏館 1993)『宗教のススメ—やさしい宗教学入門』（大法輪閣 1995)、『蓮如入門』（大法輪閣 1996)、『他力信仰の本質』（国書刊行会 1997)、『誰でもわかる浄土三部経』（大法輪閣 1999)、『仏像の美と聖なるもの』（法藏館 2000)、『浄土三部経のこころ』（法藏館 2000)、『図解宗教のことが面白いほどわかる本』（中経出版 2001)、『世界の宗教と信仰』（大法輪閣 2005)、『見つめ直す日本人の宗教心』（原書房 2006)、『図説あらすじで読む親鸞の教え』（青春出版社 2007)、『親鸞の浄土を生きる』（大法輪閣 2010)、『図説あらすじでわかる！歎異抄』（青春新書2011)、『本当の宗教とは何か 宗教を正しく信じる方法』（大法輪閣 2013)、『世界の宗教から見た親鸞の信仰 親鸞の独自性とは何か』（法藏館 2015)、『親鸞聖人に学ぶ新しい老い方』（法藏館 2016）など。

新装版　内村鑑三と清沢満之
—いかにして〈信〉を得るか—

一九九〇年　九月三〇日　初　版第一刷発行
二〇二〇年　四月二〇日　新装版第一刷発行

著　者　加藤智見
発行者　西村明高
発行所　株式会社　法藏館
京都市下京区正面通烏丸東入
郵便番号　六〇〇－八一五三
電話　〇七五－三四三－〇〇三〇（編集）
〇七五－三四三－五六五六（営業）

装幀　山崎　登
印刷・製本　亜細亜印刷株式会社

ISBN 978-4-8318-6571-7 C0314